"十二五"国家重点图书出版规划项目

2012年度国家出版基金项目

西方教育史
经典名著
译丛

单中惠 徐小洲 主编

国家出版基金项目
NATIONAL PUBLICATION FOUNDATION

# Schools of Hellas

# 希腊的学校

〔英〕肯尼思·约翰·弗里曼/著

朱镜人/译

山东教育出版社

**图书在版编目(CIP)数据**

希腊的学校/〔英〕弗里曼著;朱镜人译.—济南:山东教育出版社,2009(2017重印)

(西方教育史经典名著译丛/单中惠,徐小洲主编)

ISBN 978-7-5328-6243-6

Ⅰ.希… Ⅱ.①弗…②朱… Ⅲ.教育史—希腊
Ⅳ.G554.59

中国版本图书馆 CIP 数据核字(2009)第 181856 号

西方教育史经典名著译丛

单中惠　徐小洲　主编

# 希腊的学校

〔英〕肯尼思·约翰·弗里曼　著

朱镜人　译

| | |
|---|---|
| 主　　管: | 山东出版传媒股份有限公司 |
| 出 版 者: | 山东教育出版社 |
| | (济南市纬一路 321 号　邮编:250001) |
| 电　　话: | (0531)82092664　传真:(0531)82092625 |
| 网　　址: | www.sjs.com.cn |
| 发 行 者: | 山东教育出版社 |
| 印　　刷: | 山东新华印刷厂潍坊厂 |
| 版　　次: | 2017 年 3 月第 1 版第 2 次印刷 |
| 规　　格: | 710mm×1000mm　16 开本 |
| 印　　张: | 17.75 印张 |
| 字　　数: | 229 千字 |
| 书　　号: | ISBN 978-7-5328-6243-6 |
| 定　　价: | 33.00 元 |

(如印装质量有问题,请与印刷厂联系调换)
印厂电话:0536-2116806

# "西方教育史经典名著译丛"总序

　　教育史蕴藏着教育智慧，教育史名著闪耀着人类教育智慧的光辉，因此，从教育史中可以寻找教育智慧的宝藏。教育是人类社会的一个永恒课题，在教育发展的过程中，不同历史时期不同国家的思想家和教育家，或在自己教育实践的基础上，或在总结前人教育经验的前提下，提出各具特点的教育主张、教育理论和教育方法。毋庸置疑，在数千年的历史长河中，古今教育家通过他们的实践探索和理论思考给后人留下很多教育智慧。从事教育的人，研究教育的人，管理教育的人，以及学习教育的人，如果不了解教育的历史，那不仅与自己的崇高称号不相匹配，而且是令人难以想象的。不了解教育历史的人往往对教育限于感性，在教育实践中会走弯路。不了解教育的历史，不知道教育上的巨人是谁以及他的肩膀在哪里，就无法在历史传承的基础上谈教育创新。

　　法国教育社会学家涂尔干（Emile Durkheim）在《教育思想的演进》（The Evolution of Educational Thought）一书中曾这样说过："历史的研究不仅将会使我们有能力与我们自己的原则交流，而且也会使我们时不时从我们的前辈那里，发现我们必须纳入考虑的一些至关重要的东西，因为他们是我们的先辈，而我们是他们的传人。"概括起来，教育史研究的意义主要在于：一是拓展教育视野。教育既是一种历史现象，又是一种永恒现象。通过教育史，可以了解古今教育家是如何对教育问题进行实践探索和理论思考的，从而拓展教育视野。二是增长教育智慧。教育问题的解决需要教育智慧。通过教育史，可以拥有前辈的经验和智慧，从而既能对过去和现在的事情作出合理的解释，也能对将来的事情作出合理的推测。三是寻求教育思想支撑。从历史传承的意义上来讲，教育史上教育家的一些思想并没有过时。通过教育史，可以从历史上的教育家那里借鉴一些有益的东西，得到一些有益的启迪。四是获得教育方法。在教育发展历史上，很多教育家都是有长期教育实践经验的教师。通过教育史，可以了解其有特色的教育理论，获得其有启示的教育方法。

20世纪以来，在西方教育史学界，美国、英国和法国等国教育史学家撰著了很多在学术上造诣很深和影响很广的教育史著作。这些著作既对西方教育史学的发展起了很大的推动作用，也在西方教育史学界确立了重要的学术地位。这次，我们策划翻译出版"西方教育史经典名著译丛"，其目的在于向我国教育界尤其是教育史学界推介一些西方教育史经典名著。通过这些西方教育史经典名著，教育学者尤其是教育史学者不仅能在教育理论素养上有所提高，而且能在教育史学观念上有所感悟，还有能在教育史研究方法上有所启迪。

在确定"西方教育史经典名著译丛"的入选书目时，我们主要考虑了三条原则：一是经典性。入选的书目在西方教育史学界应是流传较广和影响较大的著作。由于它们具有形成智慧的教育价值，因而凸现出经典性。二是代表性。入选的书目在西方教育史领域的不同学术研究方向和研究视角应有一定的代表性。其中，既有通史，又有问题史；既有制度史，又有思想史；既有古代史，又有近现代史。三是独特性。入选的书目在西方教育史领域应能体现不同的史学理论和研究方法，同时应能体现西方不同国家教育史学家的学术成果和学术思想。其中，既有体现传统史学研究的著作，又有体现当代史学研究的著作。在确定"西方教育史经典名著译丛"入选书目的过程中，我们还征求了国内外一些学者的意见，在此表示衷心的感谢。

据此，"西方教育史经典名著译丛"精选了十本西方教育史经典名著。其中有：

〔美〕布里克曼（William W. Brickman）：《教育史学：传统、理论和方法》（Educational Historiography：Tradition，Theory，and Technique）。

〔英〕弗里曼（Kenneth J. Freeman）：《希腊的学校》（Schools of Hellas）。

〔英〕科班（A. B. Cobban）：《中世纪大学：发展与组织》（The Medieval Universities：Their Development and Organization）。

〔英〕伍德沃德（William Harrison Woodward）：《文艺复兴时期教育研究》（Studies in Education During the Age of the Renaissance，1400－1600）。

〔法〕孔佩雷（Gabriel Compayré）：《教育学史》（The History of Pedagogy）。

〔美〕伯茨（R. F. Butts）：《西方教育文化史》（A Cultural History of Western Education）。

〔美〕布鲁巴克（John S. Brubacher）：《教育问题史》（A History of the Problems of Education）。

〔英〕拉斯克（Robert R. Rusk）、斯科特兰（James Scotland）：《伟大教育家的学说》（Doctrines of the Great Educators）。

〔美〕克雷明（Lawrence Arthur Cremin）：《学校的变革》（The Transformation of the School）。

〔美〕托里斯（Carlos Alberto Torres）：《教育、权力与个人经历：当代西方批判教育家访谈录》（Education，Power，and Personal Biography，Dialogues with Critical Educators）。

改革开放以来，由于山东教育出版社领导的精心打造，教育史著作出版已成为山东教育出版社的特色品牌。这次"西方教育史经典名著译丛"的翻译出版，得到了山东教育出版社领导的高度重视和大力支持，在此谨致最诚挚的敬意。还必须感谢的是，在翻译出版的过程中，教育理论编辑室主任蒋伟编审做了大量的指导和协调工作，付出了辛勤的努力。

我们希望"西方教育史经典名著译丛"的翻译出版，不仅能推动我国西方教育史的学术研究和学术积累，而且能为我国教育界提供一些具有重要学术价值的西方教育史经典读物。

单中惠　徐小洲
浙江大学教育学院
2009 年 2 月

# 目　录

# 解　读

朱镜人

　　《希腊的学校》(Schools of Hellas)是英国青年学者肯尼思·约翰·弗里曼(Kenneth J. Freeman)的教育代表作,1907年在英国伦敦出版。

　　弗里曼1882年出生于伦敦的一个崇尚古典学科的家庭。他的父亲毕业于剑桥大学三一学院古典学科。祖父是埃克塞特(Exete)副主教,也是一位古典学科学者。曾祖父多年担任大英博物馆主任馆员。弗里曼从小受到熏陶,继承了家族古典学术的传统和兴趣。弗里曼先后毕业于温彻斯特公学和剑桥大学三一学院。在剑桥大学古典学科荣誉学位考试中,他成绩优秀,获得过剑桥大学颁发的布朗奖学金和克雷文奖学金。大学毕业后,他回到母校温彻斯特公学任教。1906年,年仅24岁的弗里曼因病英年早逝。

　　弗里曼的时代,英国社会和教育发生了很大变化。但是,英国重视古典学科的学术传统依然如故,没有受到什么影响。剑桥大学甚至还迎来了古典研究的黄金时代。这是弗里曼能够在家庭、公学和大学里接受这么多年古典学科教育的社会背景。在剑桥大学期间,他聆听了不少著名学者的课程,为他的古典研究奠定了扎实的基础。《希腊的学校》一书是弗里曼的学士学位论文,也是他为争取剑桥大学三一学院研究员职位候选人提交的论文。他的老师、剑桥大学著名古典学者维罗尔(A. W. Verrall)对论文十分欣赏,在弟子身后为他出版了论文。这篇论文研究的是公元前600年至前300年之间的古希腊教育实践和理论方面的问题。

《希腊的学校》的副标题是"公元前 6 世纪至公元前 3 世纪古代希腊教育实践和理论"（An Essay on the Practice and Theory of Ancient Greek Education from 600 to 300 B. C.）。全书除导言外,分三编,共十一章。

第一编:"希腊教育实践"有七章。在第一章"斯巴达和克里特的教育"中,弗里曼写到,7 岁前,斯巴达男孩要随父亲到聚餐俱乐部参加活动。在那里,男孩倾听父辈有关生活和政治的谈话,从而了解了父辈生活的艰辛和政治态度。他们还学习父辈简洁的幽默,大胆地学着讲一些俏皮话,与同伴作游戏。这是斯巴达男孩童年时期生活方式的一种训练。从中可以发现,斯巴达人很注意从小培养男孩融入社会的能力。7 岁后,斯巴达男孩要到公共教育机构接受教育。弗里曼认为,这种公共教育机构是最早的寄宿学校。在那里,男孩主要接受的是品格教育和体育。第二章"雅典和希腊其他地区教育"概述了初等教育(6—14岁)、中等教育(14—18 岁)和第三级教育(18—20 岁)的情况。在三个阶段的教育中,只有第三级教育是强迫性的。值得注意的是,弗里曼认为,公元前 6 世纪时,雅典初等教育制度就出现了。公元前 5 世纪,雅典开始出现中等教育。第三章是"雅典和希腊其他地区的初等教育"。弗里曼指出,希腊的初等教育包括读写、音乐和体操训练三部分内容,并详细介绍了雅典男孩是怎样学习这些课程的。令人感兴趣的是,这一时期,雅典教师就采用了活动的方法或寓教于乐的方法来教男孩学习文字和数学。如用"缀字剧"(spelling drama)学习字母和单词,用教学板和小石子来学习数学。值得强调的是,在儿童学习的初期阶段,雅典人就有意识地让儿童阅读经过选择的经典作品;而且,希腊男孩在学习的起始阶段就接触到了他们语言中的最佳作品,这为男孩良好的文学素养形成奠定了基础。那个时代,音乐是生活的重要内容。"不晓得弹琴"是未受过良好教育的代名词。因此,在初等教育阶段,男孩的音乐教育受到重视。第四章是"雅典和希腊其他地区的体育"。弗里曼介绍了雅典体育馆和竞技场男孩的体育活动,并指出希腊人极为重视身体锻炼。体育的基本目的首先在于使身体"处于良好状态"。其次也有追求人体美感的目的。这一章中有两点特别值得注意:一是防止体育过度的问题。所谓体育过度,是指"体育运动走过了头。体育变成了自身的目的,不再仅仅是强身健体的手段了"。二是古希腊舞蹈的体育意义。古代希腊流行一种合唱舞蹈,是音乐的最高级形式,它具有的音乐意义不言而喻,同时它具有宗教和体育的意义。"这是迄今为止所发现的最完美的体育运动制度。"①第五章"智者派的中等教育",对雅典的职业教师智者作了介绍。弗里曼指出,雅典早期的中等教育课程是由四处漂泊的博学之士传授的。他们被人们称作"智者"。他们的教学要收取费用。因此,他们也是最早的职业教师。弗里曼介绍了智者的教学内容和方法以及普罗泰戈拉等著名的智者。值得注意的是,弗里曼似乎要纠正人们对智者的偏见。他指出人们反感智者有两个原因:一是因为他们思想自由放任;二是他们收费教学,出售"智慧"。其实,智者的收费并不多。不过,智者收费的做法在雅典还是产生了重要的影响。在第六章"固定学校的中等教育"中,弗里曼介绍了雅典出现的有固定校址的中等教育情况。公元前4世纪初,雅典已经出现了中等教育学校,如柏拉图的哲学学校阿卡德米和伊索克拉底的修辞学校等。但是,这些中等学校都是私立的,城邦既不组织也不干预。伊索克拉底在吕克昂附近自己的家中教学。柏拉图在靠近科洛诺斯(Kolonos)的花园里和在阿卡德米里教学。弗里曼详细地介绍了这两所学校的教学情况。在第七章"埃弗比的第三级教育"中,弗里曼介绍了埃弗比的征募和组织制度以及军事训练和活动的情况,指出早期的埃弗比以军事训练和军事活动为主,但在后期的埃弗比活动中,文化教育的内容开始出现,埃弗比便逐渐演变成具有大学性质的机构。弗里曼强调指出:"正是雅典这个古老的征募制度,而不是柏拉图的学校或伊索克拉底的学校,孕育了第一所大学。"②

第二编:"希腊教育理论"有三章,分别研究了"希腊的宗教和教育"(第八章)、"希腊的艺术、音乐和诗歌"(第九章)和"色诺芬的《库诺斯的教育》"(第十章)。根据弗里曼的介绍,希腊的宗教教育大多是在校外

① *Schools of Hellas*,p. 143.
② *Schools of Hellas*,p. 220.

进行的。儿童通过参加一些特别的祭祀活动来学习当时的宗教仪礼。希腊节日活动和祭祀的歌曲舞蹈促进了希腊儿童宗教信仰的形成,并且为儿童信仰的巩固提供了丰富的实践机会。由于希腊宗教的形式和仪式丰富多彩,因此,几乎没有什么教义需要儿童刻意去学习。实际上,希腊的宗教和教育是融为一体的。"在斯巴达,文学和智育基本由纪念诸神和英雄人物的圣歌组成。可以说,神话是整个希腊初等教育的精髓。"[1]诗歌中的神话故事对儿童的影响有正面的,但也有负面的。尤其是诗歌神话里的一些低俗故事会产生负作用。包括荷马史诗在内的一些希腊诗歌中神话故事受到了当时一些思想家的反对。人们"最反对的是在人类可塑性最大的年龄阶段,即在幼儿期和初等教育时期,向儿童灌输诸神的这些不道德的传奇故事。"[2]于是,便有人开始对诗歌中的神话故事作一些删减。神统的史诗影响开始萎缩。文中介绍到,诗歌、音乐、唱歌和舞蹈是希腊男孩教育的主要内容。那么古希腊人根据什么原则来选择这些内容呢?希腊人为什么重视艺术、音乐和诗歌的教育呢?弗里曼回答了这些问题。他认为,是多利安和爱奥尼亚两种文化的差异对艺术、音乐和诗歌审美原则产生了影响。他的分析十分精彩。尽管后期这两种文化开始融合,但各自的特点依然明显,所产生的教育影响是有差异的。特别需要提及的是,这两种文化都十分重视艺术、音乐和诗歌的教育作用,都强调雕塑、绘画、诗歌和歌曲的道德教育价值。《库诺斯的教育》是色诺芬的论文。库诺斯是色诺芬所憧憬的乌托邦国家——"波斯国"的一个男孩。由于色诺芬对斯巴达教育情有独钟,曾将自己的儿子送到斯巴达接受教育。因此,库诺斯接受的教育带有明显的斯巴达教育的特征,主要以军事教育为主。色诺芬介绍了他所设想的把库诺斯培养成军事将才的方案。

第三编:"结论",即第十一章"希腊的学校"。弗里曼指出,斯巴达和雅典这两个具有代表性的城邦,"无论从理论还是从实践方面看,它们的教育目的都是为了培养可能的最佳公民,而不是培养可能的最好

---

[1] *Schools of Hellas*, p. 227.

[2] *Schools of Hellas*, p. 231.

的赚钱者。它寻觅的是社会的善,而不是个体的善"①,它们的教育理想是相同的。此外,这两个城邦都非常注重品格教育,注重培养儿童的公民责任感。弗里曼特别指出,这两个城邦都非常注意增加教育对儿童的吸引力。换言之,这两个城邦的教育都是儿童向往的。在斯巴达,甚至鞭挞制度也是儿童乐意接受的。在雅典,由于学习方法的多样性,男孩的学习兴致更高涨。弗里曼认为,正是这种对儿童具有吸引力的教育才对希腊文化产生了深远影响。他也指出了希腊教育轻视技术教育的现象。无论在斯巴达还是在雅典,教育的对象是有闲暇时间的公民。由于他们无需从事生产劳动,因此,他们不关心技术知识,技术教育便被排除在学校教育之外了。

《希腊的学校》具有以下的特点:第一个特点是史料翔实,比较客观,为人们展示了一幅精美的古希腊教育画卷。弗里曼收集了大量的第一手资料,并对这些资料作了个人独立的判断和筛选。正如弗里曼自己所说的:"多年以来,我一直潜心钻研原著,尽量避开人们的评论。""对于许多公认的解释,我有意识地坚持既不去读也不去听的原则,因为我希望能够遵从柏拉图的教导,不去不加质疑地接受任何权威的影响,而是要形成自己的观点,提出自己的见解。我一直认为,从别人的书中了解原著而不直接去读原著所产生的教育危害是巨大无比的。"②我们可以发现,作者在撰写时坚持了这一原则。

第二个特点是图文并茂,描写细腻和生动。它栩栩如生地再现了古希腊教育的许多历史场景,把读者带回到了古代希腊。从书中,读者仿佛可以看到竞技场上斯巴达儿童生龙活虎运动的身影,他们有的在赛跑、跳跃、角力,有的在掷铁饼和投标枪;仿佛可以听到埃弗比青年重甲骑兵的战马嘶鸣声。读者也仿佛可以看到雅典男孩在教仆的陪伴下上学的情景,他们有的在背诵荷马史诗,有的在吹长笛或弹奏七弦琴。书中许多引人入胜的情景描写,洋溢着古希腊教育的魅力,让人读后印象十分深刻。

---

① *Schools of Hellas*,p. 275.

② *Schools of Hellas*,p. xxxi.

　　从《希腊的学校》一书中,我们可以发现,斯巴达和雅典这两个古希腊城邦的教育差异不小,但它们有着一些共同点。对于这些共同点,前面已有所介绍。在这里,特别想强调三点:其一,古希腊城邦教育制度的培养目标在于塑造城邦公民,其中尤其注重公民品格的养成。其二,古希腊各城邦的教育对于儿童具有不可抵御的吸引力。无论斯巴达儿童还是雅典儿童,他们都渴望接受训练和上学。儿童几乎没有厌学的情况。其三,古希腊各城邦教育的阶级性和阶层性十分明显,除了奴隶和外邦人没有受教育的机会之外,即使在公民中,也不是人人都能享受平等的教育机会的。正如弗里曼所说的:"希腊的教育是少数上层阶级弟子的教育,而不是城邦所有人的教育。"①

　　需要指出的是,尽管弗里曼想客观介绍斯巴达和雅典的教育,但在字里行间,他的斯巴达教育情结还是能够看到的。"对于当代读者来说,弗里曼这本书最令人吃惊的是他认为斯巴达教育制度优于雅典教育制度。"②这种价值态度的偏向是需要注意的。

　　《希腊的学校》一书出版后,受到学界的关注。弗里曼的老师维罗尔称赞道:"在现存的英文著作中,还没有任何一本书能够像这本书一样,收集了如此令人信服的可用作研究古希腊教育的资料——这些资料全面涵盖了古希腊最繁荣和最独具特色时代的教育理论和实践。"这位老师对自己学生的评价是客观的。美国俄亥俄州立大学教育历史和哲学教授格莱夫斯(Frank Pierrepont Graves)博士在其 1914 年出版的《中世纪以前的教育史》(History of Education: before the Middle Ages)一书中将弗里曼列为研究古希腊教育的权威作者。③ 1968 年,美国哥伦比亚大学师范学院出版社也将该书列入由当代美国教育史学家克雷明(Lawrence A. Cremin)主编的"教育经典著作丛书"重新出版。考尔德(William M. Calder Ⅲ)教授在前言中对这本著作为什么产生重

---

　　① *Schools of Hellas*, p. 289.

　　② *Schools of Hellas*, p. xv.

　　③ Frank Pierrepont Graves, *History of Education: before the Middle Ages*, New York: The Macmillan Company, 1914, p. 229.

要影响的原因作了这样的解释："有的书籍可以为人们提供信息，有的则另有它图。那些为人们提供有价值信息的书籍总是能够传世的，也值得重新印刷。肯尼思·约翰·弗里曼撰写的《希腊的学校》就是其中的一本。……其文风率直、纯真，有着诱人的魅力。知识性、可读性和率直性是这本书经久不衰的秘密所在。"①

————————————

① *Schools of Hellas*，p. xi.

# 前　言

威廉·M·考尔德[①]

　　有的书籍可以为人们提供信息，有的书籍则另有它图。那些为人们提供有价值信息的书籍总是能够传世的，也值得重新印刷。肯尼思·约翰·弗里曼（Kenneth John Freeman）撰写的《希腊的学校》就是其中的一本。虽然 60 多年过去了，但谈起这本书来，我们依然心情愉快并有许多话要说。因为它是一本收集和整理了许多有用信息的论文；还因为它的作者是一位受过教育的英国人而不是德国人或美国人，所以书读起来容易得多；更因为他是一位年轻人（只有 24 岁），其文风率直、纯真，有着诱人的魅力。知识性、可读性和率直性是这本书经久不衰的秘密所在。

　　肯尼思·约翰·弗里曼（1882—1906）曾经接受过世界各地今天都已不复存在的古典教育。他的预备教育是在温彻斯特公学接受的（他的希腊诗歌能力证明了该校的质量）。1904 年，他从剑桥大学三一学院毕业。这一时期是剑桥大学古典研究的黄金时期。弗里曼因而有机会聆听了许多传统主义者的课。这些传统主义者中有：理查德·杰布爵士（Sir Richard Jebb）、以严厉闻名的索福克林（Sophoclean）及其学生沃尔特·海德勒姆（Walter Headlam）、约翰·桑兹爵士（Sir John Sandys）以及当时声名赫赫的亨利·杰克逊（Henry Jackson）等。这位天才的

---

　　① 威廉·M·考尔德（William M. Calder Ⅲ），哲学博士，哥伦比亚大学希腊和罗马文学教授。——译者注

古典学家肯定还受到了维罗尔(A. W. Verrall)、简·哈里森小姐(Jane Harrison)以及来自牛津大学的澳大利亚籍年轻人弗兰西斯·麦克唐纳·康福德(Francis MacDonald Cornford)等一批才华横溢学者的影响,后者经常造访他的剑桥朋友吉尔伯特·默里(Gilbert Murray)。① 为弟子身后出版的著作撰写序言的维罗尔(1851—1912)和他的朋友曾经在英格兰古典研究中掀起过一场革命。英格兰古典研究的荣耀和传统是对遥远时代的著作进行认真细致的校勘,以发现和矫正古典文献中的瑕疵。本特利(Bentley)、理查德·波森(Richard Porson)、豪斯曼(A. E. Housman)等几位剑桥学监是英格兰杰出的校勘学者。吉尔德斯利乌(B. L. Gildersleeve)曾恰当地将他们的工作戏称为"校样阅读"。从事这一学科研究需要将专门的知识和天赋的直觉结合起来。他们的工作对于编辑珍贵的古代文献确实是必不可少的。

受德国新近崛起的历史学的影响,维罗尔和他的朋友开始尝试将当代其他学科的方法运用于古典学科的研究,如文学批评(维罗尔本人1911年2月担任了第一位爱德华七世英格兰文学教授)、社会人类学或比较宗教史。詹姆斯·乔治·弗雷泽爵士(Sir. James George Frazer)当时是剑桥学监。革命热情感染了年轻人。维罗尔促使一个被称作理性主义者的新欧里庇得斯(Euripides)诞生了,这是杰布(Jebb)必须费力才能叫得出姓名的诗人。② 钟情于希腊的新历史观要求出版一批论述希腊民族而不是希腊语法规则的并能批判性地介绍希腊的书籍。正是在这种背景下,弗里曼第一个尝试用英语做这项研究。他选择教育作为主题也许反映了维罗尔的内心愿望。

这本书是1904—1906年英格兰爱德华时代③弗里曼这位早慧的年轻人的作品。他受过良好教育,但性格略显孤僻。读者应当了解作者的假设,以便察觉书中的一些时代错误。我应当在一开始就向读者说

---

① See Jessie Stewart, *Jane Ellen Harrison : A Portrait From Letters* (London. 1959).

② 杰布(Sir Richard Claverhouse Jebb,1841—1905),英国古典学者。——译者注

③ 指爱德华七世(Edward Ⅶ,1841—1910),英国国王,1901—1910年在位。——译者注

明,本书有几处的确属于史实性错误。但这也恰恰证明了作者没有虚构理论。然而,读者应当注意到,色诺芬不是那本被称作《雅典宪法》(Constitution of the Athenians)的作者,该书其实是大约公元前 431 年一位匿名氏的政治宣传小册子。卡里亚斯(Kallias)的缀字剧是悲剧而非喜剧,该剧结构曾对欧里庇德斯的《美狄亚》(Medea)①产生过影响。②柏林花瓶上的"Cheironeia"可能是一个姑娘的名字,而不是赫西俄德(Hesiod)③佚失的一首诗的诗名。④ 苏格拉底(Sokrates)和克里托布勒斯(Kritoboulos)两人不是"雅典学校的朋友"。苏格拉底是成人,克里托布勒斯则是男孩。柏拉图并不是人们一直以为的情爱诗的作者。⑤我很难想象,古希腊语言的现代研究者能够将伯里克利时代的雅典⑥描绘成"世袭的寡头政治",尽管这样的观点并非站不住脚。弗里曼正确地强调,即使在极端的民主时期,生活在阿提卡(Attica)⑦的居民中,也只有少数人拥有公民权。妇女、奴隶、外籍居民和未成年人是没有投票权的。但是,弗里曼也和他的同代人一样用罗马的概念研究雅典,过高地估计了雅典废弃奴隶制的现象。他的关于存在大批无所事事自由人现象的推论是不可靠的。同样,关于雅典上层社会轻视贸易的观点也是靠不住的。索福克勒斯(Sophocles)⑧的父亲就是一个军械厂厂主,在他的工厂里很少有人像他那样出身"上层社会"。根据保留下来的碑

---

① See P. D. Arnott, in *Classical Philology*, LV(1960). 178—180.

② 欧里庇德斯(Euripides,公元前 480—公元前 408),希腊悲剧作家。《美狄亚》(Medea)是欧里庇德斯的代表作。约写于公元前 413 年。美狄亚是古希腊神话中一位会施法术的公主,也是太阳神阿波罗的后裔。作品描写了美狄亚追求爱情遭遗弃后而复仇的悲剧故事。——译者注

③ 赫西俄德(Hesiod),公元前 8 世纪希腊诗人。——译者注

④ See Sir John Beazley, in *American Journal of Archaeology*, LII(1948). 337.

⑤ See W. Ludwig, in *Greek, Roman, and Byzantine Studies*, IV(1963). 59—82.

⑥ 伯里克利时代的统治者伯里克利(Perikles)是公元前 5 世纪雅典政治家、将军和演说家。——译者注

⑦ 阿提卡(Attica),希腊东南地区,雅典为其中心,古时为雅典统治。——译者注

⑧ 索福克勒斯(Sophocles,公元前 496—公元前 406),古希腊著名悲剧作家之一。——译者注

文判断,雅典的识字率要远远高出希腊其他城邦,但也不能乐观地断言"所有的雅典人都能阅读"。欧里庇德斯作品中文盲牧羊人的存在就证明了这一点。

正如很久以前一位德国评论家注意到的,弗里曼缺乏一种对资料的批判感。一份日期不明、来源不清的柏拉图伪作是不能作为苏格拉底生平史料的。从书中我们得知,西奥佛拉斯图斯(Theophrastus)认为,佛里几亚(Phrygian)①长笛音乐可以治疗腰部风湿病,克来尼亚斯(Kleinias)生气时往往要靠弹七弦琴使自己平静下来。这两个材料是弗里曼引用阿忒那奥斯(Athenaeus)的。这位作家是康芒杜斯(Commondus)时代一位有学问的厨师②,他编撰的资料虽然有价值但未经过仔细筛选。研究一下阿忒那奥斯的作品,人们会发现,他的关于西奥佛拉斯图斯的说法的依据源于哲学家本人保留至今的一些残留文字。因此,我们或许可以相信西奥佛拉斯图斯的确认为吹长笛可以治疗腰部风湿病。但是,阿忒那奥斯关于克来尼亚斯的说法则是引自查梅里翁(Chamaeleon of Heraclea Pontica)③一份缺乏可信度的资料。我们也许将它假定为希腊研究者的主观臆造更为妥当。弗里曼应当既引用阿忒那奥斯的材料,又从阿忒那奥斯所使用的材料中寻找依据。一个具有批判性的现代学者应当是这样的。

令人惋惜的是,弗里曼将古代的货币简单地换算成了第一次世界大战前的英镑和先令。正如丹特(Dante)说的,这种将古代货币地方化的做法,将会彻底搅乱未来人们的思想,把当代(1904年)看成古代。在涉及雅典的货币时,关键的是要记住,一个"drachma"(德拉克马)可供一个劳动力及其家庭一日生活。其他的换算只能导致误解。

古希腊的货币单位是:

---

① 佛里几亚(Phrygia),古代小亚细亚中西部国家。——译者注

② 康芒杜斯(L. A. A. Commondus,161—192),罗马皇帝。——译者注

③ 查梅里翁(Chamaeleon of Heraclea Pontica),查梅里翁(Chamaeleon)是亚里士多德学派哲学家;Heraclea Pontica是希腊地名。——译者注

6 obols(欧波尔)＝1 drachma(德拉克马)

100 drachmas＝1 mna(玛奈)

60 mnai ＝ 1 talent(塔伦特)

当然,对于当代读者来说,弗里曼这本书最令人吃惊的是他认为斯巴达教育制度优于雅典教育制度。在他的感觉中,"苏格拉底时代的雅典既辉煌又腐败"。书中最令人感兴趣的一句话是:"自由地与儿童探讨伦理问题的谈话随着苏格拉底的死亡消失了。但是,如果柏拉图关于苏格拉底对话本质的证据可以相信的话,这也就没有什么值得遗憾的了。"弗里曼对斯巴达的偏爱突出地表现在下面一段文字中:

> 对于雅典来访者来说,观看斯巴达人的游戏和训练简直是某种享受,他和一位法国人参观英国公学时的心情完全一样;他可能难以相信斯巴达男孩子竟然心甘情愿从事如此艰苦的训练。但事实的确如此。他们是一群受过特别训练的勇士,刚毅、健康、力量四溢。许多世纪中,残疾儿童一生下来就被视作教育制度的不合格者遭到遗弃。经过一代又一代的训练,他们个个天生粗壮、结实、勇敢和坚韧。苦行主义成为民族的特征。虽然伴随整个制度的是无休止的战斗、简单的食物、野蛮的游戏、丛林中的艰苦生活以及高年级学生对低年级学生的奴役,但这却是男孩们喜欢过的一种生活,他们都希望能够经受这种磨炼。我在介绍斯巴达学校时已经指出,旧日英国公学的许多习俗与斯巴达的习俗非常相似。但是,斯巴达习俗中多数是学生自觉自愿形成的。如果生活条件优越的英国男孩也能自愿养成同样的习俗,也许斯巴达的青年会很高兴地接纳他们。[①]

这段文字表明,作者天真地、未加批判地将伊顿与拉克代蒙(Lacedaemon)以及剑桥(Cam)与欧罗塔斯(Eurotas)做了类比。这两所学校都曾为国家培养出具有严格态度和服从精神的公仆。据说,这两所学校的男孩子从这种教育中获得的是享受的感觉。尽管19世纪英格兰公学的这种残酷和非人道的教育曾成功地培养了印度总督的继

---

① "斯巴达人创建寄宿学校的实验是值得赞扬的,他们也当之无愧。"

承者,但现代教育家和家长们对之还是反感的。我真怀疑,在阿诺德博士(Dr. Arnold)①的棍棒鞭挞下,②遭受痛苦的汤姆·布朗(Tom Brown)是否依然会感到快乐。

弗里曼本人是英格兰公学制度的产物和组成部分(在他短暂生命的最后一年里,他曾担任温彻斯特公学古典学科老师),即使我们承认了这种学校制度的优点,将其与斯巴达教育制度作任何类比都是肤浅的,而且会产生误导的效果。莱克格斯制度(Lycurgan)③曾扼杀了人们的天赋,艺术和文学不复存在,家庭生活彻底毁灭,一切都颠倒了。斯巴达新娘在新婚夜得把自己装扮成男子,公民们个个冷酷无情、嗜杀成性,成为城邦没有思想的造物、纯粹的战争机器,成为奴隶阶级即那些在数量上远远超过自己的希洛人(Helots)的野蛮盘剥者。柏拉图(Plato)这位集权主义的发现者在他的《理想国》(Republic)中描绘的蓝图很大程度上是以这个令人不快的制度为原型的。研究斯巴达的雅典作家绝不是参观英格兰公学的法国人。啊,多么天真啊!他们是一群失望的专制者,说得委婉一点,他们是一群寡头政治家。他们一直在伺机——但最终却是徒劳地——推翻雅典民主政治。"我们最佳的资源提供者"色诺芬不可能冒险继续待在他的出生地雅典。他只能逃往斯巴达,他那个时代的阿根廷(Argentina)。的确,斯巴达的不良影响一直持续到了我们这个时代。法国历史学家马罗(H. I. Marrou)令人信服地表述了他的下述观点:④

> 从穆勒(1824)到耶格⑤(1932),德国学术界将斯巴达教育吹捧
> 上了天,将其看成多利安人独具的北欧精神(Nordic spirit)的产

---

① 阿诺德(Thomas Arnold,1795—1842),英国拉格比公学校长,赞成用鞭挞方法教训违纪学生。——译者注

② On flogging, See T. W. Bamford, *Thomas Arnold* (London. 1960), pp. 49ff.

③ 莱克格斯(Lycurgus),公元前9世纪斯巴达政治家,斯巴达宪法制定者。——译者注

④ *A History of Education in Antiquity*, translated by George Lamb, (New York, 1956), p. 23.

⑤ 穆勒(K. O. Müller, 1797—1840),德国学者,古代斯巴达的崇拜者,倡导了古希腊神话的现代研究;耶格(W. Jaeger),德国古典学家。——译者注

物——这是种族、军事和集权主义政策的有意识体现——这种早在腓特烈二世（Frederick Ⅱ）、夏恩霍斯特（Scharnhorst）、俾斯麦（Bismarck）以及纳粹第三帝国时代到来之前就出现的模式一直都在令人惊奇地侵蚀德国人的灵魂，从未停息。

在马罗看来，这种突出地颂扬斯巴达教育制度而忽略完美历史的教学是一种"道德的倾斜"。马罗的结论是正确的。一位西德著名历史学者赫尔穆特·贝维（Helmut Berve）曾在 1937 年写了一本题名《斯巴达》（Sparta）①的著作。这本书开篇就写道："古代世界很少有像斯巴达城邦这样的现象能够引起今天人们如此普遍的浓厚的兴趣。"他列举了"青年的教育、团队的精神、战士的生活、命令和勇士般的坚韧"以及所有"我们需要的"美德。他还向读者断言，斯巴达人是"印度日耳曼和北欧日尔曼人种"。简言之，我想提醒读者注意到弗里曼在评价斯巴达时所犯的明显错误。

以下是进一步阅读的建议。

本书的一些读者如果希望作进一步研究，可以阅读下列著作：现代研究者马罗的《古代教育史》（A History of Education in Antiquity）是一本基础读物。原文是法文的，现在已由乔治·拉姆（Geoge Lamb）将其译成英文（纽约，伦敦，1956）。格兰维尔·唐尼（Glanville Downey）在《古典研究杂志》（Classical Journal，1957 年第 LII 卷，第 337—343 页）发表的一篇有关该书的评论也很重要。这本书研究了从荷马时代到基督教学校兴起时期的教育。书中的注释出色地为人们提供了专业文献的来源。该书有关古典教育中鸡奸（pederasty）问题和伊索克拉底（Isocrates）在自由教育历史中重要作用的章节为弗里曼的疏漏提供了特别重要的补充。还有一本非常优秀的著作值得注意。那就是美国学者约翰·沃尔登（John W. H. Walden）写的《古代希腊的大学》（The Universities of Ancient Greece，纽约，1909）。沃尔登研究的是罗马征

①  See Helmut Berve, *Sparta*（Leipzig, 1937）and further, but typically, Gottfried Benn *Essays*（Wiesbaden, 1951）, pp. 9—48（"Dorische Welt" originally published 1933）.

服以后时期的教育,因此可以看做前一本书的续篇。他讨论了教育与国家的关系、学习的课程、教授的任命和教授在社会中地位以及学生生活等问题。他收集和鉴定了那个时代就已经出现的学术"职位"(chair)、第一个"学位"和学术长袍。

最后,我想请读者关注能够为弗里曼书中内容的细节提供补充材料的四本著作。其中,可以为弗里曼关于柏拉图学园教育的内容提供补充的是德国学者保罗·弗里德兰德(Paul Friedländer)写的《柏拉图:研究入门》(Plato:An Introduction)。汉斯·迈耶霍夫(Hans Meyerhoff)将其从德文译成了英文(纽约,伦敦,1958)。我们从弗里曼这里了解了许多有关第三级教育,即埃弗比的情况。这一方面现代权威的著作是拜勒克蒂斯(C. Pélékidis)著的《公元前31年阿提卡埃弗比的历史起源》(Histoire de l'Éphébie attique des Origines à 31 avant Jésus-Christ,巴黎,1962)。至于弗里曼介绍的最复杂的希腊音乐,我建议有兴趣的学生可以参考伊根·韦尔斯(Egon Wellesz)主编的《新牛津音乐史》(The New Oxford History of Music,牛津,1957)第一卷中由伊索贝尔·亨德森(Isobel Henderson)撰写的《古代和东方的音乐》(Ancient and Oriental Music)。读者还可以听一听配套的录音,了解人们在复制古代音乐方面所做的努力。最后,应当参考戴勒比克(É. Delebecque)的富有才华的研究成果《色诺芬传》(Essai sur la Vie de Xénophon,巴黎,1957)来补充弗里曼关于色诺芬的讨论。

1968年9月于哥伦比亚大学

# 序 言

　　现在出版的这篇论文是已故的 K·J·弗里曼先生在剑桥大学毕业时所做的文学学士学位论文，也是他为争取三一学院研究员职位候选人所提交的论文。按照三一学院的规定，候选人需要提交一些原创性论著。1906 年夏季，离秋季遴选还有 3 个月，弗里曼的辉煌的前途由于他的去世而戛然中止。

　　这是一篇遗作。我们鼓起勇气出版这本书是因为人们给了它很高的评价。这里，我也不想作更多的解释。诚然，这篇论文在某些方面来说还是不完善的，甚至有些观点还不成熟。但是，论文处理材料的方式是适当的。也许人们还有不同看法，但这篇论文巨大的实际价值是毋庸置疑的。在现存的英文著作中，还没有任何一本书能够像这本书一样，收集了如此令人信服的、可用作研究古希腊教育的资料——这些资料全面涵盖了古希腊最繁荣和最独具特色时代的教育理论和实践。假如这份有意义的劳动，虽然只是初步成果，仅仅因为作者是初出茅庐、名不见经传而被压制和遗忘，那将是十分遗憾的。

　　弗里曼没有提出多少新观点，但他用无可辩驳的证据表明，他的劳动没有建立在二手资料的基础上，而是建立在他对丰富的有据可查的文献资料作了广泛和直接研究的基础上。

　　在某种意义上说，这篇论文的选题特别适合年轻人做。也许在任何时候，只有那些刚刚完成学业且充满活力的年轻人才会对教育有着如此新鲜和生动的印象。读者会发现，作者多次表现出他并不止步于提供纯粹的史料，他还建议人们采取批判态度，做到古为今用。也许人们会认为，由于笔者是目睹这个本科男生成长的不可怀疑的权威见证人，因此，笔者对这篇论文重要性的评论是值得参考的。

但是，正如我说过的，即使这篇论文仅仅是按照顺序将事实简明清晰地排列出来，也足以引起对这一课题感兴趣人士的注意。

我不是站在个人立场上表达情感的，但我不能排除这种情感。当我面对弗里曼第一项也是唯一的一项古典研究成果时，我不能不为过早地失去这位值得尊敬的、生气蓬勃的青年感到深切悲痛。对于他，老师无论怎样表扬都不会有偏袒的嫌疑。因为，他不仅仅只是古典课程的成果，他的第一篇论文已经足以证明。我要强调的是，他不仅仅撰写了论文，他还证明了自己的价值。

A・W・维罗尔（A. W. Verrall）
1907 年 1 月 于剑桥大学三一学院

# 编者序

　　命运注定由我来编辑出版这篇论文。它是肯尼思·约翰·弗里曼的第一本也是最后一本著作。弗里曼是温彻斯特公学和剑桥大学三一学院杰出的年轻学者。他短暂的生命是在1906年夏季结束的。

　　弗里曼1882年6月19日生于伦敦,1906年7月19日卒于温彻斯特。他只生活了短短的24年。他将生命的大部分时光花费在文献资料和大自然这本著作中,尤其是在古典著作中,孜孜寻觅着真与美。

　　他继承了家族的学术传统和兴趣。他的父亲布罗克·弗里曼先生(G. Broke Freeman)是大法官法庭成员,毕业于剑桥大学三一学院古典学科。他的祖父菲利普·弗里曼(Philip Freeman)是埃克塞特副主教,也是一位古典学者,1839年也曾获得克雷文大学高级古典课程奖学金。他的曾祖父亨利·赫维·巴伯(Rev. Henry Hervey Baber)曾多年担任大英博物馆主任馆员,是《亚历山大法典第一版》(the editio princeps of the Codex Alexandrinus)的编辑。弗里曼从他们那里继承了对古典学科的情感,对语言的敏感性和追求知识的执著精神。没有任何东西可以阻挡他,即便长期的病魔也没有。

　　他的母亲是居住在伦敦哈利大街(Harley Street)霍勒斯·多贝尔博士(Dr. Horace Dobell)的女儿。他的舅舅西德尼·多贝尔(Sydney Dobell)是位诗人。这样,他完全可能从他舅舅那里获得诗人的情感。这一点突出表现在其未发表论文的一些优美诗句中。

　　他在公学和大学的学习成绩是优秀的。在温彻斯特公学,他曾获得许多学科和多种语言学习的奖励,16岁时,他获得戈达德奖学金

(Goddard Scholarship)，披上了蓝色绶带。1903 年，他获得了剑桥大学颁发的布朗奖学金（Browne University Scholar），1904 年，他在剑桥大学古典学科荣誉学位的考试中获得第一等成绩，同年，获得克雷文奖学金。次年，又获得高级学监奖牌。

弗里曼其他的与众不同之处无需赘述了。但我还想提及他 1903 年获得的那块布朗奖牌。那是因为他写了一首优美的抒发男孩和男子汉真实情怀的诗。①

他始终是一个乐观主义者。他将生活看成"公平的小客栈"。这种人生态度给他带来许多好心情。由于腼腆和生病，他的朋友圈受到了限制，但他寻求"友谊"的能力和愿望并不弱。为此，他开动脑筋并身体力行。他不是一个伟大的运动员，但他是学校和公学里的热情志愿者。他曾声称，假如他没有选择教师的职业，他希望去做一名士兵。他在介绍斯巴达和色诺芬时带有明显的同情心。在智力战场上，他克服困难多次获得胜利。例如，当他因身体不适回到幼年时代的保育室调养时，他完成了争取克雷文奖学金的论文写作。他的诗歌也同样杰出，充盈着纯真的情感，蕴涵着令人肃然起敬的抱负。

弗里曼的履历简单而又平凡：在温彻斯特公学，他度过了六年快乐的中学时光；在剑桥大学三一学院学习了三年；之后，花了一年时间去旅行和研究他一直感兴趣的教育学科；最后，也是他一生中最快乐的一年，他回到母校温彻斯特公学担任了教师。

他的前途光明似锦：他在自己梦寐以求的温彻斯特公学教师岗位上工作着，身体和精力似乎已完全恢复，未来温彻斯特校长的职位在等待着他。然而固疾突然袭来，一切都结束了，辉煌变成了虚无。

让我在这里引用弗里曼他自己翻译的也是他自己撰写的希腊文短诗：

> 当我终于感到身心疲惫，
>
> 他们让我无梦地长寐，
>
> 送我踏上来时的路程，

———————————

① 原著中摘录了一段弗里曼用希腊文写的诗歌。——译者注

向不知在何处的家园返回。

我们知道,这本著作尚不完善。一些处理苏格拉底、柏拉图和亚里士多德的章节还显得不足。但是,这是弗里曼留下的原汁原味的著作,我们未加改动。他自己也十分清楚,有些遗漏的章节需要进一步修正。

对我来说,编辑这本书是我喜爱的工作。在编辑过程中,我得到了许多学者的慷慨帮助,同时,还认识了一批学术界朋友,这是我工作的回报。维罗尔博士除了撰写序言外,还提出了许多宏观和微观的建议;桑兹博士(Sandys)审阅了校样,他在这一学科方面的渊博知识也使我获益匪浅;杰克逊博士(Henry Jackson)审阅了最后几章并和我一起探讨了一些有兴趣的问题;牛津大学新学院已故研究员埃德蒙·莫斯黑德先生(Edmund D. A. Morshead)和剑桥大学三一学院研究员康福德先生(F. M. Cornford)从不同的角度审阅了论文并核对了校样;G. S. 弗里曼(G. S. Freeman)先生(作者的哥哥)负责校对了索引;梅里曼(W. R. H. Merriman)先生不辞辛苦核对了引文。凯尼恩博士(F. G. Kenyon)也给予了一些学术上的指导。对于他们的帮助我由衷地感激。大英博物馆的汉密尔顿·史密斯(A. Hamilton Smith)先生在鉴定插图中的花瓶方面也给了我很多帮助。作者本人也是一位相当高水平的制图员,他亲自依据希腊花瓶图案画了插图。当然,本书的插图大都来源于已经出版了的复制品。只有两幅画除外。大英博物馆的两幅画(第三和第四幅插图)在此以前从未被复制过,是专门为本书复制的。我还必须感谢剑桥大学皮特出版社的代理商,由于他们慷慨的应允,我们得以从桑兹博士《古典学术史》(History of Classical Scholarship)中复制杜里斯(Douris)教育花瓶。① 本书封面图案就是出自该花瓶。

最后,我想引用作者弗里曼本人的一些话作为这篇序言的结束语。

"多年以来,我一直潜心钻研原著,尽量避开人们的评论。"读者将会发现这一特点。

"对于许多公认的解释,我有意识地坚持既不去读也不去听的原则,因为我希望能够遵从柏拉图的教导,不去不加质疑地接受任何权威

---

① 杜里斯(Douris),古希腊花瓶画画匠。——译者注

的影响,而是要形成自己的观点,提出自己的见解。我一直认为,从别人的书中了解原著而不直接去读原著所产生的教育危害是巨大无比的。我读过保罗·吉拉德(M. Paul Girard)法文版的《雅典教育》(L'Éducation Athénienne)和格拉斯伯格(Grasberger)德文版的《古罗马时代之教育与课程》(Erziehung und Unterricht im klassischen Alterthum),后者我还只读了一部分,但已经不知不觉地进入了本来可能错过的权威们的思想轨道。我相信,他们对我思想的直接影响已经体现在我的论文及注释中了。吉拉德那本令人激动的著作对我的间接影响更加深远,无以言表。"

"也许需要为使用希腊文道歉。我本想使用拉丁文,但当我写到吕克昂、阿卡德米①和教仆时,我的心情有了变化。我不想给人一种现代音乐厅、现代艺术,更糟的是现代'教育学'(pedagogy)的感觉。我强迫自己采用古代字母。可是当我写到 Thoukudides 时②,我的心情再次沉重起来,因为我几乎辨认不出这种装扮的老朋友。于是,我决定走一条中间路线,在需要的时候保留了比较熟悉的拉丁文。这样,我就用了'Plato'而不是'Platon'。但保留了'Menon'和'Phaidon'。"对弗里曼确定的这条原则我们始终坚持着。我们无需去解释 Lakedaimon 是否是希腊词汇的翻译以及 Lacedaemonian 是否是英语形容词。Troizen 的公民就是 Troizenian,Boiotia 的公民是 Boeotian。作者最后结束时这样写道:"我一直倾向于用 Hellas 和 Hellene 来表示希腊和希腊人,而不喜欢用 Greece 和 Greek。因为在诗歌里采用任何其他名称总是不能给人以完美的感觉。"

M·J·伦德尔(M. J. Rendall)

1907 年 3 月于 温彻斯特公学

---

① 吕克昂(Lyceum)、阿卡德米(Academy)分别是亚里士多德和柏拉图办的学园。——译者注

② Thoukudides,即 Thucydides(修昔底德),古希腊历史学家。——译者注

# 导　言

　　两条河流交汇处总能给旅行者带来新奇的感觉,使旅行者入迷。1
两条河流汇合的同时各自特色消失殆尽的景象具有一种特殊的魅力,
引人遐想。一条河流穿过山峦起伏的群山,冲破岩石和鹅卵石的羁绊,
褪色的飞沫四溅,奔腾而来;另一条河流则缓缓地流过平原,夹杂着少
许的泥沙,像一条半透明的玉带蜿蜒而至。它们融合后,再也不是原先
的任何一条河流了,而是一条力量更加强大的新河流,肩负着以前两条
河流的重任继续往前,留在它身后的是一片广袤的三角洲,未来的绿
洲。

　　对于历史学或者心理学的学生而言,两个文明的汇合之地有着同
样的魅力。古老的东方文化背负着岁月的沉重包袱缓缓地移动着,经
过长期的调适,慢慢地接受和吸收西方文化中的科学、机器、旺盛的精
力和务实的态度。研究这两种文化的交融是一份使人着迷的工作,因
为这个进程是伟大的,人们期望两个文明结合会产生丰硕的果实。生
活在这一融合进程中的人是无法估量其价值,也无法预测其结果的。
在旧秩序即将消失的时代,他们有的只是一种不适应和迷茫的感觉,他2
们还不可能预见新秩序的辉煌。也正是这样,他们给后人流下了研究
空间。因此,我们必须研究的是过去历史中的而不是当代世界中的这
样的融合。

　　历史上两种独特文明融合的典型例子是文艺复兴。古希腊精神以
及她的学生罗马精神与中世纪欧洲精神的融合是那样的完美无缺,至
今也难以寻觅。但人们常常忘记的是,在文艺复兴这一伟大戏剧开演

之前,至少有过两次彩排。在第一次彩排中,希腊文化了解了自身的魅力,接受了教育世界的历史任务。亚历山大(Alexander)①将艺术、文学以及希腊精神传播到了亚洲的心脏。虽然亚历山大融合东西方文化的伟大实践由于他的早逝而中断,他建立的庞大帝国也因他的去世而瓦解,但他的一些目的在被传播到亚历山大里亚(Alexandria)、叙利亚(Syria)和小亚西亚(Asia Minor)的希腊文化中实现了。亚历山大死后的一个世纪中,第二次彩排开始了,这一次地点在西方。被征服的希腊俘虏了她的凶悍的征服者,罗马强大的力量在希腊人的智慧和神奇的文化面前俯首称臣了。历史再次重现。伟大的凯撒(Julius Cæsar)正在准备实施其雄心勃勃的将两个文明合二为一的计划时,却突然遭到了暗杀。他的死对早期的文艺复兴产生了无以估量的损失。因为,希腊的学生罗马的教育还没有很好地展开。即便如此,罗马的教育已经取得了硕果,培养了弗吉尔(Virgil)②和霍勒斯(Horace)。③ 北方条顿民族(Teutonic)从希腊—罗马文明中学习了他们的第一堂文化课。经历几次尝试后,中世纪欧洲在文艺复兴时代重新发现了古代希腊和她的学生罗马。从此,希腊文化对现代文明产生了持续的无法估量的影响。这种文化的营养还有多少至今尚未吸收,还需要多久才能完全消化? 这个问题也许要等到从埃尔金大理石雕像④到现代人群或者从索福克勒斯的戏剧到现代文学的发展为人们了解之后才能回答。

就这样,连伯里克利(Perikles)都未曾梦想到,希腊成为整个世界的教育者。然而,人们自然要问,这位世界的老师是如何教育她自己的子女的呢? 这么多民族在学校里学习希腊文化课程,那么古代希腊学

---

① 亚历山大(Alexander,公元前 356—公元前 323),马其顿国王亚历山大大帝。——译者注

② 弗吉尔(Virgil)(公元前 70—公元前 19),罗马诗人。——译者注

③ 霍勒斯(Horace)(公元前 65—公元前 8),罗马诗人及讽刺家。——译者注

④ 埃尔金大理石雕像(Elgin marbles),英国大英博物馆收藏的古希腊大理石雕塑。1807 年,英国埃尔金勋爵将雅典巴台农神庙一部分浮雕运回英国。这也就是所称的埃尔金石雕。埃尔金勋爵只得到了神庙大约一半的浮雕,其余的仍在希腊,也有一些小碎块被收藏在世界各地的其他博物馆里。——译者注

校真实情况究竟又是如何的呢？这些奇妙的城邦在几个世纪里竟然创造出那么多让后人难以逾越的文学、哲学和艺术的财富。作为这段历史永久纪念碑的色摩比利山口（Thermopylae）和马拉松（Marathon）还见证了这些城邦是怎样迅速地将青年公民训练成为爱国者、艺术批评家、政治家、哲学家以及钱币制造者和文学爱好者的。自然，他们对古希腊教育的了解也不会少。古希腊学校里是否存在着对现代社会依然具有重要意义的艺术、文学以及精神？这些问题就是本篇论文希望在某种程度上给予解答的。

　　之所以说只能在某种程度上给予解答，是因为希腊的精神是无法间接把握的。它存在于那些微妙的情感和精心提炼的完美无瑕的语言之中，译文和照片是不可能毛发无损地再现它的。同样，希腊教育的秘密是无法通过简单地罗列事实或通过自作聪明者的演绎来重现的。对于现代理论家来说，准确地阐述一种学校理想并不费力气。他只要列出应当学习的科目、应当阅读的书目以及用来往儿童机械般的头脑里灌输知识所需要的时间就可以了。但是，希腊的教师认为，教育的对象不是机器，而是儿童。教育要求儿童获得的不是知识，而是品格。他的目标是在于培养学生的鉴赏力，使他们"热爱美好的事物，憎恨丑恶的东西"。因为他希望他的学生能够热爱艺术、文学、自然和人类生活中的美。他会想方设法使课程具有吸引力，否则学生就会厌烦他的学科。教育必须有着吸引年轻人的魅力。大部分教育内容如音乐、艺术、文学以及诗歌中的冒险精神、英雄主义和浪漫主义故事都能吸引儿童的兴趣。可惜的是，古希腊音乐几乎没有流传下来，艺术残存下来的也不多。希腊初等学校为现代研究者留下的只有一些文学作品。我们可以从荷马时代的诗歌那里了解希腊文学的魅力。但教育的魅力主要在于教师的方法，然而后人对此却知之不多。学子们的书可能是一本本地读，训练可能是一个个地进行。但有关他们的教学方法、学习内容的排列顺序和学习量的多少，我们几乎一无所知。保留至今的是一些古人的尸体以及工匠们用以装扮和保存这些尸体的工具。古代工匠是如何使用这些工具的，他们的手艺和技术究竟有何秘密，这不是所有勤奋的日尔曼研究者能够发现的。艺术学生要想学习米歇尔·安杰洛

4

5

（Michel Angelo）或拉斐尔（Raphael），必须去西斯廷教堂（Sistine Chapel）①或德累斯顿艺术馆（Dresden Gallery），如果只注意他们使用的材料和工具，那是什么也学不到的。同样，研究希腊教育的学生应当思考的不是它的材料和工具，而是它的成果和理想。如果他希望理解多利安人（Doric）和爱奥尼亚（Ionic）人学校的目标，他必须亲眼看看埃伊纳（Aegina）②的人形山墙和伯拉克西特列斯（Praxiteles）③雕塑的"赫耳墨斯（Hermes）"，并尽可能地去想象。这些他必须亲自去经历，没有任何一本书能帮他做到。这篇论文能够做到的是希望提供一些线索，看看希腊学校教师是如何使用工具将姿态各异的男孩子雕塑成传世杰作赫耳墨斯④和埃伊纳人物的：他们灵巧的手指和富有想象力的大脑是现代学者和考古学家望尘莫及的。

　　"赫耳墨斯"身体矫健，充满智慧，相貌犹如艺术家，前额宽阔犹如思想家，可以被看做是公元前 4 世纪初雅典教育鼎盛时期的教育理想。埃伊纳人物则是斯巴达和克里特学校儿童的代表。这些英雄人物身体匀称、思想深邃且具有多利安人性格坚韧的特点。也许，把巴台农神庙（Parthenon）中称作提修斯（Theseus）⑤的神看做早期雅典人训练的理想也并非无稽之谈。雅典人训练目标很少有空想和虚饰的成分，比较注重为奋发的生活服务。如果的确如此，那么，这些辉煌的雕塑是在与

---

　　① 西斯廷教堂（Sistine Chapel），始建于 1445 年，由教皇西斯都四世发起创建，教堂的名字"西斯廷"便是来源于教皇之名"西斯都"。该教堂于 1481 年完工。文艺复兴初期画家为该教堂创作了一批有关耶稣基督主题的壁画，其中有米歇尔·安杰洛即米开朗基罗（Michelangelo）最有代表性的两幅穹顶巨制壁画《创世纪》和《最后的审判》。该教堂也因此而闻名于天下。——译者注

　　② 埃伊纳（Aegina），靠近雅典的一个海岛。——译者注

　　③ 伯拉克西特列斯（Praxiteles），古希腊著名雕塑家，代表作有"维纳斯"和"赫耳墨斯"。——译者注

　　④ 赫耳墨斯（Hermes），希腊神话中为众神传信并掌管商业、道路的神。——译者注

　　⑤ 巴台农神庙（Parthenon），祭雅典娜女神的神庙，位于雅典，公元前 438 年建成。因雅典娜女神是处女，故又称"雅典娜处女庙"。提修斯（Theseus），希腊神话中的雅典王子，曾进入克里特王宫斩除妖魔。——译者注

斯巴达进行长期战争被毁灭前的伯里克利时代和帝国雅典鼎盛时期理想的化身。

　　希腊文化有两个源泉,分别源自多利安人和爱奥尼亚人。多利安人和爱奥尼亚人的地方文化有着明显的差异性,这就使希腊每一个小城镇的风俗和艺术有别于它们各自的邻居。这些文化差异性十分明显地表现在生活的方方面面,尤其在教育方面。其中,斯巴达和克里特为一方,雅典和她的亲密盟友爱奥尼亚和埃奥利(Aeolic)①以及希腊其他文明地区为另一方,发展成了两种迥然不同的教育。到了一定年龄,斯巴达儿童要去寄宿学校上学,儿童的所有学习内容和活动都处于国家监督之下。行为举止文雅和身体动作灵活协调是斯巴达儿童追求的唯一目标。他们几乎从不学习文字和数目。雅典儿童则要在父母认为合适的时候去父母喜欢的学校读书,在相当宽泛的学习内容里选择自己喜欢的科目,而且自己选择结束学业的时间。他要学习文字、算术,研究文学和音乐,稍后还要练习体操和学习绘画。长大一点,他还可以在原有课程基础上学习修辞学或哲学以及他所喜欢的学科。国家只干涉儿童的道德教育,并强迫儿童在18—20岁时接受两年军事训练。

　　雅典和斯巴达学校表现出的差异是如此显著。乍一看,它们之间几乎没有任何共同之处。因此,有必要从一开始就将两者分开,分别详细讨论。但是,希腊的思想家认为,在这两个城邦表面差异的深处扎根着某种相似性。融合这两种不同类型的教育,建立一个完美的教育制度,一直是教育哲学家奋斗的目标。随着对希腊教育理论研究的深入,表现在教育实践方面的差异逐渐消失,而教育理想和目标方面的相似性则愈来愈凸现了出来。当完成了对希腊教育理论和实践的认真研究之后——这是本论文的目标,人们就有可能透过许多微观上的差异去把握和判断影响希腊学校的共同原则。

_____

　　① 埃奥利(Aeolic),名词为 Aeolis,古代小亚西亚西北部,希腊的殖民地。——译者注

# 第一编

## 希腊教育实践

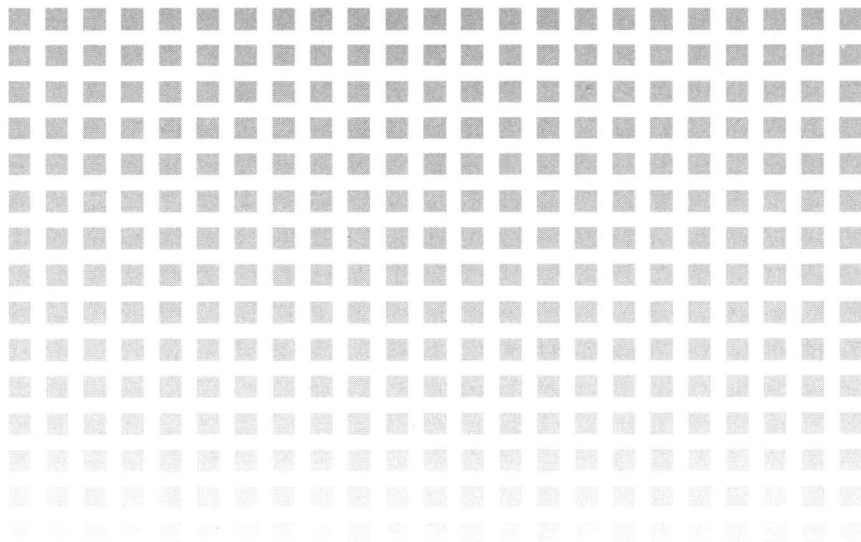

# 第一章　斯巴达和克里特的教育

据传说,希罗多德(Herodotos)①在其旅行的归途中,出于爱奥尼亚人的爱国主义精神,激烈地驳斥过西徐亚人(Scythian)②阿纳卡西斯(Anacharsis)。在希罗多德看来,希腊民族中,唯有斯巴达人是可以与之进行睿智对话的人,因为只有斯巴达人才有充足的时间成为睿智的人。③ 斯巴达的每个公民都拥有大量的闲暇时间。他不必为赚钱的事操心。他是奴隶创造的城邦财富的世袭者。他不需要从事某种专业或贸易活动。他的全部工作是根据斯巴达理想教育自己和他年幼的同胞以及维持斯巴达的生活方式。斯巴达人白天从事的活动十分丰富,参加体操和军事训练、打猎、处理公务,或者去"leschai",即交谈俱乐部(conversation-club)。在交谈俱乐部里,有关商业的事务是不允许探讨的。人们谈论的话题要么是颂扬荣誉和高尚,要么是谴责怯懦和卑鄙。④ 总之,他们是严肃和不善言辞的民族,言语简洁却蕴涵着他们自己独特的智慧。在他们的城邦中,也有笑神雕塑(Laughter)。他们总是保持着完美训练的状态,就像柏拉图《理想国》中的"猎犬"(wiry dog)一样。他们是非常强硬的保守派,严禁任何革新。打球时试图改

① 希罗多德(Herodotos,约公元前484—公元前425),古希腊著名历史学家。其著作《历史》是古代第一部叙事体历史巨著。——译者注

② 西徐亚人(Scythian),又称斯基泰人(中亚、东欧)古民族,公元前9世纪左右曾在黑海北岸建立古国。——译者注

③ Herodotos, 4.77.

④ Plutarch, *Lukourgos*, 25. Kratinos (Athen. 138) ridicules these clubs and says that the attraction of them was that sausages hung there on pegs to be nibbled.

变规则的倒霉蛋是要受到鞭挞的。保塞尼亚斯时代(Pausannias)①,在斯基亚斯(Skias)或议院门前始终悬挂着提莫修斯(Timotheos)带到斯巴达的十一弦琴②,只是因为它有点裂痕。③ 普鲁尼斯(Phrunis)④的九弦琴也遭到了同样命运。从特潘德(Terpander)⑤那里接受了十一弦琴后,斯巴达人从不允许改变它。斯巴达人缜密的组织能力是天赋的,部队和儿童组织严密。城邦的每一个人都是城邦所设计和组装的精确完美的战争机器的一个部件。

在这个经过精密设计的奇特的城邦中,向年幼的未来公民灌输城邦精神是必不可少的。城邦没有成文的法律。法官和统治者拥有绝对的裁决权,⑥但这种统治只有在每一个公民身上都具有某种特别的品格、观点和态度的烙印时才有可能。因此,教育在斯巴达就非常重要了。城邦对此有规定并强制实行,所有儿童都要接受教育,无一例外。男孩全部被带离家庭,生活在一所大型寄宿学校里。这样,儿童在家庭生活中养成的个性化倾向以及遗传性特点才有可能被清除干净,才能形成一种普遍的品格,即斯巴达人品格。寄宿学校完成了这一任务,在每个学生身上留下了能够辨认的烙印:从寄宿学校走出来的学生,行为举止和态度十分相似。

斯巴达儿童一出生,就会被立即带到父母所在部落的长者面前。⑦一旦长者们认定这个婴儿可能有病,婴儿就会被裸放在塔盖图斯山上。婴儿要么死掉,要么会被希洛人(Helots)或皮里阿西人(Perioikoi)⑧收养。斯巴达是不抚养无用之人的。如果婴儿通过了检查,就会被送回家庭由母亲抚养。斯巴达女子以善于照料儿童而出名。整个希腊对斯

13

---

① 保塞尼亚斯(Pausannias),2世纪希腊旅行家和地理学家。——译者注

② 希腊弦琴,叫"lyre",又可以译成"里拉"。多数为七弦竖琴。——译者注

③ Pausanias, 3. 12. A similar event happened at Argos. Plutarch, *On Music*, 37.

④ 普鲁尼斯(Phrunis),古希腊诗人。——译者注

⑤ 特潘德(Terpander),公元前7世纪古希腊诗人。——译者注

⑥ Aristot. *Pol.* ii. 9,10.

⑦ Plutarch, *Luk.* 16.

⑧ 希洛人(Helots)或皮里阿西人(Perioikoi),前者是古代斯巴达奴隶;后者是古代斯巴达没有完全公民身份的人,但是自由人。——译者注

巴达保育员的需求量是很大的。人们渴望通过她们把男孩培养成像阿几比亚德斯(Alkibiades)①那样有地位和财富的人。她们唱给儿童听的歌和灌输给儿童的规则是："不要害怕黑暗"或单独留在家中也不要恐惧;不要"挑剔食物,顽皮和尖叫";一言一行都要像个"有身份的人"。

　　毫无疑问,儿童的纪律是严格的,他们的父母亲也同样按照严格的纪律生活。在斯巴达,没有人过奢侈的生活。他们的房屋和家具像他们的食物一样非常简单。但是,房间里有一幅充满童趣的画:阿格西劳斯(Agesilaos)②骑在一根棍子上逗引儿童。如果说斯巴达母亲对儿童的怯懦毫不留情的话,那恰恰表明了她们对儿童的成长是多么在意,她们绝对不像雅典女士那样在子女教育方面的作用无足轻重。

　　7岁之前,儿童一直生活在家里。但是,父亲们经常带年幼的儿童到成年人消闲和用餐的"菲地提亚"(Pheiditia)即"俱乐部"去。每个俱乐部大约有50名男子。孩子紧靠着他们的父亲坐在地上。每个成员每月要提供用大麦做的1.5蒲式尔食物、5加仑酒、5磅奶酪、2.5磅的无花果③和其他很便宜的调味品。④ 如果他要向神奉献祭品,他会将一部分祭品分给他的同伴享用。如果狩猎成功(狩猎是经常事),他会将战利品带到公共餐桌上与众人分享。俱乐部里供应著名的黑色的肉汤,这是城邦世袭厨师行会做的。在斯巴达人看来,喝汤是生活训练的一部分,因为喝汤以及在欧罗塔斯河里洗冷水澡可以使胃口大开。年长的斯巴达人似乎对肉汤更喜爱些。一张阿尔克曼(Alkman)⑤诗歌碎

14

---

　　① 阿几比亚德斯(Alkibiades),雅典富家子弟。苏格拉底的学生,著名的政治家、演说家和将军。——译者注

　　② 阿格西劳斯(Agesilaos,公元前444—公元前360),古代斯巴达国王。——译者注

　　③ Say, $1\frac{1}{2}$ bushes of meal, 5 gallons of wine, 5 lbs. of cheese, and $2\frac{1}{2}$ lbs. of fig.

　　④ 弗里曼在文中使用的量词是 medimnos、choes、mnai,但他在注释中将其换算成了英语的量词。这里是根据英语量词翻译的。——译者注

　　⑤ 阿尔克曼(Alkman),公元前7世纪古代斯巴达诗人,擅长写少女合唱歌。——译者注

片上记录了一个俱乐部过节的情景："室内有 7 条长椅和同样数量的桌子,桌上堆满了带有罂粟味的面包以及亚麻子和芝麻;碗里装着蜂蜜和亚麻子,那是为儿童准备的。"①

斯巴达穷人如果无能力向俱乐部交纳捐赠就会失去公民资格,他的孩子也会失去在城邦教育制度中接受教育的机会。但只要世袭的财产分配权不让给他人,这种情况是不会出现的。家庭中每一个参加俱乐部活动的人都必须交纳一定数量的捐赠,也就是说,每个男子都必须交纳($κατὰ$ $κεφαλήν$)。② 而女子则不必交纳,因为女子在家里吃饭。那种假定男孩子上寄宿学校前或上学后都是由城邦出资供养的说法是没有根据的。在斯巴达,对于那些伴随儿童上学的养子(foster-children)的数量,城邦是有明确规定的,要根据养父母的财产而定。③ 这样看来,斯巴达父母亲是要为上学的男孩支付一些费用的。教学不收费,那么费用一定是用于伙食的。因此,在斯巴达上学的男孩都是父母能够为自己及孩子支付公共伙食费用的家庭的孩子。斯巴达城邦的倾慕者色诺芬(Xenophon)④在他自己的"国家"中采用了与斯巴达相同的制度,他也使穷人的孩子自动地离开了公立学校。必须记住的是,斯巴达始终是小家庭制,人口数量一直稳步下降,需要由一家之长支付费用的男性数量一直不多。

一般而言,斯巴达学校是为"贵族"($ὅμοιοι$)儿子开办的,⑤即为那些付得起费用者的子弟开办的。但只要能够支付食物费用,学校也招收一定数量的其他男孩。富有的斯巴达人会挑选一些其他男孩,为他们付费,让他们陪伴自己的儿子读书。⑥ 伴读儿童数量的多少取决于主人家交纳的捐赠数量的多寡。伴读儿童可以上学,但成年后不能成为公

15

① Smith, *Melic Poets*, "Alkman," 26, if the emendation $παίδεσσι$ be correct.

② Aristot. *Pol.* ii. 9.

③ Phularchos (Athen. vi. 271).

④ 色诺芬(Xenophon,公元前 427—公元前 355),古希腊历史学家、作家。雅典人。苏格拉底的弟子。——译者注

⑤ Xen. *Anab.* iv. 6. 14; Aristot. *Pol.* ii. 9. 31.

⑥ Phularchos (Athen. vi. 271 e).

民,除非他获得许多表彰,并得到斯巴达城邦授予的公民权。

　　这些伴读儿童是从哪个阶层挑选来的呢？ 他们有的是外国人,是斯巴达上层人物贵宾的儿子或定居在拉科尼亚(Laconia)①难民的儿子。也正因为这样,色诺芬的两个儿子才有机会在斯巴达接受教育。这些外国男孩叫做"τρόφιμοι",即养子。色诺芬曾提到过这些"养子中的外国人"②。养子成年后如果仍然生活在斯巴达,是不享受公民权利的。柏拉图在他的一封书信中,谈到了养子们为获得这种卑微地位所经历的艰难生活。③ 斯巴达竟然先于雅典成为外国男孩前往留学的教育中心,这是值得注意的有趣的现象。

　　更常见的现象是,斯巴达家长愿意选择希洛人做他们儿子的伴读。例如,普鲁塔克(Plutarch)④曾提到克尼奥蒙尼(Kleomenes)⑤的两个陪读,他们被称作"Mothakes"⑥。"Mothax"是当时受过教育的希洛人的称谓。如果我们将"Mothax"与另一个词汇"Mothon"联系在一起,他们似乎会因从事这一工作而声名狼藉了。因为后者是阿里斯托芬(Aristophanes)⑦作品中厚颜无耻的庇护神的名字。在其他地方,"Mothon"是一种粗俗舞蹈的名称。⑧ 他们在学校生活结束后是不被授予公民权的,他们必须从事奴隶的工作,除非他们能显示出特别的价值。但的确也有几个最杰出的斯巴达人,包括赖山德(Lusandros)⑨在内,是授予了公民权的"Mothakes"。

────────────

　　① 拉科尼亚(Laconia),希腊伯罗奔尼撒半岛东南部分的区域。范围大致相当于今拉科尼亚州,首府是斯巴达。——译者注

　　② Xen. *Hellen.* v. 3. 9.

　　③ Plato, *Rep.* 520 v.

　　④ 普鲁塔克(Plutarch,约公元 46—120),古罗马历史学家。——译者注

　　⑤ 克尼奥蒙尼(Kleomenes),古代斯巴达国王。——译者注

　　⑥ Plit. *Kleom.* 8.

　　⑦ 阿里斯托芬 (Aristophanes,约公元前 448—公元前 380),古希腊喜剧作家。——译者注

　　⑧ Aristoph. *Knights*,635,695 (with Schol. on 697, φορτικὸν ὀρχήσεως εἶδος); Eurip. *Bacch.* 1060.

　　⑨ 赖山德(Lusandros,？—公元前 395),古代斯巴达将军。——译者注

色诺芬在前面已经提及的一篇文章中,曾谈到"皮里阿西人中的'有身份的人—志愿者'(gentlemen-volunteers)和称作养子的外国人以及斯巴达人的私生子是些优秀而且可以分享城邦荣耀事物的男子"①。如果多数权威者把教育制度作为"荣耀事物"的看法是正确的话,②那么他们就有理由采取以下的做法:那些私生子和杰出的皮里阿西人尽管完成了斯巴达公立学校的学业,他们也不会被称为养子,养子名称是为杰出的外国人保留的。受过教育的希洛人叫做"Mothakes",有时又叫"σύντροφοι",即伴读,似乎从来没有被称作"养子"。

在斯巴达历史上最辉煌的时期,这些非正式的学生,例如"τρόφιμοι"、"Mothakes"、私生子和优秀的皮里阿西人是不能授予公民称号的,除非他们有特别的功绩。后来,也许从学校毕业的这些学生可以成为斯巴达公民。普鲁塔克将其作为卢库戈斯(Lukourgos)统治时期③制度的一部分。不过,这未必可能。这种做法只能出现在斯巴达衰败和人口数量下降时期。另一方面,斯巴达男孩如果在城邦教育制度的严酷训练面前退缩,坚持不下来,他们就会失去他们的地位,公民权也会被褫夺。④

7岁前,男孩要跟随父亲去俱乐部;女孩的一日三餐则在家里和母亲一起吃,因为女子是没有聚餐俱乐部的。对斯巴达男孩来说,父辈们忍受的艰苦、有关政治问题的讨论及简洁的幽默是他们童年时期斯巴达式生活方式的一种训练,因为这些俱乐部起着初等学校的作用。在俱乐部里,他们也学习如何与同伴进行游戏,并大胆地学着讲一些俏皮话。讲些不惹人生气的俏皮话是斯巴达人的性格。如果俏皮话讲过了头,就会被阻止。

7岁时,男孩就要被带离家庭。他们会被按照严密的组织系统编成

---

① Xen. *Hellen.* v. 3. 9.

② Xen. *Constit. of Lak.* iii. 3;*Hellen.* v. 4. 32.

③ 卢库戈斯(Lukourgos,约公元前800),斯巴达城邦的建立者,被称为"斯巴达之父"。——译者注

④ Xen. *Constit. of Lak.* iii. 3.

"队"或"部",64 人一队的称作"ilai",还有一种叫"agelai"的,人数不详。① 所有的孩子一起吃饭,一起睡在用芦苇铺垫的床上,也在一起玩耍。无论冬夏,孩子必须始终赤脚行走,而且一年四季只穿一件长袍。负责管理男孩的人员叫"Paidonomos",意思是"男孩的督导"。督导常常由那些具有显赫身份、名望和地位的公民担任。督导的权力很大,可以在任何时候集合队伍,可以对游手好闲浪费时间的孩子给以严厉处罚。他还有专门的随从。随从的名称令人生畏,叫"鞭挞者"②。对于这一点,色诺芬曾经揶揄地说,在斯巴达,纪律和服从的精神无处不在。为了防止失控,当督导不在时,任何过路的公民都可以命令这些男孩去做任何事情,也可以处罚那些犯有过失的孩子。在各队男孩中,头脑灵活和勇敢的男孩被任命为长官,称作"Bouâgor",意思是"队长"。其他的孩子要服从他,并接受他的惩罚。③

19　　年长者为了发现男孩中的勇敢者,往往有意挑起男孩们争斗。每一所学校都有一名 20 多岁勇敢的、具有美德的青年人负责管理。④ 他被称为"埃伦(Eiren)"。男孩们打斗时,他在一旁观察。回家吃晚饭时,他把男孩当仆人使唤。他会命令大一点的男孩去为他搬柴火,命令小一点的男孩去弄蔬菜。搞到这些东西的唯一方法,就是到花园或成人聚餐俱乐部去偷。当然,这些孩子就在他家里和他一起吃饭。⑤ 男孩在学校吃的食物是家长提供的,数量不足,于是就鼓励男孩去偷以弥补不足。"晚饭后,'埃伦'会命令一个男孩唱歌,会向另一个男孩提出一些需要思考才能回答的问题,如'谁是最好的成年人',这种问题要比'什

---

① "Agelai" of young men are mentioned by inscriptions at Miletos and Smurna (Böckh, 2892, 3326); there may have been boarding-schools somewhat resembling those of Sparta at these towns for young men.

② μαστιόφοροι. Xen. *Constit. of Lak*. ii. 2. Aristotle calls Paidonomoi an aristocratic institution. They existed in Crete, and inscriptions mention them in Karia, Teos, and many other places.

③ Plut. *Lukourgos*, 16. Hesychius declares that the Bouâgor was a boy, so the word cannot mean the Eiren, who was over twenty.

④ Plut. *Lukourgos*,17; Xen. *Constit. of Lak*. 11.

⑤ In which case the Eiren corresponds closely to the Cretan Agelates.

么是美德'或'什么是好公民'之类的问题更富有刺激性",男孩的回答
要说出简明的理由。如果回答错了,那男孩要受到在手上咬一口的惩
罚。这时候,年长者在一旁静静地观察着,如果他发现埃伦过于严格或
过于宽容,事后他会严厉训斥埃伦。

　　在斯巴达城邦,我们发现了一个完美的制度和服务役做法。[①] 但
是,英国公学高年级学生的责任感和权威性在斯巴达是不存在的,因为
斯巴达成人始终伴随男孩左右,这倒使得拉科尼亚的学校更像法国中
学。斯巴达没有职业教师这一阶层。埃伦、督导和任何自愿者可以自
由地在这里教学,且不收取任何费用。斯巴达教育就是如此简单,不用
任何花费。

　　根据普鲁塔克关于从男人聚餐俱乐部偷窃的说法,我们可以断定,
这个年龄阶段的男孩是不在俱乐部用餐的,而是在其他地方就餐。但
他们是否一直在埃伦的家里就餐呢? 这一点还不能断定。16 岁后,他
们是一定去参加过男人的社会性聚餐的(syssitia)。色诺芬曾暗示,到
斯巴达参观的人能够看到正在吃饭的男孩子并可以向他们提问。当然
了,参观者不一定是在专供男孩子就餐的地方吃饭的。这个年龄段参
加聚餐的男孩是否经过挑选,或者他们是否还是继续去父亲的俱乐部,
这些尚不清楚。

　　教育内容几乎全是体育。但是普鲁塔克的确说过,他们也"学文
字,因为用得着"[②]。也许这是后来增加的内容。他们的文字也许学得
非常少,因此,伊索克拉底(Isokrates)[③]才会说:"斯巴达人甚至不学他
们自己的文字,因为文字是了解历史和当代发生的事情的手段。"[④]他还
认为,"最聪明的斯巴达人愿意听别人演说或找人为他们朗读"的说法

---

　　① 服务役(fagging),指低年级学生为高年级学生服务,英国公学也曾采用。——
译者注

　　② Lukourgos,16; *Lac. Institutions*,247.

　　③ 伊索克拉底(Isokrates,公元前 436—公元前 338),古代雅典哲学家,曾办过修
辞学校。——译者注

　　④ Isok. *Panath*,276. D.

是完全不可信的。① 的确,斯巴达人没有理由去学习文字。在斯巴达,成文的法律几乎没有。对已形成的法律,他们靠记忆相传。他们的生活与商业甚至和会计毫无关系,几乎没有人懂得如何记账。② 智者希皮亚斯(Hippias)③发现,斯巴达人关注的事情一般是"男人和英雄的家谱,筑城学和考古"。也有可能,像多利安人哲学家毕达哥拉斯(Pythagoras),或者像多利安社会的倾慕者柏拉图那样的人,他们都认为记忆力是最重要的,使用书面语言会削弱人的记忆力。④ 此外,城邦法律规定,音乐应当颂扬死去的英雄和嘲笑胆小鬼。歌词朴素简单,主题严肃,蕴涵道德的寓意。其中许多是战斗歌曲。所有歌曲都旨在激励人们勇敢顽强和朝气蓬勃。

修辞学是绝对禁止的。在国外学了修辞学并将其带回城邦的青年是要受到埃弗比长官(Ephors)惩罚的。斯巴达人将沉默作为戒律;他们说话时,言语简洁,往往一针见血。在他们看来,多说一个词汇也是错误的,男孩子尤其不能说废话。⑤ 柏拉图曾说:"如果和普通的拉科尼亚人交谈,开始时,他们似乎会显得木讷。但突然间,他会脱口说出一个精辟的观点,言简意赅,使他的谈话对手立刻显得和儿童一样幼稚。"⑥柏拉图描述的拉科尼亚人的这种警句式智慧是有依据的。拉科尼亚人确实悄悄参加过智者的谈话,他们是任何人都无法想象的伟大哲学家。他们的许多简洁隽永的幽默一直流传到现代社会,如李奥尼达斯(Leonidas)⑦在色摩比利对他的部队说"在这里吃早餐,到黄泉(Hades)吃晚餐"。又比如,斯巴达人曾嘲笑雅典人说"在雅典,一切都是高雅的",意思是雅典人会掩饰自己,无论事情做得多么卑劣,也会想

---

① *Panath*,285. C.

② Plato,*Hippias Maj*. 285. C.

③ 希皮亚斯(Hippias),公元前5世纪中叶希腊智者。——译者注

④ Sext. Empir. *Mathem*. 2§21.

⑤ Plut. *Lukourgos*,19—20.

⑥ Plato,*Pratag*. 342. E.

⑦ 李奥尼达斯(Leonidas),斯巴达国王,公元前490—480在位。公元前480年,其统帅的军队在色摩比利山口被波斯军击败。——译者注

办法巧言辩护。

　　千万不要以为斯巴达人一点也不喜欢文学。他们知道荷马。尽管荷马宣传的是爱奥尼亚的生活方式而不是多利安的生活方式,他们也认为他是他的那个阶级中最好的诗人。① 阿尔克曼的一生是在斯巴达度过的。他为拉科尼亚女孩留下了一首气势磅礴的合唱曲。阿里斯托芬能够让拉科尼亚每一个人都喜欢优雅的合唱曲,尽管它是以战争为主题的。因为斯巴达人喜爱的就是这种战争题材的诗歌。雅典演说家卢库戈斯说:"他们对其他诗人不感兴趣。但他们异乎寻常地喜爱杜黛奥斯(Turtaios),以至立法要求把杜黛奥斯所有的诗歌交到国王帐篷,以便在战时能够听到他的诗歌,使他们随时准备为国家而战直至牺牲。"②

　　总之,斯巴达教育的目标不是培养敏锐的智力和积累丰富的知识,而是培养纪律性、顽强的毅力和必胜的战斗信念。不断地接受服从权威的教育和严厉的处罚使斯巴达人养成了纪律性。实际上,斯巴达男孩从未获得自己作决定的机会。也许这就是每一个离开拉克代蒙③的斯巴达人都会出现道德问题的秘密所在,因为责任感需要实践。生活方式培养了儿童坚韧的意志。他们穿着长袍,赤脚行走,裸露着身体在拉科尼亚烈日下游戏和舞蹈。④ 他们身体上从不涂抹油膏,也从不舒适地洗上一个澡。他们有时在欧罗塔斯河里游泳,用一捆芦苇作床。男孩们获得的食物严重不足,他们不得不在清晨倾巢出动到乡村去偷窃一天所需的食物。

　　这种有组织的偷窃是斯巴达教育的特征。我们已从前面了解到,幼年时,小男孩就被埃伦派出去偷柴火和蔬菜。长大一点,他们就被赶到农村去为他们自己偷食物。按照斯巴达的风俗,儿童有一个固定的

22

23

---

　　① Plato, *Laws*, 680 D. Crete repudiated Homer altogether.

　　② Luk. *Against Leokrates*, 107. The Polemarchos was judge in these singing competitions, and the winner received a bit of meat (Philochoros in Athen. 630 f.).

　　③ 拉克代蒙(Lakedaimon),即古代斯巴达。荷马以及雅典历史学家希罗奥德等人的著作中常用这个名称。——译者注

　　④ Plato, *Laws*, 633 E.

开始偷窃的年龄。① 法律对允许偷窃的东西作了规定,超出法律规定的
东西是不允许偷窃的。② 必须记住的是,在拉科尼亚,许多财产是公共
的。例如,狩猎时,迟到的人可以从乡村房屋中取走他想要的任何食
物,甚至撕掉封条取出备用食物。斯巴达人可以自由地、不经同意地就
使用别人的狗和马匹。但如果认为斯巴达制度造就了不诚实的儿童,
那是荒谬的。城邦明确规定了属于公共财产的东西,就没有人会去偷。
如果有人从别人家里拿了这些东西,就会被视作不诚实,就像在英格兰
捡了别人家里的黑莓和金凤花一样。在英格兰的一所公学里,漱嘴杯
曾经被认为是可以掠取的东西;宿舍里的低年级生往往去偷其他宿舍
的以保证本宿舍的供应,如果被当场捉住,被偷的宿舍会惩罚他;偷窃
时如果表现机敏则会受到夸赞;学校有一些属于公共的杯子,偷窃这些
杯子不是件丢面子的事。

　　这种法律认可的偷盗在斯巴达具有教育价值。侦察、埋伏和劫掠
是极好的军事训练,对未来的士兵来说非常重要。色诺芬本人就是士
兵,他注意到了这一点。在《远征》(Anabasis)中,当他需要一个战略家
时,他选择了斯巴达人,因为他们受过这种训练。由于这是斯巴达教育
的目标,被抓住的儿童要受到鞭挞,其原因不是偷窃而是偷窃时呆头呆
脑。伊索克拉底声称,盗取技能是通往斯巴达最高职位的通行证。他
补充道:“如果任何人能够证明这不是拉克代蒙人视作最重要的教育的
话,那我就承认我这一生没说过一句真话。”③

　　更加艰苦的训练还在等待着 18 岁至 20 岁的男孩。对他们来说,
完成“秘密行动”(Secret Service)的训练是进行远征劫掠。④ 这个年龄
组的青年人成队地被派往拉科尼亚的不同地区,长期驻扎在那里。他
们隐藏在树林里,睡在地上,自己照顾自己,日夜在乡村四处活动。⑤ 一
旦时机有利,他们会突然袭击希洛人,屠杀那些危险人物。他们的埃弗

24

---

① Plut. *Apoph.*
② Xen. *Anab.* iv. 6. 14.
③ Isok. *Panath*, 277.
④ κρυπτεία，κρυπτή.
⑤ Plato, *Laws*, 633 C.

比长官每年都要向奴隶宣战，以防止奴隶的反叛。① 这些秘密行动的人由一位固定的教官负责，由他分派每个人的任务。② 在伯罗奔尼撒战争（Peloponnesian War）③的关键时刻，2000 名勇敢无畏不甘心受奴役的希洛人曾突然"消失"，可能就是通过这种方法实现的。④ 但是，柏拉图承认了这种制度的教育价值，虽然他不赞成屠杀。在他的《法律篇》⑤中，他建立了一支由 720 人组成的"κρνπτοί"（巡逻队）。他们负责整个国家的安全。巡逻按 12 个地区一个一个进行，以便熟悉整个国家。他们可以根据需要发动农民和使用牲畜挖掘战壕、筑墙、修路、修建用以灌溉的堤坝和水库。相似的名称表明了其功能的相似性。但是，斯巴达的"κρνπτοί"⑥做了多少事无法确定。也许，他们的主要任务是监视臣民——皮里阿西人和希洛人，否则这些人就会全部逃走。

25

在这种劫掠和秘密行动的制度中，斯巴达人显然十分欣赏男孩的本性，也显然十分挑剔军事训练的方法。现代人正在意识到，普通男孩身上有着原始的自然的男人特性，如果不允许他们"变野"或让他们阶段性地过一过野蛮生活，他们可能变得放荡不羁和无法无天。于是，就有了英格兰男孩的野地生活营和美国"西顿印第安训练营"（Seton Indians）。斯巴达人是唯一承认男孩特殊性的希腊人，他们用掠劫性远征和秘密行动来满足男孩的这种需要。但是，雅典男孩直到进入埃弗比后才有这样的活动，因此雅典街头到处是横行的小流氓，而贵族青年则琢磨出更加邪恶的释放本能的方法。在远征中，斯巴达男孩是有机

26

---

① Plut. *Lukourgos*，28. Isocrates merely mentions that the Ephors could kill as many as they liked. (*Panath*，271 B).

② Plut. *Kleom.* 28.

③ 伯罗奔尼撒战争（Peloponnesian War），以雅典为首的提洛同盟与以斯巴达为首的伯罗奔尼撒联盟之间的一场战争。战争从公元前 431 年一直持续到前 404 年，最后斯巴达获胜。——译者注

④ Thuc. iv. 80.

⑤ Plato，*Laws*，763 B. Some have supposed that κρνπτοί is an interpolation. If so，the resemblance must have been close enough to strike a commentator who knew Lakedaimon，in spite of the fact that the ages in the two systems are different.

⑥ 这里指斯巴达参加秘密行动的人。——译者注

会避开年长者的监督培养自立能力和责任感的。如果斯巴达人能够更好地利用这种机会，埃果斯坡塔穆（Aigospotamoi）①战役之后，这个帝国命运可能就不同了。

斯巴达人不论年龄大小都经常打猎。他们认为，这也是训练士兵的极好方法。因为打猎需要勇敢，寻觅野兽踪迹时需要技能和机智。此外，山区和森林的艰难困苦生活可以磨炼意志。拉科尼亚猎物丰富。其猎犬非常有名。成功的狩猎不仅可以改善俱乐部的伙食，还可以赢得声望。

斯巴达男孩还必须学习骑马，因为他必须骑着马参加海先得斯节日（Huakinthos）游行。② 他们也学游泳，每天在欧罗塔斯河练习跳水。他们大部分时间是在年长者严格指导下练习体操。可能出于担心，年轻的斯巴达男孩是禁止拳击和角斗（pankration）的，因为拳击和角斗虽然可以锻炼一些孩子的肌肉，但可能伤害另一些孩子的身体。③ 在斯巴达，是不允许进行科学的角力训练的。他们单纯地依靠力量和运动，从不琢磨技能技巧。所以，当斯巴达人被其他国家角力手打败时，他会不服气，说对手不像个男人，只不过是个聪明的角力手。④ 柏拉图在《拉凯斯篇》（Laches）中提到的那些专事角力技巧教学的角斗教练（gladiator）在斯巴达是不允许存在的。这些人在斯巴达人看来似乎都是些空谈理论家，他们的理论毫无实战意义。正如拉凯斯将军（General Laches）谈到的有关这方面的一个逸闻那样。⑤ 在斯巴达的体育馆里，不允许有人闲荡旁观。对于这样的人，体育馆的制度是"开除或退出"。⑥ 每个体育馆里，年纪最长者负责监督训练，确保每个男孩都要进行足够运动量

27

---

① 埃果斯坡塔穆（Aigospotamoi），地名。公元前405年，斯巴达军队在此彻底摧毁雅典海军。从此，伯罗奔尼撒战争接近尾声。——译者注

② Polukrates (in Athen. 139e).

③ Aristot. *Pol.* viii. 4；Plut. *Luk.* 19.

④ Plut. *Apoph.* 233 E. Plato adopts the Spartan views about wrestling in the *Laws*.

⑤ Plato，*Laws*，183. D. E.

⑥ Plato，*Theait.* 162 B and 169 B.

的训练,以使食物得到消化,防止体形发胖。① 埃弗比长官每十天对男孩的身体状况检查一次。② 埃弗比的竞赛由一个特别委员会(Bidiaioi)负责,这一点铭文上有记载。③ 亚里士多德说过,斯巴达的纪律把儿童变成了野兽般的人。④ 但他也承认,这样的制度是不培养片面发展的运动员的。而在当时的希腊,运动员片面的发展却很普遍。这种片面发展培养出的过分专门化的人是做不好其他事情的。色诺芬说过,⑤很难在其他地方找到比斯巴达男子那样更健康和更结实的身体。在普拉蒂亚(Plataea)⑥的希腊军队中,最漂亮的男子是斯巴达人。⑦ 斯巴达男孩的举止令人吃惊地像未婚少女。他们在路上行走时,双手放在外套里面,默默地走路,眼睛盯着脚前的路。他们像雕塑一样很少说话,对周围环境的观察还不如青铜雕塑。他们像女孩子一样害羞。当他们进入餐厅时,你甚至听不到他们的声音,甚至回答别人问话时也低声细语。⑧

各个年龄段儿童的打斗总是受到鼓励的。有组织的打斗有点类似足球比赛。埃弗比有一块背阴的活动场地,四周是高大的梧桐树,外围溪流环绕,进出场地的通道有两座小桥。比赛的头一天晚上要进行祭祀仪式,第二天两队人马才向场地进发。接近场地时,两队拈阄,胜者优先选择从哪座桥进入,一般都会选择向阳顺风的那座。和现代足球队长一样,拈阄取胜者优先选择比赛的前后场地。埃弗比打斗可以用手击,用脚踢,用嘴咬,甚至可以将对手眼睛抠出,直至将对方赶到水中。⑨

成年人的打斗也同样受到鼓励。其方法如下:先由埃弗比长官选

---

① Xen. *Constit. of Lak*. v. 8.

② Athen. xii. 550 d. Their dress and bedding was inspiected at the same time.

③ Pausan. iii. 11.2. βίδεος, Böckh, 1241, 1242; βίδνος, 1245.

④ Aristot. *Pol*. viii. 4.1.

⑤ Xen. *Constit. of Lak*. v. 9.

⑥ 普拉蒂亚(Plataea),古代希腊的一个城市。公元前 479 年,波斯第二次入侵希腊时,与希腊诸城邦之间曾这里进行过一场激烈的陆战。波斯战败。——译者注

⑦ Herod. ix. 72.

⑧ Xen. *Constit. of Lak*. ii. 4.

⑨ Paus. iii. 14.2.

出 3 人,他们被称作"Hippagretai"。再由这 3 人各选 100 名同伴,并公开解释挑选这些人的原因。未被选中的人于是就成了敌对一方,他们会密切注意对方可能出现的任何一点微小的有损名誉的行为。双方都竭力增强自己的力量或者争着为城邦做一些显眼的服务以便扩大自己的影响。而且无论何时相遇,双方都会拳脚相加。①

有趣的是,斯巴达这种有组织的打斗与德国大学的决斗和英格兰男孩日常生活中的打斗十分相似。大部分古老的英格兰公学依然保留着可辨认出的打斗场。

29　　斯巴达的鞭挞是家常便饭。年长者可以鞭挞任何男孩。男孩挨了打也不能告诉家长,这是规矩。如果告诉了家长,他们会再次受到痛打。按照斯巴达制度,每年要在阿耳忒弥斯女神(Artemis Orthia)②祭坛前举行一年一度的鞭挞埃弗比青年的仪式,以此替代祭品。接受鞭挞的竞争完全自觉自愿,但一直到普鲁塔克时代,申请者似乎从未间断。他们先在乡村开始练习。③ 祭坛上洒满了飞溅的鲜血。根据传说,如果鞭挞者怜惜某个青年的俊美相貌或者顾及青年的声望而手下留情的话,旁边的雕塑就会露出惊异的表情,表示不满。④ 常常有人被当场打死,但从未有人呻吟一声。⑤ 获胜者被称作"祭坛胜利者"(βωμονίκης),刻入铭文以示纪念。⑥

斯巴达女孩也同样按"agelai",即按"队"组织。⑦ 她们除了在家吃饭外,过的完全是户外生活。她们得像男孩一样锻炼身体以便生育健壮的儿童。所以,她们要参加力量和速度的竞赛。⑧ 她们也去体育馆锻

---

① Xen. *Constit. of Lak*. iv.

② 阿耳忒弥斯女神(Artemis Orthia),希腊神话中月亮女神和女猎神,宙斯的女儿,阿波罗的妹妹。——译者注

③ Hesychius, φούαζιρ.

④ Paus. iii. 16.11.

⑤ Plut. *Lukourgos*, 18; Cicero, *Tusc. Disp*. v. 27.

⑥ Böckh, 1364.

⑦ Pindar, *Frag. Hyporch*. 8 Λάκαινα παρθένων ἀγέλα.

⑧ Xen. *Constit. of Lak*. i. 4.

炼,还接受音乐训练。她们日晒雨淋,吃尽辛苦。① 她们也掷铁饼、投标枪。她们穿着短短的多利安人的对襟衫,②像男孩一样参加节日游行。游行时,她们在青年男子面前载歌载舞,颂扬勇敢者,嘲笑怯懦者。在海亚金提亚节(Huakinthia)③,女子还要赛马。忒奥克里托斯(Theokritos)④曾组建了 240 人的女子队,"所有参加者集中在一起,像男子一样涂抹油彩,在欧罗塔斯河边赛跑"。拉科尼亚女子还参加羊毛编织劳动(这可能不真实,与柏拉图介绍的有矛盾)。她们还弹奏七弦琴。这个与普鲁塔克作品中一个拉科尼亚人讲的话有矛盾。他说"拉科尼亚人不喜欢这种无聊活动"。户外的训练使斯巴达女子身材健美。阿里斯托芬作品《利西翠姐》(Lusistrata)中的斯巴达女子拉姆皮托(Lampito)因其容貌娇美、肤色健康和体力过人而受到其他城市妇女的啧啧赞美:"她好像能掐死一头公牛。"拉姆皮托认为,她之所以能如此,体操和朝气蓬勃的舞蹈起了作用。女孩子在结婚之前是不带面纱的,可以自由地和年轻男子交往。实际上,他们是在类似现代舞会上认识的:男青年先按军人步伐跳几步,接着女子合着男子的舞步跳起来。因此,斯巴达爱情婚姻的可能性要比希腊其他任何地方都要大。女子结婚后就必须带着面纱而且足不出户了,体操、舞蹈和竞赛一切都终止了。

斯巴达人特别喜爱舞蹈。但必须记住的是,他们的舞蹈常常是现代人称作的操练。因为战斗就是舞蹈的形式。他们戴着头盔,穿着斗篷,根据长笛的音符行军和冲锋。在斯巴达,部队行军经常吹奏进行曲。当然,军事操练也有乐曲伴奏。每天训练时,都有一位吹笛手吹着长笛,他边吹边用脚敲打着节拍。排列成行的埃弗比青年则根据曲调和节拍变换着军事队列和舞蹈的动作。这简直就是音乐训练。这与全

---

① Cicero. *Tusc. Disp.* ii. 15.

② Whence they were called φαινομήριδες. This chiton may be seen in the conventional statues of Artemis.

③ 海亚金提亚节(Huakinthia),斯巴达的一个节日。海亚金提亚是希腊神话中阿波罗所爱的美少年。被阿波罗所掷铁饼误杀。——译者注

④ 忒奥克里托斯(Theokritos),公元前 3 世纪希腊诗人。——译者注

民欢庆的盛大古姆诺派蒂亚节(Gumnopaidia)①活动非常相似。三支分别由老人、青年人和男孩组成的普通团队，表演着各种体操动作，唱着泰勒塔斯(Thaletas)②、阿尔克曼和狄奥卢索多托斯(Dionusodotos)等人的歌曲。在阿提卡，质朴的节日合唱之后，人们放纵地互相打趣玩耍。有时，在埃弗比长官指挥下，三支队伍像军队一样先后登场表演。有时，三支队伍同时登场。参加人员排成月牙形队列，男孩队站在中间。这种节日仪式与瑞士体操俱乐部的公开游行非常相象。赛场上有象征荣誉和耻辱的位置，后者是为怯懦者准备的。有一次，国王阿格西劳斯虽然获得打斗胜利但却被判为耻辱，为了掩饰尴尬，他嘲弄地说："真是用心良苦哇！为怯懦者的位置增添了胜利者的荣耀！"接着是战斗舞蹈，模仿实战中的动作。在音乐的伴奏下，人们进行徒手搏斗和刺杀演练。每个斯巴达儿童从5岁起就要开始学习这些。如果我们根据这些战斗舞蹈的节奏来判断，可以肯定，这些舞蹈节拍是急促的。此外，还有角力舞。大部分体操都是在长笛的伴奏下进行的。实际上，合唱舞蹈(choras-dancing)是克里特和斯巴达教育的一部分。人们大部分唱歌的经验就是这样获得的。在作战期间，人们在国王帐篷前唱挽歌。就餐时，特别是获胜者得到了一块好肉的奖励时要唱挽歌。这些情况都是真实的，也许并不多见。亚里士多德断言，拉科尼亚人是不专门学习唱歌的，但能分辨歌曲的优劣。

32

这就是斯巴达教育制度。英格兰人对斯巴达学校的兴趣超过对任何其他古代城邦国家学校的兴趣。斯巴达建立了古代唯一真正的寄宿学校。类似英格兰公学的斯巴达男孩的"队"是城邦的缩影，每个男孩在"队"中学会了使自己个人的需要从属于公共的兴趣和荣誉。同我们的男孩一样，斯巴达男孩的个性在寄宿学校的公共生活和交往中被消磨得干干净净，在他们身上体现的越来越多的是种族特性。他们也通

------

① 古姆诺派蒂亚节(Gumnopaidia)，有资料说，这是古代斯巴达的一个重要节日。在这一天，斯巴达人要舞蹈庆祝。——译者注

② 泰勒塔斯(Thaletas)，公元前7世纪斯巴达著名诗人。——译者注

过艰苦生活磨炼培养坚韧性,通过级长和低年级生服务制度①,从小学习管理和学会服从管理。斯巴达教育与英格兰公学有着相似性。与许多其他城邦一样,斯巴达人未曾想到,忽略儿童责任心的教育是要付出代价的,这个代价就是导致了那些没有自制能力儿童的毁灭。斯巴达人很少让男孩子脱离成人的照顾单独生活。他们总是干涉和监督儿童的活动,没有放手让级长们行使权威。结果,当斯巴达人被派到国外管理城市和指挥部队时,由于没有实际的担负职责的经验,都失败了,颜面丢尽。不过,雅典人和其他希腊人也都如此。但是,斯巴达人创建寄宿学校制度的实验是值得赞扬的。

33

除了上面提及的问题外,斯巴达的教育制度还有许多缺点:它从不考虑男孩们的个性;艰苦磨炼过度甚至野蛮;身体的发展和训练几近完美,但智力的发展完全被忽略。因此,斯巴达制定了不少愚蠢的政策,斯巴达政治家们的想象力也十分匮乏。在斯巴达,由于人们不可能有暴食暴饮的机会,因此,斯巴达青年也没有机会学习克己自制的经验。体育馆和聚餐俱乐部诱发了许多争执(对此,斯巴达当权者持欢迎态度)和不道德的行为(对此,斯巴达是严格禁止的)。在后者问题上,斯巴达人在体育馆里犯的错误要少于雅典人。战争中,只有斯巴达军队是希腊唯一长期训练过的部队,他们总是战无不胜的。专业化军队的兴起使斯巴达人毁灭了,因为他们不能适应新的形势。他们没有创造出艺术,创造出的文学也很少。但他们的整个城邦犹如多利安人神庙一样是一件艺术品,那样地讲究秩序,强调对称、规则、牺牲细节以突出整体,以及强调力量和约束。它至少也是一部伟大文学作品的灵感的源泉,那就是柏拉图的《理想国》。

34

如果勇敢是他们的单一的目标的话,那也许已证明了,斯巴达人是成功的。在斯巴达,怯懦者是不大多见的倒霉蛋。好几位母亲曾杀死了给她们带来耻辱的当了逃兵的儿子。"没有人会和胆小鬼在一起进

---

① 级长(prefects)和低年级生服务制度(fagging),级长是负责维持纪律的学生;低年级生服务制度指高年级学生强迫低年级学生做跑腿服务的事。古代斯巴达的这种制度对英格兰公学有重要的影响。——译者注

餐,也没有人愿意与之结伴。"球赛时,没有哪个队愿意要他。跳舞时,他站立的是耻辱的位置。在街上,人们避而远之。也没有人愿意与他坐在一起。他不可能为女儿找到丈夫或者为自己找到老婆,如果试图这样做,那就要受到惩罚。"如果他模仿他人,便会挨揍。"一位埃及老人曾这样说,假如希腊是一个童年的民族,那么斯巴达至少是一个小学生了。他们将小学生的德行、勇气和坚韧性奉若神明。如果我们希望了解他们的鼎盛时期教育理想果实到底如何,那就想一想当年在色摩比利山口 300 名斯巴达人面带嘲讽的神情静静地等待成千上万东方人进攻的情景吧①,并且记住篆刻在矗立于山口的纪念碑上的铭文,它是为那些服从命令流尽最后一滴血的斯巴达人撰写的。这篇铭文很难贴切翻译成英文,大意是:

> 过路的人啊,请通知斯巴达,
>
> 我们遵从了她的法律,
>
> 战斗到底,
>
> 长眠于此。

克里特的教育在许多方面与斯巴达相似。在这两个地方,承担教学工作的是社区里年长的志愿者,而不是那些收取学费的职业教师。但是,克里特的家长花在教育上的费用比斯巴达家长更少,因为男孩的伙食费主要由公共经费支付。克里特所有的人,无论男女也都一样。每个社区都拥有大批房屋和土地,由公共奴隶负责照管和耕种。城邦的岁收主要用于数量不大的政府开销和支付全体公民的食物费用。这样,男女老幼的伙食主要由城邦提供。有一点也许值得注意,在克里特,毫无疑问,为那些不知节俭的父母的子女提供伙食是以牺牲节俭公民的利益为代价的。此外,掌管分配权的家长必须向城邦交纳十分之一的财产收入,这种做法和斯巴达一样。

女子在家里吃饭,她们的食物费用开销也主要由公共经费支付。

---

① 色摩比利山口(Thermopylae),希腊东部一山隘,公元前 480 年,斯巴达国王李奥尼达斯(Leonidas)指挥的 300 名个人卫队在此处与波斯军激战后全部战死。——译者注

男子在聚餐俱乐部（ἀνδρεîα）里吃饭。社区以家庭为基础组成若干俱乐部，每个俱乐部有 2 个或 3 个家庭，子女及后代都隶属于该俱乐部。家庭里的所有男子都在俱乐部里用餐。幼儿、男孩及青年和老年男子在一起吃饭。俱乐部实际上是扩大了的家庭聚会。幼童在父亲后面的地上坐着；就餐者自我服务并服侍老人。但是，烹调和杂务工作由一名妇女掌管，她的手下有 3 或 4 名公共奴隶和杂役。男孩稍大一些开始坐在父亲身旁。一般情况下，男孩的食物只有父亲的一半。但孤儿受到优待，可以在他去世的父亲的俱乐部里获得完整的一份食物。

　　这样，克里特俱乐部实际上是几个家庭组合而成的一个氏族。男人们全在一起吃饭。全体男孩子组成了一个寄宿学校。他们睡在同一房间，这些房间也许与餐厅相连；俱乐部还设有专门为其他城邦来访者准备的宿舍。自然，也有专门的儿童宿舍。男孩在餐厅就餐时，有年长者在场，就餐时的谈话内容要经过年长者允许，涉及的政治和道德问题实际上是教育的内容。年长者从他们中选出一人作为俱乐部男孩的"παιδονόμος"，即"督导"。在他的指导下，男孩"适当地"地学些文字。他们要经常练习体操、角力，特别是射箭。弓箭是克里特的主要武器，也是跳"Kuretic"和"Pyrrhic"战斗舞蹈的武器，这两个舞蹈是克里特的本土舞蹈。他们还学习谱了曲的法律。这样，在受到音乐陶冶的同时，也轻松地记住了法律。如果做了违禁的事，他们也难以找到借口了。他们也学歌颂神和好人的赞美诗。他们最喜欢的韵律是长短长（— ⌣ —）。他们认为，这种韵律"严肃"，可以用来培养勇气和自我约束的能力。赞歌是他们民族歌曲的主要形式。克里特男孩同样练习一种简短幽默的语言风格，这一点和前面介绍的斯巴达人十分相似。

　　克里特男孩也总是打斗，或者一对一打斗，或者与其他俱乐部学校的男孩混战。他们通过艰苦生活磨炼坚韧意志。无论冬夏，他们只穿一件短褂。他们学会了如何忍耐酷暑和严寒，如何在崎岖山路上行军，如何忍受在体育馆和在战斗中遭受的伤痛。

　　他们在俱乐部学校里一直待到 17 岁。当他们进入埃弗比时，要举行特别仪式庆祝脱掉儿童服装。与雅典的同龄人一样，他们要宣誓效忠国家和憎恨敌人。靠近克诺塞斯（Knossos）附近的德里诺斯

(Dreros),有一块埃弗比青年宣誓的誓词残片幸存了下来。17 岁时,埃弗比青年要组成私人性质的"队"(ἀγέλαι)。有地位的富家埃弗比青年尽可能地扩展自己的队伍,毫无疑问,队伍大小取决于其财富多少,但同时更多地取决于他的声望。在克里特所有制度中,贵族身份是十分引人注目的,这一点与斯巴达不同。富家青年的父亲就是这支队伍的首领(ἀγελάτης)。他拥有至高无上的权威,可以随意处罚队员。他领着青年们外出狩猎和去埃弗比体育馆竞赛(δρόμοι)。没有加入埃弗比"队"的克里特人是不能参加体育馆竞赛的(ἀπόδρομοι)。一旦加入,他们就被称作"队员"(ἀγέλαστοι)。首领只要愿意可以随时结合队伍。埃弗比青年很可能平时不在俱乐部吃饭,他们或者在看护人家里,或者在专门的房间吃饭或睡觉。他们很像斯巴达同年龄男孩,有自己的埃伦。他们的食物也和其他克里特人一样是由公共岁入支付的。在每年固定的日子里,队与队之间要进行打斗。打斗限定时间,在弦琴和长笛的伴奏下进行,这是克里特人的战争风俗;打斗时可以使用拳头、棍棒甚至铁制武器。打斗也是克里特人的制度,由法律规定,按规则进行,一半时间舞蹈,另一半时间野战。这种战斗非常类似斯巴达埃弗比青年在遮阳的操场争斗的情景。男孩子始终生活在军事活动氛围中。他们身着军服,经常清点武器,这是他们最珍贵的财产。年轻的克里特人要一直在队里生活直到结婚。婚后,他们便可以返回家庭和俱乐部。

至于克里特教育的实际效果,没有什么好说的。从伊多墨纽斯(Idomeneus)①由特洛伊出航的那一天,克里特几乎从希腊的历史中消失了。克里特因过于繁荣而时常招引邻邦的侵略,因长期内讧而无力抵御入侵。克里特人始终远离他的大陆同胞,生活在群岛之中,直到希腊独立时代的结束。

---

① 伊多墨纽斯(Idomeneus),传说中的克里特国王。应迈锡尼国王之邀参加了讨伐特洛伊的战争。——译者注

### 附录 A　斯巴达公共聚餐①

这些聚餐俱乐部组织得像"雏形城邦"。座位安排有序：谁坐首位，谁坐第二位，谁坐脚凳都有严格规定。脚凳不体面，一般只安排给儿童坐。"每个男人只能得到一份食物，男人们从不与他人分享食物。大麦面包可以尽情地吃，每个人面前放着一个装满酒的陶器杯子，想喝时把嘴凑上去吸。所有人的主菜都一样，总是一块煮肉。斯巴达的肉汤供应充足，还有一些橄榄、奶酪和无花果。"

"每个人要向聚餐俱乐部交纳18加仑的大麦食物、60或70品脱的酒、少量的无花果和奶酪，另外还要交10枚埃吉尼坦银币（Aeginetan obols）以作他用。毫无疑问，交纳的这些东西足够开销了。从一位缺席的国王所交纳的食物清单来看，每个人的平均消费大概在此范围内。除了正餐之外，可能还会额外提供一些其他食物。某个成员提供的可能是他猎获的野味或者是他家庭田地的农副产品。总之，没有一样是买来的，因为这些东西也不可能买得到。一般而言，额外的食物包括鸽子、鹅、鸫、乌鸫、野兔、羊羔、小山羊和小麦面包。其中，小麦面包尤其受欢迎，因为人们长期吃大麦食物想换换口味。厨师要公布提供者的姓名，以便提供者受到奖励。额外的食物常常是富人犯了过失而交纳的罚金，穷人罚金交的是月桂树叶和芦苇。也有一种专为儿童设置的特别食物——浸过橄榄油的大麦食物，实际上是一种粥。据拉科尼亚人尼科尔斯（Nicocle）的说法，吃粥时用月桂树叶作盛器——听起来似乎不是非常诱人的。

除了正常的聚餐之外，还有一些宴会，叫做"κοπίδες"。宴会的帐篷搭建在一座神庙周围的圣地上，宴会是以神的名义举行的。一堆堆树枝上铺上毯子作为睡椅。食物有肉片、圆面包、奶酪、香肠片，水果有干无花果和各种豆子。

在保育员节（Tithenidia），宴会要在提亚苏斯（Tiassos）河旁月神克露萨尼亚（Koruthalia）神庙举行。保育员要把婴儿都带来。祭品是乳

---

① 公共聚餐（Syssitia），古代希腊宗教和社会团体举办的聚餐会，所有成年和青年男子都可以参加。在克里特和斯巴达尤为典型。——译者注

猪,也有烤面包。宴会是典型的斯巴达生活方式。爱皮鲁克斯(Epilukos)①"幼年"时曾十分渴望参加宴会:"我就要去阿姆克莱(Amuklai)参加宴会,那里有圆面包、长条面包,还有好喝的肉汤。"这表明,斯巴达的儿童聚会是很有吸引力的。

卡尼亚节(Karneia)是斯巴达的重要节日,人们要过模拟军营的生活。祭祀的聚餐在帐篷中进行,每顶帐篷容纳9个男子,一切按命令行事。

### 附录 B　克里特公共聚餐

参加过聚餐的两位主要权威人物是历史学家多西阿戴斯(Dosiades)和普尔金(Purgion)。按照多西阿戴斯的说法,就餐时,每个成年男子面前放着等量的肉。年轻人只能吃半份肉,还不能碰其他食物。普尔金说:"儿子们坐在父亲身旁低一点的座位上,他们的食物只有成人的一半;但孤儿可以得到整份食物。"比较一下两人的说法,多西阿戴斯讲的少年就是普尔金讲的孤儿,他们都是未成年人。因此,他们一定要么是男孩要么是埃弗比青年。但埃弗比青年已经达到军事和激烈训练的年龄,不可能只给半份食物。因此这些年轻人一定是那些还未入"队"的青年。多西阿戴斯还继续介绍:"每张桌子上放着盛有低度酒的器皿。坐在普通桌上的人吃的食物分量相同。儿童有自己的碗。"就是说儿童坐在父亲身旁但不上桌子。"晚饭后,他们首先讨论政治形势,总结战斗的功过,表扬出众者,鼓励青年争当英雄。"这段引文表明,他们讨论的对象不只是幼儿,也包括那些到了懂得政治和作战年龄的男孩。

---

① 爱皮鲁克斯(Epilukos),古代雅典诗人。——译者注

# 第二章　雅典和希腊其他地区的教育概述

拉科尼亚和克里特都是农业国家,人们对商业和制造业几乎不关心。公民是靠土地生活的贵族。他们的土地由奴隶耕种。因此,对他们来说,没有必要让其子女学习某种专业或贸易,甚至也不必教子女学习农业。斯巴达和克里特的年轻人和今天爱尔兰富裕地主的后代一样,不需要学习任何专业技术。他们未来的收入是有保证的。他们可以将学校教育的全部时间用于身体和品格的训练。

但是,在希腊其他地区,忙碌的制造业和繁荣的贸易是最重要的生活景象。因此,人们自然会想到,伟大的商人们,例如雅典人和爱奥尼亚人,肯定会在他们的教育中注入商业的要素。人们也可能认为,商业贸易方法和实用知识的学习会在他们的学校教育中占重要地位,但情况并非如此。对于希腊人来说,教育意味着品格和鉴赏力的培养以及身体、智慧和想象力的和谐发展。希腊人不会去学习那些名称虽然好听但旨在掌握未来商业和其他专业技能或旨在赚钱的课程。因此,各种技术训练的课程是被排除在希腊学校大门之外的。有关这一方面的资料很少,有的只是一些零散拼凑的材料,而且主观臆断成分居多。在研究希腊学校时,特别需要注意的是,应当将现代的"功利"观念置放在一边,不予考虑。

因为整个希腊民族都十分鄙薄手工艺,将各种工匠统称"资产者"(βάναυσος)。希罗多德说,他们的观点是受周围人的影响而形成的,希腊人普遍持有这种观点。① 在他们看来,做点事就想赚别人的钱是庸俗

---

① Herod. ii. 167. Corinth was an exception.

的和缺乏教养的。抒情诗人和智者都因为收费而遭到人们的谴责。大量廉价奴隶的存在使大批自由民可以终日无所事事,把大部分时间用于体育以锻炼身体,用于无休止的讨论以发展智慧,用于艺术和音乐以培养想象力。在民选政府(representative government)成为时尚之前,人们普遍认为,公民需要享受闲暇。正是由于这样的原则,雅典公民白天在法院和公民大会(the Assembly)活动是可以获得报酬的,最贫困的公民也可以通过履行职责而获得人造的闲暇,①否则就不具有真正的公民身份。柏拉图认为,手工艺人不是合格的活动家公民。② 亚里士多德对那些会影响自由民身体和智慧发展的各行各业持否定态度,认为它们不值得自由民去从事。③ 色诺芬对这种态度作了解释:资产者的职业名声不好是非常自然的,因为它毁坏了他们的身体,强迫他们坐着并生活在阴暗处,有时白天也迫使他们坐在火炉旁。这样身体就变得柔弱了,品格也受到影响。他们也很少有闲暇时间为朋友或城邦服务。在一些社区,尤其在尚武的社区,公民是不允许从事长时间坐着工作的行业的。④ 工场主或农场主的名声未受负面影响的原因是,只有实际的劳动才是不光彩的,而他们的工场和农场的劳动是由奴隶从事的。

然而,贫困阶级中的大部分人不得不用自己的双手工作。所以,他们和奴隶需要技术教育。有关这一方面的材料保存下来了一些。各行各业主要靠世袭,"工匠的儿子学习父辈的手艺,学习其父亲和同一行业的朋友们能传授的技能"⑤。其他人也可以学习。色诺芬曾提到这样的情况。他说:"当你收学徒时,你得起草一份有关学习内容的合同"⑥,费用待合同实施后再付。《克莱托芬篇》(Kleitophon)⑦曾提到,⑧从业

① 人造的闲暇:原文为 artificial leisure,意即自己争取到的闲暇。——译者注
② Plato, *Laws*, 846 D.
③ Arist, *Pol.* viii, 2.4.
④ Xen. *Econ.* iv. 3. Sitting was reguarded as a slavish attitude, since the free citizen mostly stood or lay down.
⑤ Plato, *Protag.* 328 A.
⑥ Xen. *Revenues*, ii. 2.
⑦ 《克莱托芬篇》(*Kleitophon*),柏拉图作品。——译者注
⑧ Plato, *Kleitophon*, 409 B.

45

和教授学徒是建筑工匠和医生行业的两个功能。《理想国》①这样写道："如果由于贫困，工匠没有能力提供有关他那个行业的书籍和设备，那么，他的工作将十分艰难，他的儿子和学徒什么也学不好。"有关建筑工匠教学的事在《高尔吉亚篇》(Gorgias)②中也曾被提到。③ 柏拉图还在《理想国》中提到，④制陶工匠的"παῖδες"——该词的意思包含儿子和学徒在内——被当做仆人使唤，而且还要在长期旁观之后才有机会亲自动手去制作陶器。"在酒坛上学习陶器制作"成了一句谚语，其意思是从学科的最难处开始学习。阿里斯托芬在他的《阿卡尼亚人》(Acharnians)中提到一个名叫皮塔洛斯(Pittalos)医生教授学生的事。⑤公元前3世纪初的一些喜剧诗人曾几次提到烹调学校。索希帕特(Sosipater)的厨师说，学生在拜师学厨之前必须学习占星术、建筑术和战略学，就像柏拉图要求他的信徒要有数学知识一样。伊攸佛罗恩(Euphron)认为，烹调课程至少要有十个月时间才能完成。亚里士多德提到过一位专门教奴隶如何伺候用餐和整理家务的西那库斯(Syracuse)男子。⑥ 也许菲洛克拉底(Pherekrates)⑦的剧本《奴隶—教师》(The Slave-Teacher)讲的是同样的事。根据这些片段，可以勾勒一幅学徒制的图画了。正是通过这种规范的制度，行业知识才得以流传下来。为了鼓励雅典人从事制造业，梭伦(Solon)⑧曾立法规定，如果父亲不教给儿子一些行业知识，从法律上说，他就不能在年老时提出赡养的要求。⑨ 但是，希腊普遍的舆论依然坚持认为，"传授技术和一切旨在赚钱的教学都是庸俗的，不能冠以教育的名义"。真正的教育旨在培养

46

---

① Plato, *Rep*. 421. E.

②《高尔吉亚篇》(*Gorgias*)，柏拉图作品。——译者注

③ Plato, *Gorg*, 514 B.

④ Plato, *Rep*. 467 A.

⑤ Aristoph, *Acharn*. 1032.

⑥ 西那库斯(Syracuse)，今意大利西西里岛东南部一海港城市。——译者注

⑦ 公元前5世纪喜剧诗人。

⑧ 梭伦(Solon，公元前638—公元前559)，雅典政治家，古希腊七贤之一。担任雅典城邦第一任执政官时，制定法律，进行改革，史称"梭伦改革"。——译者注

⑨ Plutarch, *Solon*, 22.

美德,使儿童渴望成为良好公民,遵守纪律和服从命令。① 按照柏拉图
的观点,世界上所有黄金加在一起也无法与美德等价,或者说,也不值
得用灵魂去交换。这样,在排斥学校传授职业和技术思想方面,斯巴达
和克里特就不孤独了,它们获得了整个希腊的支持。

但是,值得注意的是,大多数希腊城邦国家流行的教育理念与斯巴
达和克里特是有差异的。在雅典和大多数的希腊城邦国家中,正规的
教育课程只为男孩子开设,没有女孩子的事。女子几乎生活在东方式
的隔离状态中。② 根据伯里克利的说法,③雅典母亲的职责就是过一隐
居的生活,无论褒贬,男子从不提及她的姓名。听一听雅典乡村一位有
身份的人关于他妻子的描述吧:④"她嫁给我的时候什么都不懂! 为什
么呢? 我把她娶到家时她还不到 15 岁,而且以前一直是在严格的监督
下长大的。对于家里的事,一般情况下,她是不能看、不能听、不能提问
题的。如果她知道如何拔羊毛并将其织成斗篷,如果她见过侍女编织
羊毛制品,那该多好! 这难道不是我们期待她应该知道的事吗?"然而,
苏格拉底谈到这个问题时似乎认为,她可能从她父母那里学到了日后
属于她职责的事。但是,就这个例子看,她的丈夫得教她了。他要向她
解释:她必须保证所有物品摆放有序;她必须了解储存东西;她还必须
教奴隶怎样履职,并在奴隶生病时看护他们;此外,她还必须照料儿童。
这段话的意思是,上帝公平地给丈夫和妻子分配了工作:妻子主内,丈
夫主外。蜗居在家中的丈夫和四处闲荡的妻子都是对对方的不尊重。
作为规矩,女子一般坐在家中,这对于普通的身体健康的希腊人来说,
似乎就"像奴隶"。色诺芬提到的模范丈夫则是另一种态度,他的妻子
应该在房屋周围走动,了解物品的分发,检查碗橱的摆放,监督洗涤和
拧干衣服,这些活动有助于她的健康,增强她的食欲。但是,色诺芬推
崇的是斯巴达风俗和斯巴达体格健壮的女子。也许,这些观念是不会

*47*

---

① Plato. *Laws*, 643 E.
② Except possibly in Chios and Lokris, and of course in Sparta.
③ Thuc, ii. 45.4.
④ Xen, *Econ.* vii. 5.

出现在普通的雅典丈夫头脑里的。

　　有关女子教育的情况,我们还可以从希腊文学中了解一些。① 一位叫阿里斯塔库斯(Aristarchos)的人非常苦恼地来见苏格拉底。由于各种各样的原因,他家接待了一批非常贫困的女性亲戚,他必须养活她们,但他实在无能为力。苏格拉底建议他,让这些女性亲戚自己劳动养活自己。可是,阿里斯塔库斯说,她们不会劳动啊。苏格拉底用诘问法帮助他了解到,她们不仅可以做男人和女人的衣服,还可以制作点心和面包。很明显,这些技能是自出生以来不知如何谋生的希腊普通人家女孩需要掌握的技能。柏拉图也曾提到,编织和烹调是女子擅长的工作。② 他还描述到:阿提卡女子"一般生活在家里,管理家务,监督羊毛编织"③。

　　这样,雅典女孩的时间是在家里度过的,学习怎样成为标准的"主妇"(Hausfrau),她精通编织、烹调和家务管理,有专门的女仆侍候,④正如她的兄弟有教仆(paidagogos)⑤侍候一样。作为规矩,她年龄不大就嫁人了。在这样的氛围中长大,她自然很害羞。婚姻由新郎和家长安排。由于雅典女子足不出户,真正出自爱情的婚姻几乎是不可能的。联姻主要是嫁妆问题。色诺芬⑥曾生动地描述了这些少女妻子怎样逐渐"习惯了丈夫,能够温顺地与丈夫谈话"。为了保持美丽,她们涂脂抹粉,穿着高跟鞋。这样的母亲决不可能对其子女进行识字和音乐教育。因此,男孩尽可能早地去上学。他们的学校教育大约从 6 岁开始,确切

48

49

---

　　① Xen. *Mem*. ii. 7.

　　② Plato, *Rep*. 455 C.

　　③ Plat, *Laws*, 805 E.

　　④ As in Lusias, ag. *Diogeiton*, 32. 28.

　　⑤ 教仆(paidagogos),古代希腊特殊的家庭教师。往往由被俘的有知识的奴隶充任。他们伴随儿童上学、放学,路上监督儿童的行为,还对儿童的学习给予适当的指导。教仆有权责打儿童。——译者注

　　⑥ In the *Econ*. vii. 10.

的上学年龄由家长决定。① 此前,他们在育儿所里学习各种流行的寓言、民歌和民族的神话。②"一旦儿童能够听懂话,保育员、母亲、教仆,还有父亲,就立即相互配合,努力培养儿童的品格。他们用词语和动作向儿童表明:什么是正义,什么是非正义;什么是美丽,什么是丑陋;什么是神圣,什么是邪恶。他们总是命令儿童'做这个','不准做那个'。如果儿童不服从,那就会受到威胁和挨揍。"③除了这些纯道德训练之外,毫无疑问,家庭里还要进行一定的技能训练和识字教学,④背诵一些诗歌。上学之前,男女儿童是生活在一起的。

富裕家庭的儿子上学要早一些,贫苦公民的儿子上学相对晚一些,⑤这是自然的。穷人没有能力让儿子在学校长期学习,穷人的儿子要在商店或农场帮忙。而且,学校的费用也是个负担。因此,穷人并不急于送孩子去学校,直到儿童到了能够轻松学习的年龄。富人则相反,钱对他们来说不是问题。儿童在家里除了旁观年长者的忙碌之外,什么忙也帮不上,所以他们尽可能早地将儿子送去上学。亚里士多德十分欣赏这种做法,在他的理想国家的儿童教育中加上了为期两年的"在学校做游戏"的时间。⑥

雅典的初等教育制度由三个部分组成,分别由文法学家、弦琴教师

---

① Thus the *Axiochos* (366D) puts seven years as the age at which grammatistai and paidotribai began. Plato (*Laws*, 794) says six; Aristotle (*Pol.* vii. 17) about five; Xenophon (*Constit. of Lak.* ii) "as soon as the children begin to understand."

② Aesop was popular then, as now. This is the μονσική, anterior to γνμναστική, so keenly criticised in the *Republic*.

③ Plato, *Protag.* 325 C—E.

④ Xen. *Mem.* ii. 2.6.

⑤ Plato. *Protag.* 326 C.

⑥ Aristotle, *Pol.* vii. 17.7.

(kitharistes)和竞技教练（paidotribes）负责。① 文法学家教授阅读、写 50
字和一些算术，强迫儿童阅读和背诵荷马、赫西俄德等伟大诗人的作
品。弦琴教师教男孩弹奏七弦琴，同时也吟颂抒情诗人的诗歌。竞技
教练负责用科学的方法促进儿童身体的发展。教授他们角力、拳击、角
斗、赛跑、跳跃、掷铁饼、投标枪和其他各种操练。除这三部分内容外，
一些男孩还要学习绘画。② 但这一额外增加的学科似乎到了公元前 4
世纪末才出现。文学、音乐和竞技运动组成了雅典普通课程内容。

　　教育的这三部分内容哪个在先哪个在后？很可能，它们同时进行。
它们经常被提到的顺序并非是固定的次序。通常，人们总是先提文学，
因为所有的公民无一例外都学这一学科。体操放在最后，因为这要在
公共体育馆里进行，往往在其他课程结束后才开始。然而，大部分竞技
场（palaistra）的运动项目小男孩是不学的。根据竞技运动的性质和花 51
瓶上的图画推测，一般男孩最早也要到 12 岁才开始学习竞技运动。但
是，身体训练中一些容易一点的项目开始的时间要早一些，有的男孩似
乎从 6 岁就开始了。柏拉图和亚里士多德都认为，身体训练应当在智
育开始的前几年就进行。柏拉图将诸如射击、骑马等竞技运动安排在 6
岁开始，而将识字推迟到 10 岁，弹奏七弦琴推迟到 13 岁。从 6 岁到成
年，体操要占用健康的希腊年轻人白天的大部分时间。这就是《卡尔米
德篇》（Charmides）③中提到的竞技场为什么会出现"很小的男孩"、少年
和青年男子的原因。

　　学习弹琴的时间也许更晚一点，因为它比较难学，要等到男孩学习
文字几年后才开始。但是，七弦琴和一些简单的古老的希腊音乐也许

---

　　① The three in this order in Plato, *Protag.* 312 B, 325—326; *Charmid.* 159 C;
*Kleitoph.* 407 C; Xen. *Constit. of Lak.* ii. 1; Isok. *Antid.* 267. The first two in this
order in *Charmid* 160 A; *Lusis*, 209B; inverted in *Euthud.* 276 A. Aristot. (*Pol.*
viii. 3) gives γράμματα, γυμναστική, μονσική. Plato in the *Laws* 810 A. makes
κιθαριστική follow γραμματική; Aristophanes mentions the paidotribes just after the
κιθαριστής.

　　② Aristot. *Pol.* viii. 3.1.

　　③《卡尔米德篇》(*Charmides*)，柏拉图著作。——译者注

并不难掌握。决定普通家庭儿童学习科目安排的无疑是教仆。如果家庭里只有一个儿子,他可以去他父母满意的任何一所学校;但是,家庭里有几个儿子,兄弟们必须在同一时间去同一学校。因为按照制度,家庭只能有一个教仆,而且,教仆从不允许他的被托管人离开他的视线。

根据色诺芬下面的描述来推断,这三个科目通常是同时进行的。他说:"在斯巴达以外的希腊其他地区,那些声称要给儿子最好教育的家长,通常在儿子刚能听懂话语的时候,立刻就从仆人中挑选一个做他儿子的教仆,并且立刻送儿子去学校学习文字、音乐和竞技运动。"[①]在这里,色诺芬强调了"立刻"这个词,其意思肯定是指三个科目同时进行。

从花瓶的图案上,人们可以看到,在同一所学校里,文字和音乐是同时教授的,这种安排既很方便也很自然。人们还可以看到,在音乐学校和竞技场(palaistrai)的墙壁上悬挂着写字板和尺子,在文字学校(letter-schools)[②]的墙壁上悬挂着竖琴。[③] 这表明,在白天,男孩往往带着个人学习用具往返于几所学校之间学习不同科目。柏拉图提出,文字和竖琴弹奏各需学习三年。[④] 从 6 岁到 14 岁,雅典儿童的八年时间中有六年要用于这三个科目的学习,其余的两年时间用于提高和完善。柏拉图在他的著作中提到,体操训练贯穿始终,因此不必另外安排专门时间。

雅典的初等教育制度可以回溯到公元前 6 世纪。梭伦曾公布一个法规,强迫进行文字教育,对当时的学校和竞技场的道德教育也作了规定。雅典争议很大的《荷马史诗》的流行可能和文字学校的发展有联系。那个时期音乐学校存在的证据,可以从大英博物馆馆藏的一个花瓶的

---

① Xen. *Constit. of Lak*. ii.
② 文字学校(school of letters),古希腊雅典初等学校,以阅读和书写为主。——译者注
③ 见插图 1 号 A 盘和 B 盘。
④ Plato, *Laws*, 810 A.

1号 A 盘:长笛课,书写课

1号 B 盘:弦琴课,诗歌课

图案中找到。① 画中,一位青年正在逗弄一条狗,他身后的一个男子在弹竖琴。也许并不能就此得出结论。但我们可以对照公元前 5 世纪的两个"双耳长颈瓶"来看,②毫无疑问,瓶上图案表现的是音乐学校的情景。每幅图画中可以清晰地看到男孩在老师椅子背后耍狗。令人十分惊奇的是,这三个雅典制作的花瓶都出土于罗得岛的卡姆里若斯(Kameiros)。这样,音乐学校的出现完全可以伴随着文字学校和竞技

① Vases Illustr. Plates Ⅰ. A. and Ⅰ. B.
② Vases E. 171. 172;See Plates Ⅲ. and Ⅳ.

场回溯到公元前 6 世纪。这就形成了早期的初等教育制度。

在初期，毫无疑问，初等教育课程有时一直持续到男孩 18 岁。但是到公元前 5 世纪末，中等教育阶段出现了，18 岁的前几年属于中等教育。有关证据可以从柏拉图的伪作《阿西奥库斯篇》(Axiochos)[①]和斯托伯厄斯(Stobaeus)的《特勒斯》(Teles)的残篇中找到。在《理想国》中，按照柏拉图的设想，进入"ἐφηβεία"(埃弗比)的青年一般是 17 岁或 18 岁，在此之前，要系统地学习算术。每个儿童的自然年龄各有差异，但法律年龄是固定的。

这种中等教育何时开始？亚里士多德从青年进入埃弗比的年龄往回数了三年作为中等教育阶段。[②] 亚里士多德是根据儿童个体自然生长的特点提出这种建议的，并不是硬性规定。因此，他提出的埃弗比入学年龄是灵活的，17 岁或者 18 岁。[③] 这样，他的中等教育入学年龄就是 14 岁或 15 岁。这也是希腊以及罗马"ἥβη(青春发动期)"的平均年龄。从"ἥβη"到 21 岁，雅典年轻人叫"μειράκιον"。根据年龄来看，希腊小学的"παῖς"相当于罗马的"少年期"，"μειράκιον"相当于"青春期"。但是，"μειράκιον"和"παῖς"这两个词使用得相当宽泛。前一个词常常又可用"νεανίσκος"替换。作为规则，我们把小学的学生叫男孩(boy)，中学的学生叫少年(lad)。

然而，14 岁并不是儿童必须离开学校的法定年龄。穷人的儿子离开学校要早一些。富人的儿子或无须工作的人则晚一些。苏格拉底甚至中年时还夹杂在男孩中上过弦琴学校。初等学校教师还为年龄大的学生开设占星术和数学等高级课程。[④] 在竞技场，男孩和少年分别编班上课，他们只在节日才相遇。[⑤] 在《卡尔米德篇》里，成年人、少年、男孩、小男孩可以在一起操练。

许多少年并不全部上学，特别在较早的时期，而是将时间用于体操

---

① 《阿西奥库斯篇》(Axiochos)，柏拉图伪作。——译者注

② Aristot. *Pol*. viii. 4. 9.

③ *Ibid*. viii. 1. 2.

④ 〔Plato〕*Rivals*, 132. A.

⑤ Plato, *Lusit*, 206 D.

和他们喜欢的活动上。① 色诺芬认为,这是雅典制度的不足。②

在柏拉图的《路西斯篇》(Lusis)③中,少年显然要到 14 岁多一点才能获得智力上的成就。少年路西斯会读书、写字,还会调弦和弹奏七弦琴。他了解荷马,"甚至读过那些大智慧者的散文式的论著,知道物以类聚人以群分,知道那些大智慧者是思考并撰写有关宇宙和自然问题的人"④。

14 岁之后开始的中等教育只是为富人孩子提供的;穷人再也没有能力让他们的孩子远离务农或经商的事务继续读书了。中等教育可能在 6—7 年的时间里断断续续进行。不过,有一个情况严重干扰了它,使中等教育最终结束了。按照雅典法律规定,18 岁的青年应该进入埃弗比接受为期两年的军事训练。毫无疑问,在应征期间,尤其在公元前 4 世纪比较宽松的时代,青年的智育还是可以适当进行。柏拉图可能只接受这种制度。他主张,把理想国的埃弗比青年从智力活动中解放出来,让他们全身心投入军事和体操训练。当埃弗比青年回到平民生活时,他已经是一个完满的公民了,几乎不可能再有机会上学了。他可能偶尔听听讲演,也就如此而已了。

这样,中等教育阶段一般在 14 岁至 18 岁之间,虽然结束的年龄并非固定为 18 岁。各年龄阶段学习的科目是一样的。在这一阶段的初期,学生还是要用一点时间学习音乐。初等教育余留的一点内容可以通过更休闲的方式进行。七弦琴的学习要到这个阶段才开始。柏拉图在《法律篇》(the Laws)中也是将它安排在这个阶段的。但是,到了伯里克利时代,知识量开始增长,男孩有更多的知识要学习。所以,七弦琴的学习被压缩进了教育的第一阶段。新的中等教育学科出现了,四年制的中等教育课程开始形成。伊索克拉底学校还将其作为一种制度固定了下来。在此之前,中等教育的内容通常是听云游四方的智者的

55

---

① Plato, *Laches*, 179 A.

② Xen. *Constit. of Lak.* iii.

③ 《路西斯篇》(Lusis),这里的 Lusis 即 Lysis。——译者注

④ Plato, *Lusis*, 214 B.

演讲,或者学习一点肤浅的哲学知识。而此时的中等教育课程则包括各种数学、高级水平的文学批评、一定分量的自然史和科学、法律知识、雅典宪法,还包括哲学、伦理学、政治学、形而上学知识,尤其还包括修辞学。柏拉图在他的《理想国》中发展了雅典的中等教育制度,要求学生在18岁之前学习数学、几何学、平面几何和立体几何、动力学与和声学。但他将辩证法排除在外,认为它更适合后一年龄阶段的青年学习。① 在《法律篇》中,他要求所有的人而不只是选拔出的少数有才智的人,都要学习实用算术、几何学,还要学习足够的天文学知识以使日历更加精确。柏拉图的伪作《阿西奥库斯篇》②有这样一段描写:"大一点的孩子得忍受数学家、战术教师和'批评家'的专制。""批评家"是指从事各种诗歌批判工作的教授。在《普罗泰戈拉篇》(Protagoras)中③,诗歌批评是智者以及希皮亚斯的演讲的一个科目。

18岁时,雅典青年基本达到成人年龄。这时,他必须参加为期两年的军事训练课程。其中,第一年在雅典度过;第二年在前线要塞或军营中度过。在这期间,他可能没有时间接受智力训练。但是,在雅典军事力量崩溃之后的马其顿统治时期,埃弗比的军事训练不再是强制性的了,而是听凭青年自愿参加,取而代之的是正规的哲学和文学课程。于是,军事训练方式演变成了大学,学生是少数富人和显贵家庭子弟以及一大批外国人。作为大学的先驱者,埃弗比为期两年的军事训练可以恰当地称为"第三级教育"(Tertiary Education),尽管一直到公元前3世纪,它的课程几乎全是军事教学。

这样,雅典教育分成了三个阶段:6—14岁为初等教育阶段,14—18岁为中等教育阶段,18—20岁是第三级教育阶段。体操训练贯穿于各个阶段。

在这三个阶段中,只有第三阶段教育是强迫性的,由城邦负责。第二阶段教育完全是自愿的,只有那些富有和闲暇阶层子弟才能享受。

---

① 在柏拉图的理想国里,修辞学是被禁止的。
② 〔Plato〕*Axiochos*, 366 E.
③ 《普罗泰戈拉篇》(*Protagoras*),柏拉图著作。——译者注

由于每个公民有义务在需要时服兵役,因此某些体操训练是必须参加的,但有时需要做一点动员。在初等学校的科目中,文字是法律规定必须学习的,音乐是恒定不变要教授的。梭伦颁布的一项古老的法律规定,①每个男孩都必须学习游泳和写字。之后,穷人的孩子可能去经商或务农,而富人的孩子则继续学习音乐、骑马、体操、打猎和哲学。柏拉图的《克里同篇》(Kriton)提到,雅典的法律为苏格拉底的成长提供了帮助,因为法律"要求他的父亲承担使其受到音乐和文字教育的责任"②。但是,希腊的法律包括习惯法和城邦宪法。按照习惯法,几乎每个雅典公民都学一些音乐,但不是强迫的。在希腊文学里,我们找不到任何一个忽略文字学习的人。但我们可以找到几个不懂音乐的人。在阿里斯托芬的著作中,狄摩西尼斯(Demosthenes)③和尼克亚斯(Nikias)④想在雅典最底层社会找到一个比克里昂(Kleon)还平庸粗俗的人。克里昂据说是一个十足乡下农民,因粗俗平庸出名。结果,他们找到了一个卖香肠的小贩。他们发现,这样一个小贩也识字,尽管识字不多。⑤　不过,这个小贩没有像乡下佬克里昂那样有上弦琴学校的机会,⑥对音乐一窍不通,而且也没有参加过竞技训练,⑦在《泰戈斯篇》(Theages)⑧中,文学、竖琴弹奏和竞技是有身份的人的普通教育内容。⑨　具有强烈民主意识的雅典父母都渴望把儿子培养成有身份的人

_____

① See Petit *Leges Atticae*, ii. 4, compiled with great ingenuity out of many authors. Hence the proverbs ὁ μήτε μήτε νεῖν μήτε γράμματα ἐπιστάμενος, of an utter dunce, and πρῶτον κολυμβᾶν δεύτερον δὲ γράμματα. The spelling-riddles of the tragedians imply a whole nation interested in spelling.

② Plato, *Kriton*, 50 D.

③ 狄摩西尼斯(Demosthenes,公元前384—公元前322),古希腊著名政治家和演说家。——译者注

④ 尼克亚斯(Nikias),古希腊将军。——译者注

⑤ Aristophanes, *Knights*, 189.

⑥ *Ibid*. 987—996.

⑦ *Ibid*. 1235—1239.

⑧ 《泰戈斯篇》(*Theages*),柏拉图伪作。——译者注

⑨ 〔Plato〕*Theages*, 122 E.

(gentlemen)。如果有可能,他们都会毫不犹豫地为儿子提供学习所有这些课程的机会。但是,城邦对待教育的态度却迥然不同,与公民积极自愿的态度形成鲜明对照。城邦的态度可以用苏格拉底与阿几比亚德斯(Alkibiades)谈话时说过的一句话来概括:"没有人会在意你或其他雅典人是怎样长大这样的小事情。"①

学校是教师作为私人事业开办的。教师自己决定收取多少费用和教授什么科目。家长根据学校的条件和教学的科目为儿子选择他们中意的学校。正是这样,苏格拉底才会对他的大儿子拉姆普罗克勒斯(Lamprokles)说:"男孩到了学习的年龄,家长就把自己认为有用的知识教给他们。家长如果觉得有些科目自己教得不如别人,他就会花钱送孩子到学校去学这些科目。"这段话表明,穷人常常自己当儿子的教师以节省开支。教学的责任属于家长和教师私人之间的一种转移。城邦只是规定学校和体育馆的某种道德原则、学校上学和放学的时间,建议让每个男孩受到文字教育等,而对于其他并不干涉。

初等教育阶段的文字教学就是3R②,这种教学的费用开销不大,最贫困的人也能承受。有关3R的问题将在后面介绍。学习音乐和体操的费用自然要贵一些,因为它们对教师的水平和天赋要求高得多。城邦的确采取了一些措施来降低这一部分教育的费用,允许开办了一大批这样的学校。

体育馆和竞技场是用公共经费兴建的,③以便每个人都可以免费去锻炼身体。这些场所也向参观者开放,以便每个人都有机会观看,从而了解拳击、角力和其他竞技项目的基础知识。埃弗比青年接受的体操训练也是由城邦负担费用的。但是,儿童学校里的身体训练是在私人

---

① Plato,*Alkibiades*,i. 122. B. The Athenian State, however, from the time of Solon onwards, supported and educated at public expense the sons of those who fell in battle. The endowed systems in Teos and at Delphoi belong to the third century; it is impossible to say whether such existed earlier.

② 3R,指读(reading)、写(writing)、算(arithmetic)。因这三个单词中都有字母"R",故称。——译者注

③ 〔Xen.〕Constit. of Athens,ii. 10.

竞技场中进行的。他们的这种课程被形容为"έν παιδορίβον"（竞技教练的家庭课程）——这是一个表示拥有权和特殊权利的成语。大部分竞技场是私人建筑，并且以竞技教练的名字命名。这样，就有了西伯提奥斯竞技场（Siburtios）和塔纳斯竞技场（Taureas）等。① 毫无疑问，西伯提奥斯和塔纳斯是两个竞技教练。竞技场之间有时举行年龄大一点的男孩的火炬赛跑，提米斯竞技场（Timeas）赢过两次，安提格尼斯竞技场（Antigenes）赢过一次。②

　　根据公共服务制度（leitourgiai），富有公民要为本部落参加埃弗比火炬赛跑的青年训练支付费用。火炬赛跑似乎是竞技运动中唯一靠捐赠进行的项目。埃弗比的火炬赛跑经常举行。甚至很小的乡村地区也举行这种比赛，目的是使埃弗比青年能够从这种免费训练中获益。③ 公共服务制度同样提供免费的合唱舞蹈教学（包括唱歌和舞蹈），参加者要经过竞赛选拔。每年任命一个富人作"指挥"（choregos），由他组织本部落男孩合唱团参加节日庆典，所有教学和训练费用由他个人支付。④ 索伦法律提到的"由男孩参与的赞美歌合唱团"，就是指这种免费学校。索伦法律规定，指挥要由年过 40 岁的人担任。⑤ 在狄摩西尼斯的著作中⑥，一个未得到父亲承认的名叫曼提西奥斯（Mantitheos）的男孩到希波松提德（Hippothontid）部落学校学习合唱舞蹈。假如他得到承认的话，他就应该去他父亲的部落阿卡曼提德（Acamantid）学习。毫无疑问，如果指挥渴望在合唱比赛中取胜，他就会在赞美歌选拔赛中选出 50 多名男孩参加合唱比赛。色诺芬发现，通过体育官员（gumnasiarchoi）和合唱队指挥，"民众"或者说是贫苦大众享受了这种免费训练。⑦ 自

---

① Plutarch，*Alkib.* 3；Plato，*Charmides*，153 A.

② *G..I.A.* ii. 1. 444，445，446.

③ See Excursus on γνμιασιαρχοί.

④ He could，and had to，use compulsion in collecting boys. This suggests that a parent could always，if he wished，get free education for his son.

⑤ This rule fell into abeyance.

⑥ Dem. *against Boiot.* 1001.

⑦ 〔Xen.〕*Constit. of Athens*，i. 13.

然,富人是倾向将他们的儿子送到更好的学校去的。①

这样,在雅典,只有初级的文字教育阶段是强迫的,但音乐和体操的教学到处都有。城邦采取了种种措施降低了这些科目的教学费用,人们可以免费学习其中的大部分内容。但是,家长主动地送儿子学习的积极性非常高涨,几乎不需要采取任何强制或鼓励的措施。希腊人对男孩子的教育非常重视,甚至在他们被泽克西斯(Xerxes)②赶出家园时也不放松儿童的教育。希腊妇女和儿童来到了特洛伊真(Troizen),好客的特洛伊真人(Troizenians)为他们的客人提供了学校教师,以保证他们的孩子即便在这样的危机中也不致虚度时光。③ 当米图伦斯人(Mitulene)④想用最严厉的措施来惩罚反叛她的希腊同盟者时,她采取的方法是禁止他们的孩子接受文字和音乐教育。⑤

除了斯巴达、克里特和雅典之外,很少听说其他城邦采取教育行动的情况。但据说,西西里和意大利的一些卡尔基斯人(Chalcidian)的城市曾用公共经费提供文字教育并对教育实施公共监督。⑥ 这是一个叫做卡隆达斯(Charondas)⑦的立法者公布的。但他是一个虚构的人物。⑧ 这中间一定有个什么背景故事发生在稍后的时代。在马其顿统

---

① On the strength of the passages quoted from the law, and from Demosthenes, and of Aristophanes, *Cloud*, 964, some have maintained a theory that the Athenian tribes provided free education in dancing, and perhaps in other subjects, to all free boys, exclusive of competition. But the quotation in Aischines, except for the actual law, which is a later interpolation, certainly refers only to the choregoi, and the passage in Demosthenes is concerned only with chorus-dancing for competitions. In Aristophances the boys of the same neighbourhood naturally attend the same school, that is all.

② 泽克西斯(Xerxes),波斯国王,公元前486—公元前465在位。曾率大军入侵希腊,洗劫了雅典。——译者注

③ Plut. *Themist.* 10.

④ 米图伦斯(Mitulene),地名,位于爱琴海 Lesbos 岛。——译者注

⑤ Ael. *Var. Hist.* vii. 15.

⑥ Diod. Sic. xii. 42.

⑦ 卡隆达斯(Charondas),古希腊西西里的一位法律制定者。——译者注

⑧ Probably lived *circa* 500 B. C.

治时期,国王和富人们常常向他们喜爱的城市馈赠大笔金钱以资助教育。我们听说,在特奥斯(Teos)和特尔菲(Delphi)①就发生过这样的事。那里的家长即使付费也不会太多。不过,当时是没有专门机构来负责这种捐赠事务的,至少在我们所关注的这一时期是没有的。

如果教育不是城邦强制实施的,而且也没有得到城邦的某种程度的帮助,那么一定有着某些奖励在激励教育的发展。每个城市,也许每个村庄,每年都要举行地方性比赛。多数情况下,有些比赛只有公民才能参加,有些则向所有的人开放。比赛按年龄设立奖品。一般分为男孩和成人两组,有时还在中间增加"无胡须"一组。但是,根据阿提卡一些铭文来看,男孩子分成三组。在希俄斯(Chios)②,埃弗比也是如此分组的。

当然,竞赛主要是体操比赛。但是,竞赛通常要有音乐伴奏。许多地方也有一些诵读比赛。在阿帕图里亚节(Apatouria)③期间的库若提斯日(Koureotis)④,雅典不同的φρατρίαι似乎每年都要向获得优胜的男孩颁奖,背诵的段落由参赛者自选。克里提亚斯(Kritias)参加比赛时只有10岁。⑤ 我们在特奥斯发现一份获奖者名单。这是一份真实的名单,时间可能属于稍后时代。让我们引用一下,来看看比赛的科目。⑥

**高级组**(根据年龄)

叙事诗背诵:佐艾洛斯(Zoïlos),佐艾洛斯之子

阅读:佐艾洛斯(Zoïlos),佐艾洛斯之子

**中级组**

叙事诗背诵:米特洛多若斯(Metrodoros),阿塔罗斯(Attalos)

---

① 特尔菲(Delphi),古希腊一城市,因供奉阿波罗神庙而著名。——译者注

② 希俄斯(Chios),古希腊一岛屿地区。——译者注

③ 阿帕图里亚节(Apatouria),古代雅典人的节日。在这期间,男孩要举行成人仪式。——译者注

④ 库若提斯日(Koureotis),阿提卡的节日。Koureotis 的意思大致相当于"公共关系"。在这一天,阿提卡各部落聚集在一起商讨一些事务。——译者注

⑤ Plato, *Tim.* 21 B.

⑥ Böckh, 3088.

之子

阅读：获奥卢西克勒斯（Dionusikles），米特洛多若斯之子

普通知识：阿特那奥斯（Athenaios），阿波罗多洛斯（Apollodoros）之子

绘画：获奥卢西奥斯（Dionusios），获奥卢西奥斯之子

**低级组**

叙事诗背诵

阅读

书写（Caligraphy）

火炬赛跑

用手指弹七弦琴

用琴拨弹七弦琴

七弦琴伴唱

背诵悲剧诗歌

背诵喜剧

背诵抒情诗歌

在希俄斯，我们发现了下面一段铭文：①

当赫墨司立奥斯（Hermesileos）、狄诺斯（Dinos）和尼克亚斯（Nikias）任体育官员时，下列男孩和埃弗比青年在比赛中获胜，根据人民的意愿，他们获得了向缪斯（Muses）②和赫拉克勒斯（Herakles）③祭酒的荣誉，同时，卢西亚斯（Lusias）品尝了祭品：

阅读：阿加索克勒斯（Agathokles）

叙事诗背诵：弥尔提亚德斯（Miltiades）

用手指弹七弦琴：泽伦（Xenon）

弹七弦琴：克里奥特斯（Kleoites）

---

① Böckh, 2214. I have omitted patronymics.

② 缪斯（Muses），希腊神话中掌管文艺、音乐、天文等九位女神。——译者注

③ 赫拉克勒斯（Herakles），希腊神话中宙斯之子，力大无比。——译者注

**运动场短跑**（200 码）

男孩：阿特奈肯（Athenikon）

低年级埃弗比：赫斯蒂爱奥斯（Hestiaios）

中年级埃弗比：阿波罗尼奥斯（Apollonios）

高年级埃弗比：阿耳忒蒙（Artemon）

成年人：米特洛多若斯（Metrodoros）

**角力**

男孩：阿特奈肯（Athenikon）

低年级埃弗比：德摩特里奥斯（Demetrios）

中年级埃弗比：摩斯考斯（Moschos）

高年级埃弗比：西奥多德斯（Theodotos）

成年人：阿佩拉斯（Apellas）

**长跑**（2.25 英里至 0.75 英里不等）

男孩：阿斯克皮亚德斯（Asklepiades）

低年级埃弗比：狄奥卢西奥斯（Dionusios）

中年级埃弗比：提摩克勒斯（Timokles）

高年级埃弗比：摩斯奇隆（Moschion）

成年人：埃斯克里翁（Aischrion）

**中距离跑**（Diaulos）（400 码）

男孩：阿特奈肯（Athenikon）

低年级埃弗比：赫伯里斯特斯（Hubristors）

中年级埃弗比：梅伦特斯（Melantes）

高年级埃弗比：阿波罗尼奥斯（Apollonios）

成年人：梅尼斯（Menis）

（阿波罗尼奥斯很了不起，因为他只是中年级的埃弗比，但他赢了高年级埃弗比赛跑的奖牌。除非还有另一个同名的阿波罗尼奥斯。）

**拳击**

男孩：赫拉克莱德斯（Herakleides）

（其余获奖者空缺）

（请注意男孩阿特奈肯一人获得三次奖。）

在博伊奥特亚（Boiotia）的塞斯匹埃（Thespiai），[①]除了设有诗歌和音乐奖外，还设有拳击、角力、角斗和五项竞技（pentathlon）[②]等奖项。阿提卡铭文中有这样的记载：[③]

| 运动场短跑 | | 中距离跑 | | 重拳 | |
|---|---|---|---|---|---|
| 低年级 | 男孩 | 低年级 | 男孩 | 低年级 | 男孩 |
| 中年级 | 男孩 | 中年级 | 男孩 | 中年级 | 男孩 |
| 高年级 | 男孩 | 高年级 | 男孩 | 高年级 | 男孩 |
| 不分级 | 男孩 | 不分级 | 男孩 | 不分级 | 男孩 |
| 成人 | | 成人 | | 成人 | |

65　在奥林匹亚（Olympian）和皮西亚（Pythian）节日，只举办男孩的竞赛：

**奥林匹亚**

男孩：运动场短跑

　　　拳击

　　　角力

　　　五项竞技（仅在公元前628年）

　　　角斗（公元前200年以后）

**皮西亚**

男孩：长跑

　　　中距离跑（400码）

　　　运动场短跑（200码）

　　　拳击

　　　角力

　　　角斗（公元前346年以后）

---

① *C. I. G. Boeot.* 1760—1766.

② 五项竞技（pentathlon），古希腊准军事运动项目，包括赛跑、跳跃、摔跤、掷铁饼和投标枪。——译者注

③ Böckh，232，245.

平德尔时代(Pindar)①,尼米(Nemea)地方就有了五项竞技②和角斗③以及其他常规比赛。④ 教师个人颁给学生的奖品与国家的奖品究竟有多少差异,这一点不得而知。《诗集》(Anthology)⑤有一段话提供了唯一的证据:"康纳罗斯(Konnaros)得到了 80 块关节骨制品,因为他写的诗歌词句优美,其他男孩没有一个超过他。"⑥但是,一般来说,只有公开的竞赛才能得到奖品。

如果说城邦在资助教育或实施强迫教育方面没有采取什么行动的话,那么,城邦在鼓励人们接受教育的方面还是做了很多工作的。在丰厚的奖品面前,男孩们不会不渴望上学校读书或者去竞技场锻炼。只要他们到了上学的年龄,⑦他们就会被委托给年长的奴隶照看。⑧ 奴隶会形影不离地照顾主人的男孩。⑨ 这些奴隶就是教仆。他们身兼数职,既是保育员、仆人、护送者,也是导师。他们是希腊古典文学和花瓶图案中引人注目的人物。每个家庭只有一个教仆。所以,家庭里所有的男孩必须在同一时间上同一所学校或去同一个竞技场。⑩ 在家庭里,他负责侍候这些男孩。上学时,他背着书,拿着琴。在学校里,他坐在教室里观察男孩的学习。他还严密注视男孩们在街头和在体育馆的行为

---

① 平德尔(Pindar,约公元前 522—公元前 443),希腊诗人。——译者注

② Pind. *Nem.* vii.

③ Bacchul. xiii, Pind. *Nem.* v.

④ Wrestling, Pind. *Nem.* iv, vi.

⑤ 《诗集》(Anthology),Jacobs 编撰。——译者注

⑥ *Anthol.* ed. Jacobs, vi. 308.

⑦ Sometimes earlier. Plato, *Protag.* 325 C.

⑧ Elderly, as in the picture of Medeia and her children given in Smith's *Smaller Classical Dictionary* under "Medeia," and on Douris' Kulix, Plates Ⅰ. A. and Ⅰ. B (if those are paidagogoi), and other vases.

⑨ So Fabius Cunctator was called Hannibal's paidagogos, because he followed him about everywhere.

⑩ There is only one for Lusis and his brothers (Plato, *Lus.* 223 A), for Medeia's two children (Eur. *Med.*), for two boys in *Lusis.* 223 A, and for Themistocles' children (Heroid, viii. 75).

举止。例如,在柏拉图的著作①中,路西斯和莫尼克热诺斯(Menexenos)有一个教仆。他护送他们去竞技场。如果到了回家的时间,他会打断他们与苏格拉底的谈话,强迫他们回家。② 从花瓶上,可以看见在文字和音乐学校里,教仆们坐在学生身后的凳子上,手里拿着长长的引人遐想的藤条。③ 当然,细心的家长会注意教仆的工作是否称职,因为教仆有时也会出现严重的疏忽。路西斯和莫尼克热诺斯这两个男孩虽然有着较高的身份和地位,但他们的教仆口音较重,一次在节日的宴会上还喝得微醉。这是有据可查的。④ 普鲁塔克注意到,在他那个时代,家长常常挑选干不了其他工作的奴隶担任教仆。⑤ 对雅典缺点了如指掌的色诺芬因而十分赞赏斯巴达人的做法,把儿子委托给城邦最高职位的公共官员而不是委托给奴隶。⑥ 但是,在十分规矩的家庭,教仆通常是很有价值的仆人。西基诺斯(Sikinnos)是特米斯托克勒斯家(Themistokles)的教仆。有一次,他奉主人之命送了一封著名的信件给泽克西斯,结果引发了萨拉米斯(Salamis)战役。战后,他获得的奖励是成为自由民并获得塞斯匹埃(Thespiai)公民身份,此外还有一大笔金钱。⑦ 雅典雇佣男性看护的制度可以回溯到城邦初建时期,那时,梭伦曾制定过有关的规定。⑧

男孩一到 6 岁上学的年龄便委托给了教仆。这种监护一直持续到

---

① 指柏拉图著作《路西斯篇》。——译者注

② Plato, *Lus.* 208 C. He is referred to as ὅδε, showing that he is present.

③ 见插图 1 号 A 盘和 1 号 B 盘。Perhaps only the walking-stick carried by all Athnians.

④ Plato, *Lus.* 223 A.

⑤ Plut. *Education of Boys.*

⑥ Xen. *Constit. of Lak.* ii. 2.

⑦ Herod. viii. 75.

⑧ Aischin. *ag. Timarch.* 35. 10.

18 岁成年为止。[①] 但是,通常结束的时间要早一些。对非斯巴达特点的事情一贯持轻视态度的色诺芬声称,[②] 在其他城邦,男孩到了"μειράκια"年龄,即大约 14 岁至 15 岁,他们就会从教仆和教师那里获得解放。有无教仆的伴随也反映了学生年龄的不同。如果家庭只有一个教仆,当哥哥离开学校之后,弟弟可能还在学校学习,这时,在家里待着的哥哥就得不到教仆的照料了。但是,如果家庭里只有一个儿子,或者虽有几个儿子,但长子愿意继续待在学校直至成年,那么他就始终也会有教仆照料他,直到他成为自己的教师。

在多数情况下,随从的生活一定是一种焦虑不安的生活。柏拉图曾对教仆的生活做过观察,他发现,教仆"由于没有能力治病,只好任疾病恶化,他一辈子生活在焦虑不安之中,没有一点自由的时间"[③]。由于儿童顽皮而不易驾驭,又由于不同年龄儿童有不同的鉴赏力和欲望,担任教仆的奴隶经常处于尴尬境地。然而,教仆拥有体罚大权。

教仆的主要任务是确保被托管人的道德发展,保证被托管人像女孩一样得到呵护,养成谦虚的品德和温文尔雅的举止。家长们要求学校教师更多地关注男孩的品行而不是文字和音乐的学习。[④] 这种态度是雅典人一贯的特点。埃斯钦斯(Aischines)[⑤]介绍了梭伦颁布的一些学校法律,[⑥]其内容主要也是关于道德方面的:

"这位年老的法律制定者明确地告诉人们,自由的男孩应当过一种什么样的生活及应当如何抚养;他还谈到了青少年和成年人的行为举止问题。""至于教师,他说,由于我们是被迫把儿童托付给他们的,因此他们必须有良好的品格,品行恶劣者是不能担任教师的。即使如此,这

---

① In the guardian's accounts given by Lusias, *ag. Diogeiton*, 32. 28, a paidagogos is paid for till the boy is eighteen; but there was a younger brother, for whom he may have been required, so the elder may have been free earlier. In Plautus (*Bacch.* 138) we find a paidogogos in attendance till his charge was twenty.

② Xen. *Constit. of Lak.* iii. 1.

③ Plato, *Rep.* 406 A.

④ Plato, *Protag.* 325 D.

⑤ 埃斯钦斯(Aischines),苏格拉底的学生。——译者注

⑥ Aischin. *ag. Timarch.* 9.

位法律制定者还是明显地表示出对他们的不信任。其表现在,第一,他明确地规定了自由民儿童上学的时间;第二,规定了儿童在校学习的时间;第三,规定了儿童放学的时间。他禁止学校和竞技场日出前开门和开放,并命令他们在日落前必须关门,以避免儿童在空旷的街道上或在夜间行走。这位法律制定者还规定了什么样的儿童和多大年龄的儿童可以上学以及由谁来负责管理这类事务等。其他有关的法律还涉及教仆制度、学校庆祝缪斯节和竞技场庆祝赫耳墨斯节的事务。最后,他还规定全体男孩都要参加,合唱舞蹈应排成圆形队列。此外,他还强调,指挥必须是年过 40 岁的人。"

"学校上课时,除了教师的儿子、兄弟和女婿之外,其他任何成人都不准进入学校,违反规定者处以死刑。在赫耳墨斯节,体育馆的负责人①也不允许任何超龄人以任何借口陪伴男孩。如果他不将这些陪伴者赶出体育馆,他自己就犯了腐蚀这些自由的男孩的罪行。"

人们会注意到,这些法律所涉及的完全是道德问题。它们对当时的制度起到了维护的作用。它们涉及的既不是教育的方法也不是教育的科目,因为雅典政府对这些方面是不干涉的。但是在道德问题上,雅典却令人意外地专制。政府所制订的规定之细微表现出其拥有严格的官僚体制。在道德问题上如此,官僚体制在其他方面也同样发挥着作用。从梭伦时代起,神圣的阿莱奥帕戈斯(Areiopagos)议会②就制定了对青年人的督导制度。后来,在爱菲阿尔特斯(Ephialtes)③和伯里克利时代有所削弱。但是,《阿西奥库斯篇》表明,这种监督制度历经曲折,但一直未曾中断,直至公元前 4 世纪中叶才彻底消失。伊索克拉底为此感到十分痛惜。

---

① γυμνασιαρχής. See Excursus on γυμνασιαρχοί. This law was totally neglected in Socratic Athens. See Plato's *Lusis*.

② 阿莱奥帕戈斯(Areiopagos),古希腊早期的贵族议会。——译者注

③ 爱菲阿尔特(Ephialtes),古代雅典政治家,早期民主运动领导人。公元前 461 年被暗杀。——译者注

2 号盘:长笛课——吹笛的男孩

　　《阿西奥库斯篇》还提到,人们选出十位督察(Sophronistai)来监督埃弗比青年的道德。这十位督察同时也负责对青少年道德的监控。这种官员大概是在梭伦时代出现的。他们的年龄必须超过 40 岁的规定与那个时代其他规定十分相似。虽然这一制度在公元前 4 世纪末消亡了,但到了罗马帝国时代,它又重新复活了。罗马帝国时代的崇尚古风的立法者不会去复活一个只是在公元前 4 世纪末才出现的制度,这是不可能的。人们知道,梭伦曾设立一位地方行政官员来处理儿童事务,①如果这些官员不是督察,所有关于梭伦这一创造性举措的线索也就中断了,这也是最不可能发生的事。所以,督察职位的出现可以回溯到雅典初期时代。他们的职责之一是监督青年人的德行,他们的主要工作是代表城邦起诉那些违反梭伦法律的家长和教师。但是,这一类的起诉往往由关心这一问题的个人承担。所以,这种职务实际上是挂名职务。这一制度甚至随着阿莱奥帕戈斯议会时代的结束而终止。但是,似乎在民主政治恢复时期它又曾复兴过一段时间,而后再度消亡。它在公元前 4 世纪末时的消亡是与埃弗比制度的变化相联系的。其时,埃弗比人数的减少不再需要委派十位督察来监控青年的德行。下面是一段有关后期督察的情况的介绍。

71

---

　　① Aischin. *ag. Timarch*. 10. The word σωφρονιστής, in a general sense, occurs three times in Thucydides.

正如人们所期望的,将军(strategoi)①负责督察埃弗比青年在两年训练期间的表现。公元前 4 世纪末,在阿提卡,他们似乎还与当地学校有联系。埃莱夫西斯(Eleusis)②有一块被吉拉德(Girard)③确定为公元前 320 年的碑文。其内容是感谢一个叫德库洛斯(Derkulos)的将军在儿童教育督察工作中所作的努力。④ 在一个军事工作至上的时代,他们是否行使这样的职能是十分值得怀疑的。但是,任何一位雅典行政官员(magistrate)都可能对学校产生兴趣,毫无疑问,他们也可以干涉学校事务,如果他们认为学校工作不当的话。⑤

公元前 5 世纪末的时代标志是青少年获得了解放。他们开始追求享乐和任性放纵的生活。毫无疑问,保守的思想家们带着无限的怀念,也带着理想,回忆起那"美好的旧时代"。公元前 6 世纪和公元前 5 世纪初,被视作教育的理想时代。在那个时代,儿童懂得服从,品行端正;没有恣意妄为和堕落;身体健美,发育正常,没有人面带病容,也没有人长得矮小或臃肿。

听一听阿里斯托芬是怎样描述过去的吧:"在那美好的老式的教育时代,人们对正义的热情要高于对修辞学的研究,美德是人们追求的时尚。儿童受到人们的照顾,但不能为所欲为。在去弦琴学校上学的路上,各地区和各村庄的儿童排着队有序地沿着马路朝着学校方向行进。他们穿着不多,即使下鹅毛大雪,他们也从不多穿衣服。当他们排成方队时,个个精神抖擞。教师教他们唱古老的爱国歌曲:'智慧女神! 我们让入侵者丧胆。'⑥或者'我们的吼声响彻云霄。'⑦如果谁试图发出不和谐的颤音或唱颂歌时跑调,不仅会遭受鞭挞,还会被视为对缪斯的亵

---

① Deinarchos, *ag. Philokles*, 15.

② 埃莱夫西斯(Eleusis),古希腊城市,在雅典西北。——译者注

③ 吉拉德(Girard),法国历史学家,著有《雅典教育》(L'Éducation Athénienne)。——译者注

④ Girard, *L'Éducation Athénienne*, pp. 51.52.

⑤ The Archon Eponumos had the control of orphans and probably intervened if their education was neglected.

⑥ By Lamprokles (476 B. C. )

⑦ By Kudides (? = Kudias. Smyth, *Melic Poets*, p. 347).

渎。"在竞技场训练时,竞技教练也会教导儿童谦虚谨慎,不允许向倾慕者献媚。"就餐时,不允许儿童挑食美味菜肴,不能傻笑,也不能翘腿。""这就是培养出马拉松(Marathon)英雄的教育……它教育男孩要远离公民大会,避开公共浴室,为不体面的行为感到羞愧,对长者谦恭有礼,为父母争光,养成谦虚的美德而不要追逐漂亮的女孩。男孩整天活动在体育馆里,身体保持着良好状态而不是在公民大会上夸夸其谈进行诡辩。男孩们生活在与自己年龄相仿的行为得体的伙伴之中,他们在阿卡德米(Academeia)①神圣的橄榄树下,沐浴着菝葜和白杨树的芬芳,举行赛跑。春天时,他们在春风摇曳的梧桐树与榆树下举行庆祝活动。"②在阿里斯托芬的记忆中,树林、田野和小溪里传来的一代又一代男孩们的嘶杀声始终在他的耳边回荡。阿里斯托芬对时光飞逝无限感叹,闲暇的春日成了永久的记忆。

　　阿里斯托芬继续说道:"这种教育培养出的人有着结实的胸膛、健康的肤色、宽阔的肩膀,不善言谈;而新式教育培养出的却是苍白的面孔、瘦弱的肩膀、狭窄的胸膛和长舌之人。它使儿童辨不清什么是荣耀,什么是耻辱。它使澡堂里人满为患,而使竞技场门庭冷落。"

　　伊索克拉底是又一个见证人。他由于梦想恢复阿莱奥帕戈斯议会的权力,因而观点带一点偏见。但是,他是一个教育专家,所提供的证据得到了许多人的支持。在阿莱奥帕戈斯议会握有德行督察大权的时代,他说:"年轻人不会像现在青年这样在吹长笛女孩陪伴下或者在其他什么类似的人的陪伴下在小屋中聚赌,他们保持着代代相传的生活方式……他们尽量避免去公民大会,如果不得不去时,他们也尽可能地表现出谦虚和自制。在人们的眼中,顶撞和侮辱长者比现在虐待父母的恶行还要严重。在酒馆里大吃大喝的行为甚至连有自尊的仆人都不会做,因为他们品行端正,从不做粗俗的事情。"③

　　柏拉图也作证说道:"在民主国家,学校教师害怕学生甚至讨好他

---

①　阿卡德米(Academeia),柏拉图学园。——译者注
②　Aristoph. *Clouds*, 960 ff.
③　Isok. *Areiop*. 149 C, D.

们,学生既蔑视教师也蔑视教仆。低年级学生希望像高年级学生一样
受到同等对待,他们与高年级学生闹矛盾,与他们争论。事实上,高年
级学生甚至向低年级学生献殷勤,以免别人说他是脾气乖僻的老糊
涂。"①

在那个时代,诸如奢侈、行为不端、藐视权威、对长者不敬以及夸夸
其谈而不参加训练等行为是要受到指控的。在温暖的浴室洗澡被视作
非男子汉的行为,赫米普奥斯(Hermippos)②认为,这种行为是与醉酒
联系在一起的。③ 男孩只能穿一件无袖贴身衣服,这种习惯一直沿袭到
斯巴达和克里特的末期。但在雅典,人们开始穿外套。色诺芬曾指责
"希腊其他地区(即斯巴达和克里特以外的地区)"的家长说:"他们给男
孩鞋子穿,结果使男孩的脚变得软绵绵的。他们经常给男孩更换衣服,
结果使男孩的身体变得娇嫩起来。他们也允许男孩暴饮暴食。"④儿童
开始变成了家庭的专制者而不是奴隶了。长者进屋时,他们再也不起
身相迎了。他们与家长闹起了矛盾,在人群中高谈阔论,在饭桌上专挑
美食,他们还有不少违背希腊人传统的行为,例如翘腿等。他们在学校
和竞技场横行霸道,不把教仆和教师放在眼里。阿几比亚德斯甚至打
过文学老师。在 19 世纪下半叶,英格兰也发生过类似的事情。如果玛
利亚·埃奇沃斯(Maria Edgeworth)⑤遇到这样的情况,她也会像阿里
斯托芬一样讽刺堕落的行为。

更为严重的变化是世风的衰微。尽管旧时代是否像保守主义者描
述的那样美好值得怀疑,但是,根据所有文学作品的描述,伯里克利和
苏格拉底时代的雅典社会风气是绝对不适合青年生活的。也许,一般
道德没有堕落多少,但儿童可以处处目睹邪恶。旧法律中有关学校和
竞技场儿童要避开不良伙伴的规定被遗忘了,教育场所成了雅典时尚
闲荡者的常去之地。

---

① Plato, *Rep.* 563 A.
② 赫米普奥斯(Hermippos),古希腊作家。——译者注
③ *Floruit* 432 B.C. (in Athene. 18 C).
④ Xen. *Constit. of Lak.* ii. 1.
⑤ 玛利亚·埃奇沃斯(Maria Edgeworth,1767—1849),英国教育家。——译者注

对谈话的迷恋程度远远超过对体操的迷恋是这个时代的特征。在某种程度上说，人们对智育的偏爱则是对纯体育的忽视。与儿童自由地讨论伦理问题的做法可能随着苏格拉底的去世而终止了。如果柏拉图提供的苏格拉底对话的本质可以相信的话，那也没有什么值得后悔的。根据柏拉图的观点，体操即使在他的高度强调智慧的哲学王教育中也具有重要的作用，可以用来纠正绝对的"μονσικη"。据此，我们可以怀疑，在雅典爆发的欧里庇德斯担任领导人的反对过度竞技运动的起义是否走得太远了，但矫枉过正也是需要的。实际上，公元前4世纪时，雅典人在勇气或力量方面并不出众。按照柏拉图学派的说法，他们果敢的性格已经因为单纯地追求智慧和艺术而溶化了。

让我用一个令人愉悦的故事来结束本章话题。故事的主题是关于"αἰδώς"（谦虚）的美德，这是旧时代教育竭力想要实现的目的。故事发生在辉煌的但又是腐败的苏格拉底时代的雅典。[①] 年轻的奥图卢库斯（Autolukos）在泛雅典娜节（Panathenaic Festival）[②]的角斗比赛中获奖。比赛结束后，他父亲的一位名叫卡里亚斯的朋友带他去参加赛马，之后，又邀请他和他的父亲卢康（Lukon）共进晚餐。这是雅典男孩很少得到的荣誉。

男孩坐在桌边，成年人则斜靠着。一个成年人问他感到的骄傲是什么："是不是为你的胜利？对吧？"他害羞地回答说："不。"听到他说话，所有在场的人都十分高兴，因为到现在他一句话也未说过。"那么你为谁感到骄傲呢？"有人继续问。"为我的父亲。"男孩答到，身体卷曲了一下。

腼腆的、容易脸红的男孩是那个时代的特征。严厉的父亲们了解他们的儿子面临的危险，竭力想阻止男孩们获得人情世故的知识与经验。

就目前发现的一些证据来看，雅典型的教育在文明的希腊世界流行，只有克里特和拉克代蒙例外。它们有自己的制度。色诺芬在赞扬

76

① Xen. *Banquet*, iii. 13.
② 泛雅典娜节（Panathenaic Festival），古希腊最重要的节日之一，每四年举行一次。所有公民都会参加庆祝活动。——译者注

斯巴达制度并将其与周边城邦流行的教育制度进行比较时,认为他所称作的"希腊其他地区"的教育传统和制度与雅典早已存在的教育制度完全相似。他的说法得到了其他人的证实。希俄斯岛上曾有一所文字学校。公元前494年,这所学校的房屋倒塌,120名学生中只有一人脱险。① 甚至在绰号叫"愚蠢"的小镇博伊奥特亚也有几所学校。穆卡莱斯奥斯(Mukalessos)小镇的学校不止一所。在伯罗奔尼撒战争期间,一支雅典的色雷斯(Thracian)人雇佣军于一天拂晓袭击了该镇。他们冲进"一所最大的学校",杀死了所有的男孩。② 阿卡迪亚(Arkadia)③有着一个同样的坏名声。据珀鲁比俄斯④(Polubios)的说法,每一个阿卡迪亚镇都根据法律强迫儿童学习唱歌。⑤ 在特洛伊真,当地人一定是在公元前480年就专门为他们的雅典人客人的子女建了学校。艾黎恩(Aelian)⑥断言,在莱斯博斯岛(Lesbos)建有学校。⑦ 鲍塞尼亚斯(Pausannias)⑧说,公元前496在阿斯图帕拉伊亚岛(Astupalaia)有一所60名男孩的学校。⑨ 诗人索福克勒斯曾和一位文字学校教师在一起吃饭。这位老师的学校可能是在埃雷特里亚(Eretria),也可能是在爱如斯瑞(Eruthrai)。⑩ 那些铭文表明,公元前3世纪之前,希腊大部分地区曾经蓬勃兴起过办学的热潮。

可以肯定,希腊的每一个城镇都进行体操训练,因为体操比赛的获胜者来自希腊每个角落。在希腊各地,音乐训练也十分普遍,因为舞蹈

---

① Herod. vi. 27.

② Thuc. vii. 29.

③ 阿卡迪亚(Arkadia),古希腊城邦。——译者注

④ 珀鲁比俄斯(Polubios,约公元前205—公元前125),希腊历史学家。——译者注

⑤ Pol. iv. 20.7.

⑥ 艾黎恩(Aelian,170—235),古罗马作家和修辞学教师。精通希腊历史和文学。——译者注

⑦ Ael. *Var. Hist*. 7. 15.

⑧ 鲍塞尼亚斯(Pausannias,公元2世纪),希腊旅行家和地理学家。——译者注

⑨ Pausan. vi. 9.6.

⑩ Athen. 604 a-b.

和唱歌少不了它。但是,七弦琴教到什么程度不得而知。在博伊奥特亚,学校教授的是长笛而不是七弦琴。可以断定,在希腊每一个文明化了的地区,学校教育包括文字、音乐和体操训练。斯巴达是个例外,它可能不教文字。

中等教育是由智者派提供的,曾经普及到希腊世界的每一个村落。后来,集中到较大的城镇。第三级教育是埃弗比军事和特殊体操训练,从铭文中有限的记载来看,埃弗比几乎到处都有。

我将更详细地介绍这个十分流行的埃弗比制度的情况。由于证据主要来自雅典,因此我将主要介绍雅典教育中的埃弗比制度。同时,这一制度在希腊大部分地区流行,所以,我也将介绍其他地区的埃弗比教育。

# 第三章 雅典和希腊其他地区的初等教育

79　　我们已经知道,希腊的初等教育包括文字、音乐和体操训练三部分内容。公元前 4 世纪时,在这三门课程基础上又增加了素描和油画。我们不知道他们是怎样安排每天的智育和身体训练时间的。很可能,像其他事情一样基本取决于个人的爱好。但是,卢西安(Lucian)①的一段描述能够为我们提供一些这方面的线索:

> 他黎明起床,洗脸,穿上外罩。然后,到父亲屋里问安。见到父亲时,他目不斜视看着地面。在他的身后跟着仆人和教仆,他们手里拿着戒尺(implements of virtue)、写字板或一些流传下来的关于美德的书。如果准备上弦琴学校,他们还要拿着调好弦的七弦琴。

> 在学校勤奋地学习了一段时间,课程学习有了点收获之后,他便开始自由地锻炼身体。他可以骑马,也可以投标枪或长矛。接着,他们到角力学校,涂着油彩,裸露着结实的身体,顶着午间的烈日进行训练,汗水洒在竞技场上。之后,很快地洗了澡,并简单地吃个午餐,因为下午要上课。这时,文字学校的教师又在等着他了。通过书中的寓言或者通过书中明确的观点,他们了解了谁是伟大的英雄,什么是正义,什么是纯洁。在对这些美德问题进行深思之后,这些幼稚的心灵受到了洗涤。夜晚降临了,他们匆匆吃过晚饭开始休息,在忙碌了一天之后,他们进入了甜甜的梦乡。②

---

① 卢西安(Lucian,124—185),古代亚述修辞学家。——译者注
② Lucian, *Loves*, 44—45.

希腊学生在家用餐。因此,学校教学时间是根据一日三餐时间安排的。一般来说,拂晓时吃早餐,正午时吃中餐,日落时吃晚餐。所以,学校日出时开始上课。① 梭伦立法规定,不允许学校提早上课。中午,学校留出时间让学生回家吃午餐,②下午接着上课,日落前放学。③ 学生每天在校有多少次课间休息以及他们是如何休息的,我们不得而知。④ 不过,他们是没有周日休息的。但是,他们可以在节日休息,在希腊以及亚历山大里亚(Alexandria)一年中有无数个节日。每个月的 7号和 20 号,学校也不开门,这两天用于祭祀阿波罗神(Apollo)。⑤ 学校也有专门的节日,例如,缪斯节和那些纪念捐助者的假日。阿那克萨哥拉(Anaxagoras)⑥给卡拉左摩奈城(Klazomenai)⑦留下了一笔遗产,附加的条件是学校每年应在他的祭日放假以示纪念。⑧ 我们应当记住的是,希腊初等教育三科中的一种在英格兰是被称作游戏的。下午进行的赛跑、跳跃、角力和骑马在英格兰学校是不算学习的,音乐也同样。在英格兰学校里,音乐学习通常是在游戏时间进行的。初等教育的文字课一般是指背诵、阅读儿童文学,其中大部分不是那种僵硬的文学,而是荷马时代的迷人神话故事。希腊学校的课程十分有趣,儿童没有不愿上学的。至今没有发现儿童不愿上学的证据。

81

---

① Aischin. *ag. Timarch.* 12;Thuc. vii. 29;Plato, *Laws.*

② Lucian, *Parasite*, 61.

③ Aischin. *ag. Timarch.* 12.

④ *Anthol. Palat.* X. 43 has been quoted as evidence that six hours' work a day was maximam. The epigram runs: "Six hours suffice for work; rest of the day, expressed in numerals, says ζῆθι, 'enjoy life.'" But the point is the joke that the numbers for 7,8,9,10,the later hours of the day,are ζ', ή', θ', ι', which spells ζῆθι. The epigram does not mean to state a fact; the joke is its only *raison d'étre*. In any case school are not mentioned.

⑤ Herondas, *Schoolmaster* (iii.)53.

⑥ 阿那克萨哥拉(Anaxagoras,约公元前 500—约公元前 428),古希腊哲学家。——译者注

⑦ 卡拉左摩奈(Klazomenai),古希腊城市。——译者注

⑧ Mahaffy, *Greek Education*, p. 54.

　　我们不清楚教师收多少学费,但卢西安有一段描述很有趣。① 讲的是一批国王或统治者在未来的城邦国家里沦落为乞丐,不得不以卖鳟鱼或教授基本的文字为生。据此判断,初等学校教师收费不会太多。这一推断还可以得到以下事实的支持,那就是,雅典最贫困的人也会送儿子上学。柏拉图在《法律篇》中为外国人保留了教师这一职业,表明这一职业的收入和声誉都不高。称一个人为学校老师等于在羞辱他。狄摩西尼斯曾嘲笑埃斯钦斯说:"你是教书匠,而我是学生。"②教师地位的卑微还可以从学生轻视教师的态度上看到:他们把猫、狗和豹子等宠物带到学校,就在教师的椅子下玩耍。西奥佛拉斯托斯(Theophrastos)③描述了一些吝啬男人的特征。④ 他说:"在安塞斯特里昂节(Anthesterion)⑤的一个月里(即从2月中旬至3月中旬),由于庆祝宴会多,因此他们是不送儿子上学的。"这是因为当时学校的费用是按月支付的。在重要节日时,男孩们是不上学的。安塞斯特里昂节就有许多天不上学。因此,吝啬的家长认为,孩子不上学,如果付了钱那是不合算的。于是,家长们将孩子留在家中过节以省下当月的费用。

　　如果孩子因病缺了一天或两天的课,吝啬的家长是要把费用扣回来的。⑥ 但这种情况不经常发生。学费每月30号交纳,⑦但学校教师显然不能及时收到。狄摩西尼斯说,由于他的监护人阿富波奥斯(Aphobos)采取的欺诈行为,他从未付过费。⑧

　　毫无疑问,学校收取学费的多少要依据学校名声而定。雅典学校的差别是很大的。狄摩西尼斯在其演说《论王冠》(On the Crown)中提

<hr>

① Lucian, *Nekuom.* 17.
② Dem. *de. Cor.* 315.
③ 西奥佛拉斯托斯(Theophrastos,约公元前372—约公元前287),古希腊哲学家,亚里士多德的学生。——译者注
④ Theoph. *Char.* 30.
⑤ 安塞斯特里昂节(Anthesterion),古希腊庆祝花开与新酒的节日。——译者注
⑥ Theoph. *Char.* 30.
⑦ Herondas, iii. 3.
⑧ Demos. ag. *Aphobos*,i. 828.

到他早年生活时说,他上的学校是一所质量上乘的学校。① 在雅典,家长是根据自己口袋金钱的多少来选择学校的。穷人的儿子只能在教授文字的学校就读。这种学校高年级的教学可能由教师助手(under-master)和奴隶承担,因为自由民嫌报酬低而不愿担任。演说家埃斯钦斯的父亲就是这样的情况。② 像其他民主人士一样,他的父亲也被三十僭主(Thirty Tyrants)流放,穷途潦倒,和一个名叫雷斯特拉提翁(Restoration)的人一起回到雅典,为了谋生,他在靠近狄塞翁(Theseion)的埃尔皮亚斯(Elpias)的一所学校当门房并教授读写。③ 他的儿子埃斯钦斯从小就开始帮助父亲做事。他的对手狄摩西尼斯曾以此攻击他,说他的父亲是埃尔皮亚斯的奴隶,"戴着脚镣和项圈"。埃斯钦斯也受雇帮助"磨墨并做一些擦拭和打扫教室(παιδαγωγεῖον)的工作,这些事情应当是仆人做的,而不是自由民男孩做的事情"。

毫无疑问,文字和音乐是在同一所学校教授的,但不在同一教室。这样的安排是自然的,也比较方便。这一点,花瓶的图画可以为证。不过,实际情况是否如此尚不能肯定。学校建筑物的四周是活动场地。艾黎恩的文章里谈到过一群放了学的男孩在场地上玩拔河游戏。④ 当然,男孩们有的在场地上玩滚铁环和打陀螺游戏,有的玩掷骰子游戏,也有的玩类似我们今天的弹子游戏。村庄周边的活动场地的用途则不一样,它可能是用作竞技场的。

学校的校长坐在高靠背椅子上,助手和男孩坐在没有靠背的矮凳子上,矮凳子上铺有坐垫。上课时,学生可以坐在凳子上。⑤ 室内有一个高高的用于背诵的书桌。四面墙上悬挂着写字板、尺子以及一些篮子或筐子,里面装着标有作者姓名的书卷。这些篮子就是学校的图书

---

① Demos. *Crown*, 312.

② *Ibid*., 270. This is the most probable restoration of the facts from the statements of the opposing orators.

③ *Ibid*. 313.

④ Aelian, *Var. Hist.* xii. 9 (at Klazomenai).

⑤ 长凳在花瓶的图画中没有出现。因为在花瓶上画一排男孩需要画更多的透视图。艺术家因此用坐在凳子上的男孩作代表了,正如他给每个凳子只画了两条腿一样。

馆了。有的书卷也可能单独挂在墙上。① 学校教师至少拥有一本《荷马诗史》②。阿几比亚德斯曾鞭挞过一位没有这本书的教师。教师们有时自己校订书卷。③ 在音乐学校,悬挂着的是七弦琴、长笛和长笛盒子。狄摩西尼斯提到的"παιδαγωγεῖον"可能是供教仆坐着休息的接待室,但更可能的是修辞上的变化,也是指教室。墙壁四周常常放有缪斯的雕塑。④ 室内也放有花瓶作为装饰品。花瓶上的图画也许还用来帮助学生理解书中的内容。后来,墙壁上有时也挂系列漫画,解释《伊利亚特》(Iliad)和《奥德赛》(Odyssey)中的情节。保存至今现存于卡匹多利尼博物馆(Capitoline Museum)⑤的"伊利亚卡写字板"(Tabula Iliaca)经过鉴定,被认为是当年这些系列图画中的一幅。

第一阶段是学习阅读和书写。希腊的男孩写字用的是蜡板而不是石板。蜡板中间有铰链,可以折叠,蜡板表面微凹以免表层的蜡受到磨损。有时,蜡板可以折叠为三块或更多块。至于笔,他们使用的工具一端是尖尖的,可以在蜡板上刻写,另一端则是平平的,既可以用来擦拭写错的字,也可以将蜡板擦干净以备下次再用。这些蜡板可以从公元前 5 世纪的花瓶中学校上课的图画中看到。⑥ 后来,羊皮纸和莎草纸逐渐流行,取代了蜡板。线条用铅块刻,写字可以用墨水、芦苇笔或铅笔。这时,海绵开始作为板擦使用了。

柏拉图在他的《普罗泰戈拉篇》里对早期阶段的书写学习作过如下的描述:"如果男孩不知怎样书写,教师就会在蜡板上刻上线条,让学生按照线条方向书写。"⑦对柏拉图的这段话有不同的解释。有人认为,教师只是写了一些字母,然后让学生在下面照样抄写一遍。希腊表示教

85

---

① Alexis, *Linos* (in Athen. 164 B. C.). See Illustr. Plates. Ⅰ. A and Ⅰ. B.

② 古希腊盲诗人荷马创作的两部长篇史诗,又称"荷马史诗"。——译者注

③ Plut. *Alkib*. 7.

④ Herondas, iii. 83.96.

⑤ 卡匹多利尼博物馆(Capitoline Museum),在意大利罗马。以陈列历代教皇的珍藏为主,其中希腊—罗马时期的雕刻杰作颇多。——译者注

⑥ 见插图 1 号 A 盘。

⑦ Plato. *Protag*. 326 D.

师书写的单词是"ύπογάψαντες",但它也是另一个单词"ύπογραμμός"的派生词,意思是"抄写"。这种抄写方法一直沿用了下来。今天,英格兰学校还经常抄写"英格兰出口机器"、"德国种植葡萄"等短句。① 有人认为,学生抄写的句子本身毫无意义,只是包括了所有希腊字母:μάρπτε σφίγξ κλώψ ζβνχθηδόν。如果这种解释不错的话,那么一定是教师在蜡板上写上类似的句子,学生在句子的下面抄写一遍。另一种解释是,教师在蜡板上画上两条平行线,男孩必须在线内书写。正如英格兰学校常常使用的抄写簿一样。由于在希腊词汇中表示"线条"的单词"γραμμαί",其意思是"直线",因此这种解释也有依据。但是,另一方面,"ύπογραφή"作为"ίπογράφειν"的派生词,用于表示不完全规则的痕迹,如脚印。② 单词"ύπογράφειν"本身在希腊艺术中是个技术词汇,表示"先画草图,有待完善"的意思。因此,第三种解释是,教师先用笔浅浅地将字母的轮廓刻在蜡板上,然后,男孩用笔描着教师的字母刻写,使字母在蜡板上的沟槽清晰可辨。例如,在英格兰,教师可能先画出 | · |,然后让学生画两条斜线,把它变成字母"M"。这样,三种解释都有道理,都能站得住脚。也许,这三种方法教师都用,不同的学生用不同的方法。对初学者,他先将整个字母的轮廓写出,再让学生把字母描写一遍。接着,他逐渐减少帮助,直到学生能够自己在平行的线条内书写字母。最后,学生可以脱离平行线条的帮助自由地书写。柏拉图有意描述得模糊,实际上包括了整个过程。

字母按行列排列整齐,一个紧挨着一个。没有标点和重音符号。单词之间也没有空格。书写教师(writing-master)可能还在蜡板上为学生画出横向和纵向的线条。在多罗里斯(Douris)③的一幅花瓶画里,一

---

① In Clement of Alexandria, who gives two others. *Strom*. v. 8(p. 675, Potter). A writing copy set by a master, though not of the alphabetical kind described by Clement, is actually extant on a wax in the British Museum(Add. MS. 34, 186). It consists of two lines of verse written out by the master and copied twice by a pupil.

② Aeschylus. *Choeph*. 209.

③ 多罗里斯(Douris),古希腊雅典画家,擅长花瓶画,作品在公元前500—公元前460年非常流行。——译者注

87 位教师助手正拿着笔在蜡板上书写，一个男孩站在他的前面。① 这位教师助手也许正在抄写什么或者正在纠正学生练习中的错误。在他的上方，悬挂着一把用来在蜡板上画线的尺子。男孩的身后坐着一位蓄髭的男子，他的手中拿着一根教棒。这位男子也许是教仆。全班男孩显然是一个一个轮流上前取回自己的作业或者是轮流递交作业。同时，其他学生在练习自己的书写。值得注意的是，画面上既没有课桌也没有其他桌子，因为希腊人的书写蜡板是放在膝盖上的。

一旦掌握了一些书写技能，男孩就要进听写班学习。在听写班，教师读，学生写。② 当然，开始的时候，听写的是简单的单词，听写的量也不大。但是，后来就要听写成段的诗歌和一些作家的作品。听写有时要用墨水和羊皮纸。因此，埃斯钦斯似乎准备了上学用的许多"墨水"。③ 高年级的学生往往还追求书写的速度、字体的风格和美感。④ 他们也许还学习如何书写花体字母。书写的速度自然也要教，因为听智者和哲学家讲座时一般情况都要记笔记，练习书写速度就是为了这一目的。为了快速记录，儿童还要练习草体字。草体字完全是为了记录的需要。因为希腊人除了在公共机构担任书记员之外是不需要书写什么的。

在希腊，学习阅读是一件困难的事情。因为这一时期，书籍使用的都是大写字母。由于单词与单词之间没有空隙，也没有标点符号。阅
88 读者必须经常练习，掌握规律后才能读懂句子的意思。对于男孩们来说，更困难的是掌握阿提卡重音，而这恰恰是教师特别重视的。也正是因为这种困难，所以，很少有外国人能够学会阅读希腊文。甚至一个在本地出生的雅典人，如果他在国外生活几年，他也会失去讲一口流利的阿提卡语调的希腊语的能力。学习阅读的第一步是掌握字母表。希腊人为了尽可能将学习变得容易一些，他们将字母表编成韵文。带有韵律的字母表应当归功于与伯里克利同时代的卡里亚斯（Kallias）。这种

---

① 见插图 1 号 A 盘。

② Xen. *Econ*. xv. 5.

③ Demosth. *de*. *Cor*. 313.

④ Plato, *Laws*, 810 A（cp. the prizes for calligraphy in Teos）.

字母表保存了下来,不过残缺不全。人们采用不同方法试图复原它,结果还是难以完全令人信服。也许这种韵律适用于不同的字母系统。当时的希腊不同地区流行不同的字母系统。下面是根据猜测恢复的一组字母表。

έστ' ἄλφα, βῆτα, γάμμα,δέλτα τ;̓ εἶ τε,καί

ζῆτ;̓ῆτα,θῆτ;̓ἶωτα,κάππα,λάβδα,μν̂,

νν̂,ξεῖ,τὸ ον̓,πεῖ,ῥ̔ω,τὸ σίγμα,ταν̂,το ν̔,

πάροτα φεῖ τε χεί τε τω̂ ψεῖ εις τὸ ω̄.①

　　这种在现代希腊语中出现的由 24 个字母构成的字母表一直到公元前 403 年才被官方认可。"但是,有一点可以肯定,那就是雅典民间在此之前早已使用这种字母表了。"②

　　这种带有韵律的字母表为一种被称作"缀字剧"的学习活动提供了基础。在学习字母的过程中,儿童可以通过朗诵或合唱的形式来学习拼字。由于带韵律字母表的创始人的合作者施特拉蒂斯(Strattis)是一位喜剧诗人③,因此,可以推断,儿童演出的"缀字剧"一定是喜剧而非悲剧。那时,合唱曲的数目应当是 24 个。每支曲子代表 24 个字母中的一个。在第一首合唱曲中,字母按顺序成对排列。其中,第一节是这样的:

| Beta | Alpha | BA |
| Beta | Ei | BĔ |
| Beta | Eta | BĒ |
| Beta | Iota | BI |
| Beta | Ou | BŎ |
| Beta | U | BU |
| Beta | O | BŌ④ |

① Athen. 453 d.
② Giles' *Manual of Comparative Philoslogy*,§ 604.
③ Athen. 453 c, d.
④ 在雅典发现的一块赤陶碎片,上面有字母:αρ βαρ γαρ δαρ ερ βερ γερ δερ。这些字母可能出现在同一本拼写书中。也许这块碎片是教室墙壁的一部分。quoted by Girard,p. 131.

在合唱曲的字母"伽玛"（Gamma）节中，也有 7 个元音成对排列。其他字母也都同样如此。唱歌时，在悦耳的音乐伴奏下，合唱队每个成员身着带有一个醒目字母符号的衣服，按规定的姿势和要求成双成对站立。这样，在第一排站着的是 Beta 和 Alpha，在第二排站着 Beta 和 Ei。以此类推。合唱之后，有一个专门关于长短格诗歌中元音的讲座，合唱队成员一个接一个地跟着演讲者学习发音技巧。在这种带有情节特点的缀字剧中，毫无疑问，主要的兴趣还是拼写。剧中安排有描绘字母形状的情节，要求听众去猜字母。这种字母游戏在当时的雅典十分流行。因为欧里庇德斯、阿加索恩（Agathon）和西奥德科特斯（Theodektes）①都运用过这种方法。他们三个人通常采用的字谜是单词"Theseus"。

欧里庇得斯有一段关于这种缀字剧中猜字谜的介绍，我们可以这样翻译：

第一个字母，先用圆规画出一个圆，中心标志要明显；

第二个字母，两条直线竖起来，半腰有条连接线；

第三个字母，长得样子像卷毛；

第四个字母，一条直线竖着，三条横线交织着嵌于其中；

第五个字母，形状描述很困难：两条直线像台柱，第三根柱子是斜线。②

按照同样的原理，索福克勒斯在他的讽刺剧《阿姆菲亚劳斯》（Amphiaraos）中③，让一位演员用舞蹈来表现字母的形状。④ 伯里克利时代的雅典似乎十分热衷于这样一种缀字学习活动。当然，那时的听众一定十分熟悉字母，否则这种活动不可能如此流行。

---

① 此三人都是古希腊悲剧作家。其中，欧里庇得斯是古希腊三大悲剧作家之一。——译者注

② 第一个字母是"Θ"（读音：西塔）、第二个字母是"H"（读音：艾塔），第三个字母是"Ξ"（读音：克西），第四个字母是"B"（读音：贝塔），第五个字母是"N"（读音：纽）。——译者注

③ 阿姆菲亚劳斯（Amphiaraos），古希腊神话中的英雄。——译者注

④ Athen. 454 f.

卡里亚斯的剧本是这种快乐阅读书籍的始祖。他将学习拼写的过程变成戏剧表演，既丰富了许多雅典男孩的遐想力，又使他们牢牢地记住了这些难以掌握的字母。人们甚至可以推测，一些富有创造性的学校采用了他的方法。拼写课程往往要配乐学习，也许还伴以舞蹈。① 卡里亚斯的音乐抑扬顿挫，受到广泛赞扬，与外界人们所了解的英国寄宿学校的那种风笛低音管的单调音乐完全不同。

现在，我们来回顾一下更多类似的诗境般的教学方法。柏拉图曾描述过一堂阅读课的教学："当男孩刚学完字母时，他们能很轻松地辨认出那些最短和最容易的音节，而且能够正确地回答有关的问题。但是，对那些较长和较困难的音节，他们还不一定熟悉，所作的回答可能是错误的。这时，最佳的方法是让儿童复习那些曾经学过的音节。然后，让儿童将其熟悉的音节中的字母与其弄错的音节中的字母进行比较，从中发现它们的异同。最后，将两类音节并列在一起，让儿童明白，虽然字母的组合不同，但相同字母的意思是一样的。"②

现在，让我们以英语为例作一说明。教师先在黑板上写下单词"SCRAPE"，然后让男孩们分辨单词中包含哪些字母。全班学生没人回答得出，因为单词太长也太难了。这时，教师在这个单词的旁边连续写下三个单词："APE"、"RAPE"、"CAPE"。这些单词的字母，男孩们都能正确地读出。然后，教师再写下"CRAPE"、"SCRAP"。接着，再过渡到"SCRAPE"。这时，男孩们能够轻松地认出单词中的字母了，因为他们已经掌握一些类似单词的相同字母了。"最后，他们学会了辨认出现在任何单词中的相同字母。"③

这样的教学方法是当时各个年龄段男孩学习拼写时普遍采用的方法。"当男孩开始学习字母时，都要回答单词中有什么字母的问题。"④这一阶段拼写学习也包含算术的学习，以培养学生运算能力。例如，学

---

① 这并非不可相信。据记载，希腊人甚至为法律谱曲，以便学得容易记得牢。

② Plato, *Polit*. 278 A, B.

③ *Ibid*.

④ *Ibid*. 285 c.

生需要回答这样的问题:某一个单词中包含多少字母?这些字母是如何排列的?[1] 有关算术的学习后文将进一步探讨。

92 　　由于当时书本的匮乏,男孩的阅读受到了限制。这时,教师就会口述一些诗歌,让男孩跟着他颂读,直至能够背诵。

　　"多罗里斯的杯子"(Kulix of Douris)给我们描绘了一堂有趣的阅读或复述课的情景。[2] 在一个高靠背椅子上,端坐着一位年长的教师。他手中拿着一幅画卷。画卷上刻着显然是从某个叙事诗诗人那里引来的诗句。但是,由于多罗里斯没有受过良好教育,因此诗句拼写的不正确,而且不押韵。在这位教师的面前,站着一个男孩。男孩的身后,站着一个成年男子。从场景判断,他可能是这个男孩的教仆。这位教师也许在口述这首诗歌,孩子在用心复述,也许这位男孩在听教师讲解。不过,这很可能是一堂阅读课的情景。教师和学生在读同一本书,但两人的姿势都不舒服。这是不可避免的。按照瓶画的原则,人物是不能正面描绘的,或者说人物应当从侧面来表现,画中的手稿还必须转过来才能看清楚。

　　这所学校的墙上挂着一幅卷起的手稿,手稿卷拖着一根线绳。墙上还挂着一个装饰性篮子,篮子是当做书箱使用的,里面放着手稿卷。有的时候,在一些花瓶上,人们可以看到正在读书的人物头顶上悬挂着的篮子。例如,大英博物馆的花瓶上面画着一个正在阅读长卷的女子。[3] 我们还可以注意到,教仆们两条腿交叉着,表明他们身份的卑微,因为这种姿势在当时的希腊是非常不雅的行为。

93 　　"男孩们掌握了字母之后,单词学习便开始了。这时,教师便在男孩座位旁边放一些经典诗歌作品让他们阅读,并要求他们背诵。教师为学生选择的诗歌包含着许多道德说教。诗歌中介绍和赞美的古代英雄人物会引导男孩敬佩并效仿英雄,使他们渴望成为英雄。"[4]值得注意

---

① Xen. *Econ.* viii. 14.

② 见插图 1 号 A 盘。

③ Case E 190.

④ Plato. *Protag.* 325 E.

的是,希腊男孩一开始学习就接触到了他们语言中的最佳作品。那个时候,没有专门的儿童寓言作为初期课程。即便是语法,在它被创造出来之后,也是放到稍后阶段才学习的。男孩们被教师径直领入了文学殿堂。

雅典教师引导男孩学习民族文学作品的方法是有差异的。大多数教师认为,一个受到良好教育的男孩应当熟悉所有的诗歌,包括所有的喜剧和严肃作品。他们主张,在阅读教学时,男孩们应当有机会聆听到大部分诗歌作品,并有机会去学习它们——实际上,男孩们要背下所有作品。① 少数教师则主张,挑选出一流的作品,②"辞藻绚丽的段落"以及一些完整的演说,③将它们编辑在一起,让学生去背诵。柏拉图赞成,按照严格标准小心翼翼地选择供学生阅读的作品。因为在他看来,文学作品中虽然有许多好作品,但也有不少坏的作品。④

当然,《荷马史诗》是文学的主要学习内容。从早期开始,"荷马就在青年人的教育中具有崇高的声望,扮演着重要的角色"⑤。《伊利亚特》和《奥德赛》中的大部分内容都要求背诵。色诺芬著作中的人物内克拉托斯(Nikeratos)说:"我的父亲希望我成为一个好人,强迫我学习荷马的所有作品;现在,我可以毫不费力地背诵完整的《伊利亚特》和《奥德赛》。"⑥这种巨大的教育成就无疑得到了叙事诗的帮助。在雅典,"几乎每天"都可以听到诵读《荷马史诗》的琅琅读书声。⑦ 希腊人从不让他们的伟大诗人受到忽视,或者让他们沉寂较长一段时间之后再"复活"。荷马在人们的心目中是无所不能的教师,尤其擅长教授勇气与道德。内克拉托斯说:"我想,你是知道的,荷马,这位世界上最聪明的男

*94*

---

① Plato, *Laws*, 811.

② τὰ κεφάλαια- a phrase used in later times for "commonplaces," "topics," which suggests that these selections were of that sort.

③ 正像今天从莎士比亚作品中挑选出一些著名演讲来"背诵"一样。

④ Plato, *Laws*, 802, 811.

⑤ 伊索克拉底(Isokrates, *paneg.* 74 A)说,学习这些内容是为了让男孩们憎恨野蛮人。同样,英格兰男孩学习《亨利五世》是为了使英格兰男孩不喜欢法国人。

⑥ Xen. *Banquet*, iii. 5.

⑦ *Ibid.*

人,写的书涉及人类的方方面面。所以,不论你希望从事什么工作,当房东,或者当演说家,或者当将军,或者希望成为像阿奇勒斯(Achilles)、埃阿斯(Aias)、涅斯托尔(Nestor)和奥德修斯(Odusseus)[①]那样的人,都可以去找荷马。"[②]接着,内克拉托斯举例说明诗人如何教授驾驶双轮马车竞赛的故事。阿里斯托芬[③]引用埃斯奇勒斯(Aeschylus)[④]的话说:"神圣的荷马为何能赢得荣誉和声望?那是因为他教授了军队如何操练,鼓舞了士兵的勇气和提高了部队的战斗力。他使许多人变得无比勇猛,其中包括已故去的英雄拉马库斯(Lamachos)[⑤]。我以他为例,描述了帕特洛克罗斯(Patroklos)[⑥]和雄狮般勇猛的特乌克洛斯(Teukros)[⑦]的勇敢行为,其目的是想唤起我的同胞们的勇气,在听到战斗号角声时去效仿他们勇敢战斗。"

这位伟大诗人的教学似乎不是那么学究气十足。男孩的注意力没有集中在荷马词汇的难度上。实际上,他们也许很少被词汇所困扰。正如现代读者发现的那样,原作的含义、韵律和美感并不取决于是否理解每一个单词。阿里斯托芬曾在一篇文章中举例说明了道理。[⑧] 他说,一位父亲要儿子解释《荷马史诗》一些晦涩词汇的意思,例如"άμένηνα"、"κάρηνα"和"κόρυμβα"等,由于没有上下文的背景,儿子无法准确说出这些孤立单词的意思。儿子这时反过来考他的父亲,要他父亲解释梭伦法律中某一个远古的条文。他的父亲同样不能回答。一位喜剧诗人[⑨]讲过类似的故事。一位厨师习惯用荷马语言下菜单,就像现

---

① 这四位都是《荷马史诗》中的英雄。——译者注

② Xen. *Banquet*, iv. 6.

③ Aristoph. *Frogs*. 1035.

④ 埃斯奇勒斯(Aeschylus,公元前 525—公元前 456),古希腊悲剧诗人,被称为"悲剧之父"。——译者注

⑤ 拉马库斯(Lamachos),伯罗奔尼撒战争中雅典将军。——译者注

⑥ 帕特拉克洛斯(Patroklos),《荷马史诗》中的英雄,阿奇勒斯的朋友,被赫克托耳(Hektor)杀死。——译者注

⑦ 特乌克洛斯(Teukros),《荷马史诗》中的人物。——译者注

⑧ From the *Banqueters*.

⑨ Straton (in Athen. 382,383).

代厨师喜欢用法文写菜单一样。滑稽的是,雇佣这位厨师的人自己不懂荷马的语言,因此不得不去查找这些用荷马语言命名的菜肴的意思。

在当时希腊社会,人们热衷于书面和口头解释荷马史诗中的寓言,其痴迷的程度使之成为一种时尚风气。毫无疑问,希腊学校的教育应当是受到这种社会风气影响的。

虽然荷马在希腊文学教育中占据第一重要的位置,但其他一流的诗人也未被忽略。可以说,所有伟大的诗人都被列为教育内容。"俄耳斐乌斯(Orpheus)①被用来学习礼仪和避免杀戮;慕赛俄斯(Mousaios)被用来学习医药和领悟神谕;赫西俄德被用来学习土地的耕作,以懂得春华秋实。"②赫西俄德的著作也许更像是一本神学手册而非一本农业指南。在《工作与时日》(Works and Days)③中,赫西俄德对珀塞斯(Perses)提出的道德准则很可能也受到教师们的欢迎。公元前4世纪,喜剧诗人阿莱克西斯(Alexis)曾开列出一份令人感兴趣的学校图书馆书单。④ 除了先前提到的俄耳斐乌斯、赫西俄德和荷马之外,还有埃皮查莫斯(Epicharmos)和描写波斯战争的叙事诗作者乔伊里洛斯(Choirilos),以及那些被统称为"悲剧"的作品。这些悲剧作品也许是从伟大悲剧作品中挑选出来的一部分。我们可以从柏拉图的批判中看出,埃斯奇勒斯和欧里庇德斯的作品一定是当时学校教育的重要学习内容。我们还知道,在雅典,人们是期望有身份的人能够在正餐聚会时背诵他们作品的。据此,我们可以判定,雅典的有身份的人求学时一定背诵过这些作品。在特奥斯,由于"悲剧"和"喜剧"这两个单词含义模糊,男孩们在背诵时往往将它们作为同义词使用。当时,各种版本的道德格言也很流行。其中一本《切伊罗恩箴言》(The Precepts of Cheiron),可能是智者森陶(Centaur)教他的学生阿奇勒斯背诵的。赫西俄德作了文字润色,使它富有韵律,朗朗上口。在德国柏林展出的一

① 俄耳斐乌斯(Orpheus),希腊神话中的歌手,善弹琴。据说,所弹音乐能感动鸟兽木石。——译者注

② Aristoph. Frogs,1032.

③《工作与时日》(Works and Days),赫西俄德(Hesiod)作品。——译者注

④ Athen. 164.

个花瓶上，人们可以看见，画中的三个男孩显然兴趣盎然地在背诵。特奥金斯（Theogins）保存下来的诗歌通常被认为是用作学校教材的作品，其中不少内容明显修改过。叙事诗人的作品是在弦琴学校学习的，这一情况我将在后面讨论。

阿莱克西斯也提到，学校图书馆"收集了当时所有的散文作品"。但在这些作品中，他唯一记住书名的是一本由西莫斯（Simos）撰写的有关烹调的书。这不是为了强调藏书丰富而有意地开个玩笑。不过，在雅典的学校中当然不会有这种书。伊索（Asope）的一本诗歌学生在学校里也许都读过。因为那时候，没有读过伊索著作或者不能引用伊索著作是一种无知的表现。① 一些道德方面的著作，例如，普罗狄科（Prodikos）的《十字路口上的赫拉克勒斯》（Choice of Herakles）等可能也是学校中的流行读物。柏拉图著作中的路西斯案例（the case of Lusis）表明，一些古代自然哲学家的著作也可能是当时学校中的读物。毫无疑问，学校图书馆藏书的种类会因教师的兴趣而异。教师的自由选择会形成学校藏书的特点。但是，总的来说，初等学校里所藏的散文作品不大会有什么明显差异。部分原因是这一类作品通常太专业，更重要的原因是希腊人看重诗歌散文的艺术和文学魅力，认为这些作品所展现的美感和充满的想象力可以为教育目的服务，其价值大大超过了诗歌本身的价值。需要记住的是，当男孩们在背诵荷马、埃斯奇勒斯和欧里庇德斯等人的作品时，他们往往伴以表演，通过大量的手势和戏剧化的台词来叙述作品中的故事。几乎每天进行的叙事诗背诵以及大量的舞台表演，为男孩们学习表演提供了丰富的效仿资源。当时的希腊民族是个非常敏感和具有同情心的民族，整个民族都具有表演家的素养。叙事诗吟诵者伊翁（Ion）告诉柏拉图，当他背诵荷马史诗时，他的眼睛会充满泪水，头发也会竖立起来。这些为我们现代读者提供了一幅画卷，让我们了解了当年雅典男孩背诵的情景。对当时学校中盛行的诗歌表演化做法，我们还可以从柏拉图的强烈批评中感受到，柏拉图认为，这种诗歌戏剧表演对儿童个性发展的危害很大。有关这一问

---

① Aristoph. *Birds*, 471; *Wasps*, 1446. 1401.

题，我们还将在其他章节讨论。

学校的教室被用来作为演讲的场所，青少年也可以旁听。也许，还在另外的时间专门为男孩安排演讲。一位叫做希皮亚斯（Hippias of Elis）的漫游的教师，有一天碰到了苏格拉底（Sokrates），便邀请他去学校听演讲。从演讲的题目看，显然是专门针对青少年的。[①] 根据希皮亚斯的描述，特洛伊城陷落后，纽普特奥莫斯（Neoptolemos）向年长的智者涅斯托尔询问，什么是善良正直的行为，什么样的生活方式可以使青年赢得声誉。在回答这些问题时，涅斯托尔提出了许多良好的行为准则。在此之前，希皮亚斯自己曾在斯巴达发表过演说，赢得过暴风雨般的掌声。这次，他对苏格拉底说："我后天要到菲德斯特拉特斯学校（school of Pheidostratos）去演讲，按照阿佩曼托斯（Apemantos）的儿子尤迪科斯（Eudikos）的请求，演讲时要讲些有价值的思想。请你一定来，并带一些知音来。"毫无疑问，这是一次有关生命职责的小型演讲会，非常类似于普罗狄科那篇《十字路口上的赫拉克勒斯》著名演讲，如果菲德斯特拉特斯学校学生能准时到会听讲的话，那一定会受益匪浅。

在一幅保存下来的图画中，两位身着无袖衫的雅典学校校友之间的对话很有意思。[②] 在学校的晚宴上，一位客人对苏格拉底说道："我刚才看到你了，苏格拉底。刚才在文字学校，你和克里托布勒斯紧挨着坐在一起，在一本书中寻找什么。"

有文献表明，雅典人个个都是起绰号的高手。[③] 据此推测，雅典学校的男孩特别擅长此道。最近，在《赫容塔斯笑剧》（the third Mime of Herondas）第三卷，人们发现了一幅生动地描绘学校生活的绘画。根据日期判断，它属于亚历山大时期的作品。但其中许多细节表明，它与雅典学校的生活也十分相似。然而，不太令人相信的是，那时的雅典学校会用塞口物（gag）和脚镣作为惩罚的手段。

---

① Plato, *Hipp. Maj.* 286 B.

② Xen. *Banquet*, *iv*. 27. School friendship are also mentioned in Aristot. *Eth.* viii. 12; Aristoph. *Clouds*, 1006.

③ Athen. 242 d.

99    一位叫米特洛提米(Metrotimé)的母亲把她逃学的儿子科塔洛斯(Kottalos)带到老师拉姆普里斯科斯(Lampriskos)面前接受鞭挞。

米特洛提米:拉姆普里斯科斯,用鞭子抽他![1] 抽他的肩膀,直到他的邪恶灵魂出壳。现在罚他下跪已经无用了。你问为什么?因为他整天忙着玩猜单双的游戏,挥霍了我的希望。他甚至不知道文字学校的门在何方? 我30岁就要到了,除了眼泪却一无所获! 他的书写蜡板,我不厌其烦地每月为他更新,却静静地躺在墙角,很少被动过。如果偶然他打算写字,皱着眉头像哈德斯(Hades)[2],单词一个也拼不对不说,蜡板却被涂抹得一塌糊涂。他一个字母也不认识,除非你歇斯底里地喊上20遍。前天,他的父亲叫他拼写"Maron",这个淘气鬼却写成"Simon"。送他上学真是作了一件蠢事。他应当去喂驴。有一次,我们要他背诵一篇儿童读物的片断,他的背诵就像水流经裂缝,断断续续,结结巴巴。他会先说出"阿波罗",然后停顿一下,才能说出下一个单词"猎人"。

这位可怜的母亲继续不停地诉苦说,责骂已经对孩子不起作用。如果她责骂孩子,孩子就会迅速跑到祖母那里寻求庇护,或爬到屋顶上像个猿人一样坐在那里,把屋顶的瓦片弄碎,让父母心痛不已,因为瓦片十分昂贵。

然而,他知道每个月的7号和12号放假,假期时他整夜不睡,好像他在数着星星沉浸在梦幻之中。遥远的缪斯诸神希望你能成功,狠狠抽他直到他求饶。

拉姆普里斯科斯:您说得对。来啊,尤西亚斯(Euthias)、科卡洛斯(Kokkalos)和菲洛斯(Phillos),把他扛起来往前走。[3] 我的孩子,我来教你怎样学习。把我的鞭子拿来,那条打人很疼的牛尾鞭。

100

---

① 这里是意译的,其中省略了一大段。

② 哈德斯(Hades),希腊神话中主宰阴间的冥王。——译者注

③ For a picture of such a fogging see p. 599 of Bury's *Roman Empire*.

科塔洛斯：看在缪斯份上，不要用那根鞭子。

拉姆普里斯科斯：可以，但你不能再那样淘气了。

科塔洛斯：噢，你准备抽我几下？

拉姆普里斯科斯：这得由你母亲决定。

米特洛提米：打得你皮开肉绽，忍受不了为止。

科塔洛斯：那住手吧。已经够了。

拉姆普里斯科斯：你应当迷途知返了。

科塔洛斯：我向你保证，不会再那样了。

拉姆普里斯科斯：不要油嘴滑舌，否则我把你嘴巴堵起来。

科塔洛斯：我不说不说，请你不要杀死我。

拉姆普里斯科斯：把他放下来吧，孩子们。

米特洛提米：不，用鞭子抽他直到太阳落山。

拉姆普里斯科斯：为什么？他身上的鞭痕已经像水蛇一样斑斑驳驳了。

米特洛提米：好吧。既然他已经知道好歹了，那就少抽几下，抽 20 鞭吧。

科塔洛斯：是。

米特洛提米：我现在回去取一副镣铐来。我们的缪斯女神将看到藐视她的人戴着脚镣蹒跚而行。

在雅典，男孩到了一定年龄便要学习稍有难度的算术。柏拉图在《理想国》和《法律篇》中将这一学科的学习推迟到 16 岁。在《法律篇》[①]中，柏拉图说："一些问题仍然值得讨论，首先是读写的问题，其次是弦琴的问题，最后是实用算术——我认为，它们对于战争、家务安排以及政府工作都是极为需要的。"他认为，他的理想国中的公民也需要足够的天文学知识来了解历法。在这一段文字中，柏拉图明确地把实用算术与音乐联系在一起。他还进一步强调，弦琴的学习应当从 13 岁开始，持续至 16 岁结束。此后，到 17 岁结束之前，还要学习算术、重量和

*101*

————————

① Plato, *Laws*, 809 c.

测量以及天文历法。这种课程是柏拉图为他的理想国自由民男孩设计的。在他的理想国中,他只教育少数挑选出来的男孩子。男孩们 18 岁之前要学完一套抽象的和理论的数学课程、数论、平面几何和立体几何、动力学与和声学。这样,他就提到了两种数学,一种是实用的和具体的,希腊语叫"λογιστική"①,主要用于商业,另一种是理论的和抽象的,希腊语叫"άριθμητική",这两种数学的学习在 18 岁之前都要完成。

但是,我们不能因此假定,这些课程就是雅典教育的实际课程。哲学家探讨的是他的理想国家的教育。在理想国里,教育可以按照理论上的最佳模式来安排。不过,雅典的实际情况并非如此。雅典男孩可能在任何时候被叫到账房和农场干活。而且,有的也可能刚刚学会读写就离开了学校。再者,柏拉图是毕达哥拉斯学派(Pythagorean)的信徒,认为将数目学习放在音乐学习之后是适当的。他的多利安人的情感使他将教育划分成明显的三个阶段,每个阶段只教授一种学科。这种安排,正如我已经说过的,在雅典并没有响应者。

可以说,即便在那时,人们对待柏拉图的教育制度的态度也是小心谨慎的。很有可能的是,在初等文字学校里,简单的实用数学是包括未来的商人和手工匠在内的所有公民要学习的科目,这些内容不是后来由另外的学校来教授的。但是,有没有证据来证明呢? 当然有。柏拉图在他的《法律篇》中就提出,未来的建筑工匠在孩提时期就应当摆弄玩具砖头,学习重量和测量。② 柏拉图的建筑工匠不可能等到 16 岁才学习算术。在同一本书中,他还引用埃及的例子作了说明。在埃及,"相当一大批儿童在学习读写的同时学习算术"。接着他介绍了教学的方法。现在,《法律篇》中的埃及是理想的教育家园的代表,一种教育的

---

① The distinction between λογιστική, reckoning up and comparing numbers, chiefly in bills and the like, practical arithmetic, and άριθμητική, theory of numbers, is noted in Plato, *Gorg.* 451 B.

② Plato. *Laws*, 643 B. C.

乌托邦。在柏拉图的另一篇文章中，①普罗泰戈拉（Protagoras）②批评他的智者派兄弟："把学生引向倒退，违背他们的意愿，把他们重新套入他们刚刚逃脱的科学的绳索——实用算术、天文、几何和音乐。"为什么会说智者是想"让学生倒退回他们刚刚逃脱的科学牢笼呢"③？那么，在14岁之前，他们是在哪儿学的这些科目的呢？只能有一个解释，是在学校里学的。那么，智者们教授的内容对男孩们来说一定是新的东西，否则他们就不会花钱来学。智者派教授的确实是新内容，因为他们教授的内容属于高级和理论阶段的。这些内容在《理想国》中出现过。而初等学校教授的算术、重量、测量和历法的内容是简单的和具体的。根据《法律篇》，这些内容也是每一个雅典人都需要掌握的。根据这些可以判断，雅典男孩像柏拉图心目中的埃及男孩一样，学习简单的算术、重量、测量，也许还有历法，"同时，还学习文字"。

103

色诺芬的文章中有两段引文与这种观点吻合。虽然其观点并未明确表达，但其中隐含的意思是明显的。第一段是这样表述的，④所有识字者都知道"Sokrates"（苏格拉底）单词中有多少字母，它们又是怎样排列的。第二段说，⑤在教学过程中，常常会提出两个紧密关联问题："如学习字母时，假定别人问你'Sokrates'单词中有多少字母？它们是哪些字母？……又如学习数目时，假定提出的问题是5的2倍是多少？"这两句文字显然表明，当时的字母学习包含着简单的计算内容。第二个问题与乘法表密切相关。这似乎表明，当时的字母拼写学习包含着回答下列问题的内容："'Sokrates'有多少字母构成？"回答："8个。""字母R排在第几？"回答："第四。"人们也许注意到了，除了个别例外，这些古希腊时代的数字符号与现代的希腊字母表基本是一致的。

---

① Plato, *Protag*, 318 D.

② 普罗泰戈拉（Protagoras，公元前485—公元前483），古希腊著名智者。——译者注

③ So Theodoros in the *Theaitetos*.

④ Xen. *Econ*. viii. 14.

⑤ Xen. *Mem*. iv. 4. 7.

男孩们喜欢玩的游戏,例如,掷立方体的骰子和动物指关节骨,也同样需要数学能力。因此,结论就十分自然了:文字教师教授简单的算术,也许还包括重量和测量以及历法概要;音乐教师教学生音乐的练习;而数学、天文学和音乐理论则由智者传授。

简单的计算是通过手指来进行的。阿里斯托芬著作中的一个人物对他的学生说:"用你们的手指计算,不要用小石子。"[①]计算时挂在嘴边的一个词汇是"πεμπάζειν",意思为"用你们的五根手指计算"。将一个月分为3旬,每旬10天的做法可能与手指计算这个习俗有关。通过各种方法的设计,在手指上可以计算出较大的数字。在学习算术的时候,儿童也借助小石子来计算。在进行复杂运算时,通常使用一种专门的计算板(ἄβακος或ἄβαξ),在计算板上,小石子的价值根据它所处的位置而定。

5

| | | |
|---|---|---|
| ○ | | 1000 |
| | ○○○ | 100 |
| ○ | ○○ | 10 |
| ○ | ○○○ | 1 |

3号盘:音乐学校场景

---

① Aristoph,*Wasps*,656.

　　这种教学板在雅典早期时代就有了,因为梭伦曾将廷臣的生活比作小石子,时而价值很高,时而价值很低。① 在公元前 4 世纪的一部喜剧中,剧中的一个人物要计算,②于是派人去取算盘和小石子。小石子被放在不同的沟槽中,分别代表个位数、十位数、百位数等,小石子的价值取决于它所在的沟槽的位置。如果它被放在教学板左面的沟槽中,那它价值就增加 5 倍。③ 各种各样的"πεσσοί"的游戏,有点类似弈棋,是在与教学板差不多的板上进行的。这些棋板叫做"ἄβακες"。当柏拉图用算术或数学证明这种游戏可以培养数学能力之后,④与"πεσσοί"相关的游戏数量便成倍地增加了。教学寓于娱乐和玩耍之中,男孩们兴趣盎然地学习数学,这在当时的雅典是十分常见的做法。同样,动物指关节骨的游戏也具有算术教学价值,《路西斯篇》中的男孩子整个假期都在玩这种游戏。每个男孩都拿着一大篮子指关节骨,每局之后,输家要将其付给赢家。这种游戏的数量也因为柏拉图将数学融入而成倍地增加了。⑤ 按照柏拉图的观点,这样可以激励学生学习算术。大英博物馆馆藏的两耳细颈罐绘画里有个表现学校的场景,其中有一个小袋子,通常是用来装指关节骨的。它们一定是被用来教授算术的。在另一个学校场景中,这个袋子与七弦琴和尺子放在一起。因此,小袋子显然是教学用具之一。

105

　　在介绍了希腊教育方法之后,人们自然就会假设:根据柏拉图的说法,是埃及人为他们的孩子设计了灵巧的方法使得简单的算术学习变

106

---

① In Diogenes Laertius, i. 2.10.

② Alexis (in Athen. 117 e).

③ An abacus of a very similar sort is still in use in China and Japan, even in banks. The "pebbles" are pushed to and fro, not in grooves, but on wires passing through the middle of them. Calculations can be made by this means with marvelous rapidity.

④ *e.g. Polit.* 229 D. πεττείαν ἡ ξύμπασαν ἀριθμητικήν.

⑤ Plato, *Phaid.* 274.

成了游戏。① 但实际上这种方法在阿提卡已经使用了。其中一个方法②是这样的:例如,教师拿来 60 个苹果。第一次,他将苹果分给两个男孩,让他们数各自苹果的数量,结果知道每人得 30 个;接着,他将苹果分给 3 个孩子,每人 20 个;再接着,分给 4 个孩子,每人 15 个;分给 5 个孩子,每人 12 个;最后,分给 6 个孩子,每人 10 个。这将有助于孩子了解因数的规律。又如,在人数 9 个人的班级里安排一场真实的或假设的拳击或角力,③如果每个男孩必须和其他男孩一一对决,或者在比赛中采用回合制和奇数者晋级制度(bye),男孩马上能根据自己的经验算出自己要打多少场比赛。这种游戏可以教给男孩数的排列和组合的能力。

还有一种方法,上课时,在有的碗中混放一些金、银或铜币,在有的碗中则单独放一种。将碗在班级传递,让每个男孩数一数。之后,在有的碗中加一块,或在有的碗中减一块,再数数。这样几个轮回下来,学生就学会了钱的加减计算,同时对城邦的货币也有了清楚的了解。

柏拉图对算术教育价值的印象十分深刻。他说:"有算术天赋的人学任何其他学科都比较快,甚至那些算术天分不高的人也可以通过学习算术使他们的一般智力增长许多。"④"没有哪个教育的分支学科能像算术这样在家务管理、政治、各种艺术和手工艺、科学和各种专业的准备中具有如此价值;它是最神奇的学科,它能激活呆滞的、处于休眠状态的大脑,使大脑兴奋起来,变得活跃和敏锐。"⑤

至于一些年龄大的男孩学习的高级水平的数学,后面的中等教育章节中将会涉及。

---

① Plato, *Laws*, 819 B.

② The restoration of this process rests on Athen. 671; the other two are purely conjectural.

③ Suggests at once Hellenic, not Egyptian customs.

④ Plato, *Rep*. 526 B.

⑤ Plato, *Laws*, 747.

音乐学校教授的主要的或唯一的乐器是七弦琴,[①]此外还有一个最初用龟壳制作的共鸣板(sounding-board)。[②] 七弦琴可能用手弹奏,也可能用"琴拨"或类似琴拨的东西弹奏;男孩路西斯(Lusis)这两种方法都学会了。[③] 男孩们也要学习如何转动琴轴去调整琴弦的松紧,使琴弦处于最佳状态。男孩的琴是从家里带来的。上学和放学时,教仆拿着琴跟在男孩后面。在教师看来,这种由教仆拿琴的规定是聪明的,因为男孩们太小,弄不好会把琴损坏了。[④] 像弹奏钢琴一样,弹奏七弦琴需要轻轻的接触和灵活的手指,只有经过不断的练习才能达到这样的水平。[⑤]

在弦琴学校学习,学生自然要交学费。乐器的学习不可能按班级进行教学。花瓶上的图案很清楚地表明了这一点。教师面前只坐着一个男孩。师生手里都拿着琴,他们边弹边唱。有的时候,他们在琴弦上拨出一串音符来替代歌词。在编号 4 的盘子上,左边的人中,一个男孩手里拿着琴正走上前来,因为轮到他学了。在他的身后站着一位教仆。教仆斜靠着书桌,眼睛却看着他的小主人。在右边,一个男孩正在收拾长笛盒子准备离开。在墙角,另一个男孩正在卷自己的斗篷,等着轮到自己上课。在编号 3 的盘子上,一位教师正在弹奏一把单弦乐器(barbitos),显然在唱着什么,旁边的学生吹着长笛。左边的一位长笛教师自己在吹奏,一位学生手里拿着笛子准备离开。另一个学生手里拿着弦琴,正在等中间那位坐着的教师给自己上课,他正在逗着可能是小豹子的动物玩耍,[⑥]自娱自乐。这个情景与编号 4 盘子的情景十分相似。另一个宠物是一只小狗。它吠个不停,似乎不喜欢音乐。在右边,一位学生拿着长笛走到长笛教师的前面准备上课。在他的身后,跟着

---

① Technically speaking, this was the λύρα, the κιθάρα being a professional instrument which was not taught at school.

② 见插图 1 号 B 盘。

③ Plato, *Lusis*, 209 B. On Inscriptions there are separate prizes for the two methods.

④ Xen. *Econ*. ii. 13.

⑤ *Ibid*. xvii. 7.

⑥ Cp. British Museum Vase E 57, on which a man is leading a leopard by a string.

一个青年人,他也许是平时那位教仆的哥哥,临时替换他的兄弟,也许他只是一个崇拜者。在后面的场地上,坐着一个吮着大拇指的小孩,他也许是哪位学生的兄弟。按照亚里士多德的建议,他来这里主要是旁听,虽然年龄还太小不能学习。

4 号盘:弦琴学校

　　一旦学生学会如何弹奏弦琴,教师就会教他们弹奏伟大抒情诗人的作品。① 文字学校是不会教授它们的。这些作品被谱曲之后,男孩们会边弹边唱。雅典的每一位有身份的人都希望外出参加宴会时能如此表现。然而,这种风俗在伯罗奔尼撒战争期间未能流行下去。在《云》(Clouds)②中,年老的斯特普西亚德斯(Strepsiades)要他的儿子菲底皮德斯(Pheidippides)拿出弦琴弹唱"西蒙尼德斯(Simonides)③的歌"时,他的这位时尚的儿子回答说,弹唱弦琴已经完全过时了,喝着红酒唱着歌那是女奴隶倚着磨石的所为。④ 这种成见是否持续了下去并对音乐

---

　　① Plato, *Protag.* 326 B.

　　②《云》(*Clouds*),古希腊阿里斯托芬的作品,写于公元前 423 年。——译者注

　　③ 西蒙尼德斯(Simonides,约公元前 556—公元前 468),古希腊抒情诗人。——译者注

　　④ Aristoph. *Clouds*,1356.

学校产生了影响,我们还不能断定。有的时候,客人会把自己的男孩带到宴会来唱歌:在《和平》(Peace)①中,英雄拉马库斯的儿子在作着吟唱《荷马史诗》的准备。而懦夫克里奥努莫斯(Kleonumos)的儿子已经准备了阿基罗库斯(Archilochos)②的歌。阿尔凯奥斯(Alkaios)和阿拉克里翁(Anakreon)也是人们喜欢的诗人。③ 人们还提到,克拉提诺斯(Kratinos)喜剧中的抒情部分也是宴会吟唱的内容。④ 毫无疑问,其他伟大喜剧作品也同样为人们所吟唱。当埃斯奇勒斯和欧里庇德斯作品中抑扬格部分(iambic)在餐桌前被人们诵读时,很自然就会假定,他们的歌曲也为人们吟唱。在《黄蜂》(the Wasps)⑤中,年老的底卡斯茨(Dikasts)吟唱着弗如尼库斯(Phrunichos)作品《西顿人》(Sidonians)中的合唱曲。一些古老的歌曲,例如,拉姆普罗克勒斯作品《智慧女神,城市的可怕掠夺者》(Pallas, dread sacker of cities)以及库底德斯(Kudides)《荡气回肠的呼喊》(A cry that echoes afar)等,在早期的时代都十分流行。毫无疑问,当时有大量符合教师鉴赏水平的作品可以吟唱。在音乐学校,雅典法律中有韵律的部分也被谱上曲调供儿童吟唱,这要归功于梭伦⑥以及卡隆达斯制定的法规,它们是雅典有身份的人饮酒时吟唱的内容。⑦ 男孩们在进入埃弗比时需要了解这些法律,而这些他们从音乐老师那里通过简易有趣的方法早已掌握了。虽然每个人都能进文字学校,但最穷的人是进不了音乐学校的。因此,是否懂得弹奏七弦琴便成为人们是否接受过自由教育的标志。"他不晓得怎样弹琴"成为未受过良好教育的人的代名词,表明他受教育的机会不如他的富人同胞多。我们发现一份为被告辩护的诉讼词,其中有这样几句话:

110

---

① 《和平》(Peace),古希腊阿里斯托芬的作品,写于前421年。——译者注
② 阿基罗库斯(Archilochos),古希腊诗人。——译者注
③ Aristoph. Fragment of *Banqueters*.
④ Aristoph. *Knights*. 526.
⑤ 《黄蜂》(*The Wasps*),古希腊阿里斯托芬的作品,写于前422年。——译者注
⑥ Plut. *Solon*, iii.
⑦ Hermippos (in Athen. 619 b).

他也许偷了东西，但他无罪，

因为他不懂弹奏七弦琴的方法。①

迪卡斯特（Dikast）说，他也没有学过弹奏七弦琴。因此，他所犯的一些愚蠢的错误也一定能被原谅。②

根据亚里士多德的说法，③公元前5世纪初，由于经济财富的增长和各种教育试验重要性的凸现，雅典人特别热衷于音乐的改革尝试。在音乐学校，乐器的各种演奏方法都被试验过。不过，在法庭那里，乐器弹奏方法是不允许变革的，法庭欣赏的是音乐的道德感染力。在所有的乐器中，长笛比较匮乏。有一段时间，长笛在雅典十分流行，大多数自由民都能吹奏长笛，但是其道德的影响力却不那么令人满意。它是野蛮时期宗教祭祀时使用的乐器，它能激起人的歇斯底里的、接近疯癫般的兴奋，④虽然希腊人认为，这种兴奋是一种有效的药剂，过一段时间发泄一下被压抑的情感，可以使人的精神长时间保持平静。但这种药剂对今天日常饮食有规律的男孩是不适合的。长笛有两个弊端。其一，它扭曲面孔，敏感的希腊人为此感到恐怖。⑤ 其二，它阻碍了嗓子的运用，因为男孩们不能边吹边唱，不像七弦琴可以边弹边唱。所以，雅典人认为，古老传说中的雅典娜女神由于厌恶而扔掉它是对的。长笛只适合佛里几亚森林之神（Phrygian Satyr）⑥，因为它要的不是智慧，而

111

---

① Aristoph. *Wasps*, 959.

② Aristoph. *Wapes*, 989.

③ Aristot. *Pol.* viii. 6. 11.

④ For this reason it was opposed to *Dorian* influences by Pratinas. It was excluded from the Pythian games (Pausan. 10. vii. s). Pratinas bids it be content to "lead drunk young men in their carousals and brawls."

⑤ Telestes, in his defence of the flute, could only retort that Athena, being condemned to eternal spinsterhood, ought not to be particular about her looks（Athen. 617）.

⑥ Phrygian，佛里几亚，小亚细亚中部一古国。Satyr，森林之神，古希腊神话中半人半兽的神，喜好娱乐耽于淫欲。——译者注

只是情感。①

　　这是亚里士多德的描述，也许他是对的。花瓶上音乐学校的场景表明，音乐学校是同时教授长笛和七弦琴的。显然，这两种都是流行的乐器。但是，这些花瓶的历史最远可以回溯到公元前5世纪上半叶，所以它们能够证明亚里士多德的描述是正确的。而且，长笛始终没有从乐器中消失。在音乐学校的常规乐器中，它是一个特例。据说，那些著名的雅典人，如卡里亚斯、克里提亚斯和阿几比亚德斯都演奏过长笛。②长笛在底比斯(Thebes)也很流行。③但是，在雅典宴会上，客人们自己通常只弹奏七弦琴。按照规定，长笛是由专业的长笛女孩吹奏的。④尽管从花瓶上的场景看，客人们自己有时也吹奏长笛。⑤也许雅典人的态度可以用"古代的谚语"来归纳：⑥

　　　　吹笛者的智慧从未驻留，

　　　　因为已被他自己吹走。

　　同时吹奏两根笛子是常有的事。在雅典的一个古墓中，曾发现一副笛子⑦和一把七弦琴。这副笛子大约有一英尺多长，上部有5个孔，下部有1个孔。每根各自有一个吹口。此外，吹奏者有时还带一种皮质口套，⑧但学校里没有这种情况。这副笛子放在带有斑点的皮制双笛盒子中。笛盒的一边有一个袋子，用来装口套，⑨还有一根细绳，不吹时用来悬挂笛盒的。这副笛子中的一根相当于高音部的乐器，另一根则

112

---

　　① Aristot. *Pol*. viii. 6. 11.

　　② Athen. 184 d. Plutarch, however, says that when Alkibiades' masters tried to make him learn the flute, he refused, declaring that it was unfit for gentlemen (*Alk*. ii. 5).

　　③ 底比斯(Thebes)，希腊古城。——译者注

　　④ Not a respected profession at Athens.

　　⑤ Brit. Mus. E 495, 64, 71.

　　⑥ Athen. 337 f.

　　⑦ Smith's *Dictionary of Antiquities*.

　　⑧ φορβεία. It belonged to professionals.

　　⑨ γλωσσκομεῖον.

相当于低音部的乐器。按照希罗多德的说法,一根是"男子",另一根是"女子"。高音的笛子在右边,低音的笛子在左边。① 根据停顿长短的不同,两根笛子可以吹奏出不同的和声。学习长笛和学习七弦琴一样,个人是要付费的。学习的时候,教师先吹一曲,接着由男孩重复一遍,教师在一旁点拨着。② 或者由教师一边弹着单弦乐器一边唱着,男孩用长笛伴奏。这种方法有两个优点。一是当孩子在演奏时教师也能弹奏,二是教师可以在演奏的同时进行指导,如果教师自己在吹长笛,这种指导教学就得停下。教师唱歌可以弥补长笛的一个主要缺点,因为希腊人对无意义的乐器音乐持反对态度,除非给它填上歌词。

　　除了首都之外,在阿提卡其他地方也到处可见音乐学校。冬天里,穿着单薄的乡村男孩会顶风冒雪前往音乐教师家里上课。对此,前面已有介绍。少数教师的姓名保存了下来。拉姆普罗斯(Lampros)教过诗人索福克勒斯。③ 苏格拉底建议尼克亚斯(Nikias)将自己的儿子送到著名的达蒙(Damon)那里学习。④ 因为达蒙"不仅仅是一流的音乐家,而且是男孩子应当与之交往的那种男子汉"。但是,音乐家是否一定开办过正规的音乐学校的情况尚不能确定。苏格拉底自己晚年时上过康诺斯(Konnos)的音乐学校,和男孩子们一起学习音乐。苏格拉底说:"我使我的音乐教师康诺斯丢脸了。他教我弹七弦琴,使我受到那些男孩子同学的嘲笑。他们称康诺斯为'白胡子老头的教师'。"⑤康诺斯教学时,其精力往往花在有希望的学生身上,对那些落后的学生他很少关注。⑥ 教师的这种态度在当时是常见的,但明显是不公正的。阿里斯托芬曾将克里昂(Kleon)的学校生活作了如下描述:"和克里昂一起上学的男孩们说,克里昂常常只将七弦琴调到多利安和声(Dorian

---

① See the "inscription" of the *Andria* and other plays of Terence.
② 见插图 2 号盘。
③ Athen. 20 f.
④ Plato, *Laches*, 180 D.
⑤ Plato, *Euthud.* 272 C.
⑥ *Ibid.* 295 D.

harmony）。最后，这位弦琴教师失去耐心了，让克里昂的教仆将其带走，并说，'除了多利安曲调外，他什么也学不会'。"①

　　哲学家们对待音乐的态度还将在其他章节讨论。柏拉图的观点可以用他以智者普罗泰戈拉口气所说的话作一归纳："音乐教师使男孩们的灵魂熟悉音乐的韵律与和声，使他们举止变得文雅优美，使韵律与和声沁入他们的心灵，从而使他们的演说与行动更容易获得成功。人类的整个生活需要美妙的和谐与节奏。"②亚里士多德的态度可以简要概述如下："音乐不像文字那样是一种必要的、有用的艺术，但为人们提供了高雅的有价值的休闲方式。"③

　　亚里士多德提到，在他那个时代，除了三门课程之外，另外还有一些素描和油画课。④ 虽然并不普遍，但也似乎不是到了公元前 4 世纪才开始出现的。在《理想国》和《法律篇》中，柏拉图在谈到其他教育科目时没有攻击和批评它。但是，绘画艺术在理想国中的重要性是如此突出，以至于哲学家们认为这与柏拉图以前宣传的观点大相径庭。值得注意的是，在第 10 卷中，有关艺术的观点是柏拉图后来的思想。我们是否可以这样推断，在柏拉图撰写其早期著作时，素描和油画尚未在学校中流行开来，但在他完成其伟大著作之前，素描和油画已经变得时髦了。

　　在伯里克利时代的雅典，艺术训练的可能性是存在的。可以作为例证的是，在《普罗泰戈拉篇》中，⑤小伙子希波克拉底（Hippokrates）⑥可能"去找他的雅典小伙伴佐格西鲍斯（Zeuxippos of Heraklea），每天和他在一起，希波克拉底的艺术家素质就提高一步"。在同一段对话前

---

　　① Aristoph. *Knights*. 987—996.

　　② Plato，*Protag*. 326 B.

　　③ Aristot. *Pol*. viii. 3. 7.

　　④ *Ibid*. viii. 3. 1.

　　⑤ Plato，*Protag*. 318 B.

　　⑥ 希波克拉底（Hippokrates，公元前 460—公元前 377?），希腊医生，有医药之父之称。——译者注

面的一节,苏格拉底说到,他的朋友可能会去找波卢克莱托斯(Polukleitos)或菲迪亚斯(Pheidias),付费学习雕塑。① 很早以前,大批跟着陶工做学徒的男孩一定学习过素描、设计和油画。但是,直到公元前4世纪中叶,艺术才成为与技术教育有明显区别的自由教育的一部分。

对于这个日期,普林利(Pliny)②在一篇文章中明确提到过。③ 根据他的观点,艺术的引进应当归功于马其顿(Macedonian)的帕姆菲洛斯(Pamphilos)。经他的提议,先是在希库翁(Sikuon),也就是他居住的地方,后来在希腊其他地方,自由民的男孩在学习其他科目之前首先要在黄杨木板上学习作画。这种艺术被排在自由艺术的重要科目之列。阿里斯托芬在他的《普鲁特斯》(Ploutos)④中提到了帕姆菲洛斯所画的普鲁特斯的肖像,这幅画出现在公元前388年。阿佩利斯(Apelles)⑤,也就是帕姆菲洛斯的学生,大约是在公元前350年出名的。帕姆菲洛斯本人似乎一直活到那个世纪末。希库翁学校引进油画的日期也因此能够确定,大概从公元前360年左右起,这种做法便流行希腊。到公元前300年,艺术已经成为常规的教育课程的一部分,这一点是确凿无疑的。因为可能生活在那个时代的哲学家特勒斯(Teles)曾提到,⑥男孩子的负担主要来自体操教练、文字教师、音乐家和油画家。在柏拉图老年时的著作《法律篇》中,⑦人们可以从所使用的专门技术词汇来追踪新型艺术学校的踪迹。他说:"这些艺术家男孩说了许多专业术语,如把它画出来(paint in)或把它涂掉(shade off)。"

---

① Plato, *Protag*. 311 C.
② 普林利(Pliny,公元23—79),又称老普林尼,古代罗马的百科全书式的作家,著有《自然史》。——译者注
③ Plin. *Hist. Nat.* 35.
④ 《普鲁特斯》(*Ploutos*),古希腊阿里斯托芬的作品,写于前388年。——译者注
⑤ 阿佩利斯(Apelles),公元前4世纪希腊画家。马其顿腓力二世及亚历山大大帝的宫廷画师。——译者注
⑥ Stob. *Floril.* 98, p.535.
⑦ Plato, *Laws*, 769. B.

希腊素描和油画的手法的资料几乎没有保存下来。帕姆菲洛斯和他同时代的人画了许多理想主义肖像画，取了许多漂亮男子和女子的优点，组成了一个尽善尽美的男子和女子。在希腊，当这种理想主义开始让位给现实主义时，所产生的变革对油画也产生了影响。艺术家们竭力在他们的作品中创造出真实的错觉，他们用椅子或桌子等静物作主题，把它们画得让人看起来像真的。他们得到了那一时期出现的透视法以及用透视法缩小的方法（foreshortening）的帮助。这种极端现实主义和家庭主题的油画与柏拉图的主张是背道而驰的，受到了柏拉图的攻击，柏拉图对这些油画痛恨不已，将它们斥为"赝品"①。在《理想国》中，他嘲讽道，理想主义的油画似乎已经被忘却了。不过，艺术学校的男孩是否受到这种变化的影响，整天只是画桌椅，这一问题尚不能确定。

当然，学生们既没有纸张也没有帆布供他们作画。通常情况下，他们使用白色木板，特别是黄杨木，因为它比较光滑。铅笔或炭笔是绘画的工具；海绵被用来替代橡皮用作橡皮擦。② 他们也许在蜡制的桌子上作画。其中一个程序叫"σκιαγραφία"，其意思是"画影子"，画出光线和阴影部分的轮廓。画面只有从远处看才可理解。柏拉图不相信这种方法，认为它是一种魔幻方法。③

画一般的画时，如水彩画或蜡画，④第一件事情就是画草图（ὑπογράφειν，περιγραφή），然后艺术家用颜料填充进去（ἀπεράζεσθαι）。画的时候，他时而端详着被画的实物，时而看看自己的摹本，不停地修改。毫无疑问，初学者要经常擦掉（ἐξαλείφειν）自己的画，重新画过。

---

① See *Rep.* x. 596 E, 605 A, etc. In the *Sophist*, 235 D, 266 D, etc. , Plato reserves his denunciation for φανταστική which crates illusions; he almost approves of εἰκστική. Idealised painting is hinted at in *Rep.* 472 D, 484 C.

② Aeschylus, *Agamemnon*, 1329.

③ Plato, *Theait.* 208 E.

④ 现代油画程序直到文艺复兴后期才开始运用。通常采用的是壁画法（fresco）。

　　亚里士多德在讨论艺术教育时注意到,①艺术教育能够赋予男孩欣赏艺术的眼光,也能够使他们获得购置家具、陶器和其他家庭用品的良好鉴赏能力。从发掘出的为数不多的文物来判断,有教养的雅典人家庭里一定有一些精美的大师作品。但是,更为重要的是,它赋予了男孩"欣赏人体美的眼光"②。这表明,人的形体,特别是人体的比例,构成了艺术学校主要的学习内容。人体比例是希腊艺术的基础。那些著名的雕塑家花费了许多时间草拟了人体精确比例的原则。男孩子可能在体操房里用小伙伴作为模特,他们从艺术教师那里学来的人体比例的原则会激励他们通过体操训练以使自己的身材更加健美。

---

① Aristot. *Pol*. viii. 3. 12.

② θεωρητικὸν τοῦ περί τὰ σώματα κάλλονς.

# 第四章　雅典和希腊其他地区的体育

众所周知,希腊人极为重视身体锻炼。毫无疑问,其部分原因在于希腊人那种强烈的欣赏人体美的愿望。同时,追求人体的美感也是他们努力进行体操训练的目的。但是,必须记住的是,对他们而言,使身体"处于良好状态"是基本目的。任何一天早晨,希腊公民都可能被征集参加抵抗入侵者的战斗,或被分派去劫掠敌人的领地。任何人都不能拒绝,除非理由十分充足。柏拉图曾生动地描绘过一个富人的情况:①这位富人过着悠闲奢侈的生活,突然一天应召为国服务。这个倒霉蛋戴夫斯(Dives)行军时,气喘吁吁,大汗淋漓。战斗打响后,他不得不去冲锋拼死作战,终于病倒在船上。当他气若悬丝、无助地躺着时,他的穷伙伴或聪明的伙伴还嘲笑和看不起他。这些伙伴个个"身材颀长结实,曾在野外生活过"。苏格拉底警告过忽视身体锻炼的埃皮吉恩斯(Epigenes),②身体不好可能遭遇风险。在战斗中,一旦撤退号响起时,他将被拉在同伴的后面,或者被敌人杀死,或者被敌人俘虏。通常,多数俘虏是终身为奴的,除非朋友为其赎身。同时,也存在理智和道德的风险。苏格拉底说道:"身体虚弱,会引起经常性的失忆,情绪低沉,脾气暴躁,甚至疯狂,以致理智的发展成为不可能。"要想做一个好公民,做一个好思想家,那身体状况必须良好。"让人们居住在野外,使人们享受男子汉的辛劳和欢乐,避开舒适的非男子汉生活",已经成为个

118

119

---

① Plato, *Rep.* 556. B—D.

② Xen. *Mem.* iii. 12. 1.

人和城邦的职责。① 根据神喻,年老的赫西俄德吟唱道:"汗水是男子汉美德的台阶。"②

　　重视各种体操训练活动是荷马时代以来希腊人的特点。最初,体操的目标在于促进人的身体匀称和健康,发展人的速度、力量和敏捷度。但是,正如埃及哲人所评价的,希腊人是一个儿童的民族——而这正是让他们着迷和感兴趣的——儿童们通常也很自然地最为关注的是身体。因此,体育运动走过了头,体育变成了自身的目的,不再仅仅是强身健体的手段了。专业的运动员变成了被宠坏了的孩子,由公费包养着,③身边围着一群崇拜者。除了参加他们所擅长的专门比赛,如拳击或角力等,多数时间,他们无所事事。这是一种具有毁灭性的倾向。希腊人热衷于成为优秀的体操运动员,而不再向往成为优秀的战士。④竞赛者,无论男孩或成年男子,为了获得一块伟大的奖牌进了圈子之后,就不得不放弃其他追求而过着一种十分悠闲的生活。⑤ 这些专业人员"整日睡觉,假如一旦稍有疏忽,生活偏离了精心设计的训练制度,他们就会得重病"⑥。因此,这些人如果当兵,他们将毫无用处。因为士兵要求能长时间不睡觉而反应毫不迟钝,要能够忍受酷暑和严寒的变化,能适应饮食变化而不生病。专业化甚至导致畸形的产生,长途奔跑会使腿变粗而使肩膀变窄。拳击使肩膀变宽而使腿变细。⑦ 盖伦(Galen)⑧认为,正是这种专业化,导致了希腊体育运动效用的衰落。⑨ 菲洛斯特拉

120

　　① Plato，*Phaidr*. 239C.

　　② Hesiod，*Works and days*，289.

　　③ Solon reduced this endowment to 500 drachmai for an Olympian victor，100 foe an Isthmian(Plut. Solon, 23).

　　④ Plut. *Luaest. Rom*. 40.

　　⑤ Plato，*Laws*，807 C.

　　⑥ For this their vast appetites were partly responsible. Milo and Theagenes each ate a whole ox in a single day (Athen. 412 f). Astuanax the pankratiast ate what was meant for nine guests (*ibid*. 413 b).

　　⑦ Xen. *Banquet*，ii. 17.

　　⑧ 盖伦(Galen,129—200),古希腊的医学家。他的医学理论对欧洲医学影响重大。——译者注

　　⑨ Galen, *On Medic. and Gym*. § 33(ed. Kühn. v. 870).

5号 A 盘:竞技场场景

5号 B 盘:竞技场场景:手持哑铃球和标枪的男孩;体操教练

托斯(Philostratos)①甚至指出,只有在过去的美好日子里,运动员的健康才未受到运动的伤害。他说,在那个时代,运动员的运动生命很长,

---

① 菲洛斯特拉托斯(Philostratos,160 或 170—244 或 249),古希腊智者。——译者注

一般要参加 8 次或 9 次奥林匹克比赛——保守一点说,他们的运动生命要保持 30 年或更长的时间。而且,他们也是一个优秀的士兵,正像他们是一个优秀运动员一样。后来,这些传统变化了。运动员不愿意作战了,变得迟钝了,娇气了,饮食奢侈了。按照医学的建议,用餐后应静坐一会儿才能运动,食物应当精细。也许从医学专业本身来说,这种建议并非是坏事,但它不适合运动员。贿赂在专业运动员中开始流行。高利贷者进入了训练学校,运动员借钱收买对手。① 早在公元前 4 世纪初,就有了关于贿赂的记录。②

即使在早期,对这种变了味的运动练习的批评也并不匮乏。批评始于色诺芬尼(Xenophanes of Kolophon)③。在一篇哀歌诗中,他写道:"如果一个男子在奥林匹克运动会赢得一次胜利……无论是在赛跑,还是五项竞技,或在角力或痛苦的拳击,或在被称为可怕的'角斗'中赢得一次胜利,都会得到同胞的敬仰。在比赛中,他会得到前排座位,饮食由公费支付,还会得到许多使他致富的礼物。即使他只赢得一场赛马的胜利,他也能得到所有这一切。然而,他的价值与我不可比拟。因为我的智慧要胜于男人和军马的力量。而且,这种对力量的褒奖超过对智慧美德的褒奖的风俗是愚蠢的,也是错误的。管理好城邦靠的不是优秀的拳击,不是靠五项竞技,也不是靠角力,或靠脚下的速度。这些是人的力量竞技中最值得荣耀的技艺,但不能用来管理国家。在奥林匹克获得的胜利只能给人带来一些快乐,因为它不能使整个城邦变得富有。"

我们再来看看平德尔的著作,以证明色诺芬尼是正确的。对于平德尔来说,在这个世界上,没有什么比奥林匹克的胜利更美好的东西了。作为运动员的后代,而且自己也是运动员——这本身就是人的成就顶峰和巨大幸福。平德尔的诸神要么是运动员,要么是运动的缔造

---

① Philos. *On Gymnastics*,54.

② Pausan. v. 21.10.

③ 色诺芬尼(Xenophanes of Kolophon,约公元前 570—公元前 470),古希腊哲学家和诗人。——译者注

者。男子汉真正的愿望通常可以通过他心目中未来国家的概念来判断。平德尔描绘的伊利西乌姆（Elysium）就与众不同。首先，他用出神入化的笔调描绘了这个城邦的美丽景色：

> 那个世界的阳光是多么灿烂，
> 它穿透黑夜使光明撒满人间；
> 城邦四周的草地上露水点点，
> 玫瑰花燃烧得犹如熊熊火焰，
> 树荫下硕果累累金光闪现，
> 芬芳让人迷恋……
> 所有的花儿都在尽情地绽放，
> 从不凋零到永远。①

在这个伊甸园中，已故者的灵魂是怎样打发日子的呢？"他们有的在骑马逗乐，有的在做体操，有的在饮酒。"②这就是平德尔心目中想象的最大幸福。

但是，欧里庇德斯不同意平德尔的意见。他谴责用太多的精力去从事体育运动。③"在希腊无数的疾病中，运动员的赛跑是其中最严重的疾病。……他们是自己口腹的奴隶和崇拜者。……年轻时，他们风光无限，受到整个城邦的崇拜。但是，当他们年老体衰时，他们就像一件穿旧了的衣服被扔在一旁。我诅咒希腊人的这种风俗，他们聚集在一起观看比赛，赋予毫无用处的快乐以荣誉。④ 有谁能够通过获得角力比赛的桂冠保卫祖国？或者因为奔跑的速度快、铁圈投掷得准、拳击打得凶狠，国家便安然无忧了？他们能用铁圈去套住敌人，用拳头去打击盾牌吗？聪明的人应当记住加伦德（Garland），因为记住他是有益处的。他凭着自己节制和公正的美德把城邦管理得井井有条，通过自己的演说制止了罪恶的行为，防止了冲突与暴乱。

---

① Pind. *Olymp.*
② Pind. *Frag.*
③ Fragment of *Autolukos.*
④ A very bold attack on the Olympian games, which must have caused a sensation in the theatre.

123　　　让我们再回过来看看,在大众诗人阿里斯托芬那里,人们可以听到热爱运动员的平民的声音。他们是谴责欧里庇德斯和他的智者朋友的,认为是他们造成了体育馆门可罗雀,使男孩只羡慕口才,不再重视身体的健美,一个个变成脸色苍白、蜗居室内的书呆子,除了饶舌之外一无所能。在《云》和《蛙》(Frogs)①里,诗人的态度反映的正是普通学童讨论怎么做学生的问题。

　　柏拉图的话也一直被作为权威引用来反对他那个时代运动员的。在《法律篇》中,他拒绝了所有缺乏严格军事意义的体操,而且,他像斯巴达人一样谴责"角斗"和拳击。在他的理想国家中,跑步时要身着全副盔甲,用标枪和长矛替代铁圈。这简直就是一些现代人的立场,他们要用射击和野营取代板球和足球。这场争论到亚里士多德这里可以结束了。亚里士多德对这种受过训练的专业人员的专门化是持谴责态度的。②

　　但是,在雅典,并没有出现像希腊其他城邦出现的那种对运动员的谴责。雅典公民广场(The Athenian Agora)里摆放了许多雕塑。这些都是将军和爱国者的雕塑,而不是运动员的,③这是雅典的习俗。在伯罗奔尼撒战争早期,雅典宪章的制订者④已注意到,民主已经将体操挤出时髦的行列。⑤ 他像平德尔及其王室的朋友那样,是一个贵族的政论家。他关心的主要是身体以及生命的外在美。在他看来,民主是平民的,平民是不可能将全部时间用来锻炼身体和欣赏音乐会的。可以肯

124 定地说,在那个时代的雅典,理智受到了崇尚和追求,而先前流行的绝对化的运动练习受到了冷落。这一点,阿里斯托芬曾经这样提到:在伟大的民主时代,公民的时间大部分用来为国家履职,如参加公民大会、在法院旁听审判或者参加海战和陆战。但是,体育运动也依然相当时

---

① 《蛙》(Frogs),古希腊阿里斯托芬著,写于公元前405年。——译者注
② Aristot. *Pol.* vii. 16. 13.
③ Lukourg. *ag. leok.* 51.
④ 〔Xen.〕*Constit. of Athens*, i. 13.
⑤ κατέλυσε must mean this, as in〔Andok.〕*ag. Alkibiades*, where that gentleman is said to be καταλύων τὰ γυμνάσια by his bad example.

髦,体育的"店铺(shop)"仍然是晚宴上的主要话题之一。①

体操运动通常集中在两个地方进行,一个是体育馆(Gymnasium),另一个是竞技场。这两个概念让人有点迷惑。前者包括可以用来比赛的一系列运动场地和建筑,它们围绕着一所像是现代公学的学校,包括足球场和板球场、跑道、跳跃的沙坑,还有五个院子等。后者通常与乡村学校的运动场差不多,只需要一块沙地以及足够的保护设施。这些建筑可能由小村庄付费维持,通常属于私人房屋。而"体育馆"则不一样,是花了巨资兴建的。公元前 4 世纪时,甚至在雅典这样的首府城市也只有三座,小城镇是没有能力修建的。体育馆是一个公共建筑,向所有人开放。体育馆里,经常挤满了各个年龄阶段的公民,他们或自己锻炼,或观看其他人锻炼。体育馆是当时流行的休闲和学习场所。智者在一些大厅里演讲,哲学家则在花园的树荫下教学。但是,对于希望按班级进行教学的教师来说,体育馆不是一个合适的场所。此外,偶然造访的陌生人也可以站在一旁听讲,无需付任何费用。因此,甚至在雅典,男孩们也是在不对公众开放的竞技场里学习的。② 小城镇和村庄里没有其他可以用来作为学习的场所。

男孩去体育馆上学是完全确实的。阿里斯托芬谈到过"一个招人疼爱的小男孩从体育馆放学回家"的情景。③ 安提芬(Antiphon)④在他的著作里提到,一些年龄大一点的男孩在投标枪,一个年幼的男孩本来站在观众席中观看,因为听到教仆呼喊,便向教仆跑去,谁知正好穿过标枪飞行路线而被击中死去。⑤ 如果阅读《竞技教练》(paidotribes),就会发现竞技教练是赫尔曼(K. F. Hermann)用来替代"教仆"的词汇,根据这篇读物的描述,我们发现了一位教练和一群年幼的学生在一座体育馆里练习投掷标枪。投标枪的场地要求比竞技场能够提供的场地大得多。这位教练没有管一些年龄大的学生。这些学生正在投掷真正的

125

---

① See end of Aristoph. *Wasps*.
② As shown by the beginning of Plato, *Lusis*, 203.
③ Aristoph. *Birds*. 141.
④ 安提芬(Antiphon),公元前 5 世纪末古希腊智者。——译者注
⑤ Antiphon, *Second Tetralogy*.

标枪,而不是学校里常常使用的那些钝头的标枪。教练也许经常带年幼的学生到免费的公共体育馆去掷铁饼、投标枪和跑步,因为这些运动需要大一点的场所。但是,竞技场仍然是男孩们平时教学的场所。① 不过也不能因此假设,竞技场始终为男孩们保留着。正如阿卡德米(Akademeia)或吕克昂(Lukeion)一样,民主政体修建的"许多竞技场"毫无疑问是公共场所,②向所有年龄阶段的人开放。由私人教师拥有的或租用的竞技场在没有学生时也一定是向成人开放的。《路西斯篇》里就谈到了这样一种情景,竞技场的学生和其他青年人只是在节日里才会同时出现在竞技场中。《卡尔米德篇》(Charmides)也曾经提到,在陶里亚斯竞技场,各个年龄段班级的学生似乎只是在更衣室中见面。不过,这种场景只有在学校建筑物向公众开放时间才会看到,在教学时间是不会有这种场景的;而且,这种场景通常只会在乡村竞技场中出现。③ 竞技场的教练被称作"paidotribes",意思是"男孩子的橡皮擦(boy-rubber)"。叫这个名字的主要原因是,在运动中,教练经常用油或者用各种粉末擦运动员。④。教练应当是懂得科学知识的。他知道,什么样的运动适合什么样的体质。⑤ 他经常与医生相伴而行。⑥ 他的目标是防止疾病,医生则医治疾病。他甚至还讨论饮食。除了健康之外,他还关心学生的形体和力量的发展。⑦ 按照柏拉图的说法,这些教练还会培养学生坚韧的性格和意志力。他一定知道每个孩子可以承受多大的运动量,因为运动量太大会损害孩子,甚至引发野蛮的行为,运动量太小

---

① The law quoted in Aischines *ag. Timarchos* is spurious, being a later interpolation; it cannot therefore be used as evidence.

② 〔Xen.〕*Constit. of Athens*, ii. 10.

③ The division of the boys into classes by age in the contests points to such a usage. Cp. the ἡλικίαι at Teos.

④ 这一工作后来由称作"ἀλεπτής"的专门人员负责。

⑤ Aristot. *Pol.* iv. 1.1.

⑥ *eg.* Plato, *Gorg.* 504 A; *Protag.* 313 D; *Aristot. Pol.* iii. 16.8.

⑦ Plato, *Gorg.* 452 B.

会产生娇气。①

　　由于教练需要懂这么多科学知识，家长们在为男孩选择体操学校 127
之前就要做许多准备工作了。② 他们"会征求亲朋好友的意见，而且要
慎重考虑几天"，以求找到一个好的教练来教他的孩子，使孩子获得健
康的体魄，成为理智的仆人，而不要因为身体的羸弱变成战场上或其他
什么地方的逃兵。③ 这样，在雅典，即便在小城镇或在乡村，家长们几乎
没有其他选择，必须为他们的孩子做他们能做的一切，这是毫无疑问的。

　　男孩与他们的教仆到了选定的竞技场后会被集合在一起，然后去
更衣室④脱光衣服。因为所有的训练都是裸体进行的。这就给教练观
察学生身体的机会，知道学生的哪一块肌肉最需要锻炼，以及了解谁的
体质弱，训练时需要小心对待。走进竞技场，男孩们会发现一个圆形场
地，四周围有廊柱，像是一所耗资不少的学校，但没有屋顶。希腊一直
保留着一个风俗，让男孩裸体在室外活动，暴露在正午炽热的阳光下。
他们认为，皮肤白皙是柔弱的符号。⑤ 如果阳光过于灼热，男孩们会戴
上一顶小帽子。平时，这些帽子是挂在竞技场墙壁上的。地面是沙质
的。在角力或角斗或跳跃之前，男孩们要用尖嘴锄锄地以使地面疏松
柔软一些。⑥ 这些锄子也通常是悬挂在墙壁上的。在锄子的旁边，悬挂
着"kôrukoi"（一种供练习拳击的吊袋）、"haltêres"（一种哑铃，用于跳跃 128
和其他运动）、刮刀（用来除去灰尘与汗水的用具）和一些袋子。这些袋
子里装有用来系拳击套的绳子。旁边还有一些备用的标枪。上课期
间，成年男子是不允许进入的，但如果他们愿意，他们可以"站在外面"
观看，也许就是在更衣室里观看。苏格拉底经常是在更衣室里与男孩

---

　　① 竞技场的教练（paidotribes）与体育馆的教练（gumnaste）是有区别的，正如教师
不同于灌输者一样。体育馆教练的任务是训练学生参加比赛。而竞技场教练的任务
是体育，对象主要是男孩，有时也包括埃弗比青年。

　　② Plato，*Protag*. 313 A.

　　③ *Ibid*. 326 C.

　　④ ἀποδντήριον.

　　⑤ See Thompson, Plato, *Phaedr*. 239 C., and Eur. *Bacch*. 456.

　　⑥ 见插图 6 号 A 盘。

和青年男子交谈的,也许他也不能再往里走一步。

从花瓶的图案来看,表明教练身份的标志是一根长长的成叉状的教鞭。[①] 这也许是比赛时裁判手中拿的那个树枝。花瓶上的两个符号是如此相似,以至于难以区别它们。[②] 在竞技场上,教练一般有几个助理。有时也有雇用优秀的男孩来教他们的落后的同伴。在花瓶上,也可看见这些"教生"(pupil—teacher)的身影,[③]他们手持教鞭就像一位成年教师。毫无疑问,穷人家庭男孩一般不上竞技场的,而是设法在公共体育馆里跟着他们的富家子弟朋友学习。

6 号 A 盘:角力者,竞技教练、锄地的男孩

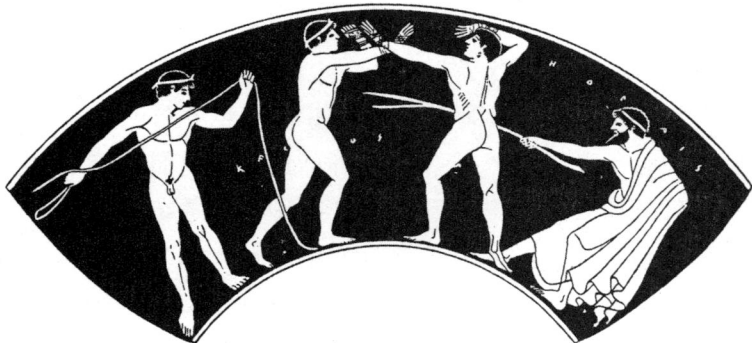

6 号 B 盘:竞技场场景;系拳击皮带的男孩;角斗课、竞技教练

---

① 见插图 6 号 A 盘和 B 盘。

② 指的是英国伦敦大英博物馆展出两个花瓶。

③ e. g. Brit. Mus. E 288.

竞技场的工作人员也包括专业的长笛吹奏者,因为多数训练是在长笛伴奏下进行的,[①]这样训练时可能愉快些。长笛吹奏者身佩"φορβεία",这是一条表示吹奏者的带子。[②]

正如我在第二章指出的,虽然权威文献认为,与体操同一类的训练是从7岁开始的,但情况并不完全如此。从花瓶上的图案来看,更多的可以辨认出的运动,如拳击和角力等,是在体操训练之后许多年才开始进行。花瓶的图案表明,这些科目的训练是在文字和音乐教育几年之后进行的。因为只有年龄大一点的男孩才学习它们。亚里士多德似乎断言,它们是儿童阶段体操训练的研究生课程。[③]

男孩们在竞技场里学习什么呢?练习行为举止和进行简单运动。阿里斯托芬在他的一段文字中告诉我们,男孩们要学习如何文雅地坐下和起立。[④] 花瓶的图案表现了男孩们在学习如何笔直地站立。此外,还要学习各种运动,他们使用钝标枪作为训练杆,用"haltere"当哑铃。教练也可能在尝试用特别的方法锻炼某个孩子的某一块特别的肌肉。在一首短诗中,[⑤]一位训练者正在锻炼一个男孩的腰部,他让男孩弯下身来贴近膝盖,然后紧紧地抓住男孩的双脚,把男孩旋转到身后。

毫无疑问,人们所熟知的"肢体动作"(τόχειρονομείν)在早期训练中扮演了重要的角色。"肢体动作"包含着一系列手势和所有肢体的动作,有点像桑道(Sandow)[⑥]和其他人教授的现代体育。正像其名称一样,它主要是锻炼手臂的一些活动。但是,在庆祝仪式上,一位叫希波克莱德斯(Hippokleides)的雅典人会头朝下倒立在桌子上,用脚作"手势"。[⑦]一些特别的动作是经过精心设计的,力图表现出动作的优美和文雅。[⑧]

---

① Brit. Mus. B. 361,E 427,E 288.

② 见插图8号盘。

③ Aristot. *Pol*. viii. 4.

④ Aristoph. *Clouds*,973.

⑤ *Anthol. Palat*. xii. 222.

⑥ 桑道(Sandow,1867—1925),德国人,被称为"世界健身之父"。——译者注

⑦ Herod. vi. 127—129.

⑧ Athen. 629 B.

肢体动作的练习是各种舞蹈的准备活动,不过它与舞蹈还是有很大区别的。因为卡尔米德(Charmides)能够作肢体动作,但是他不会跳舞。① "肢体动作"也是体操的一种准备,它的动作有点像拳击手在没有对手的时候拳击空气的动作一样。② 作肢体活动时往往要用"haltere",因为许多体操练习离不开它。③ 这样,"肢体动作"就成了体操和舞蹈的预备阶段,自然而然成为小男孩在竞技场学习的第一项运动。初期阶段的其他运动还有爬绳④和蛙跳。⑤ 也有各种球类游戏活动,⑥其中多数旨在科学地锻炼男孩的身体。在我将讨论的竞技场常规训练中,赛跑和跳跃是小男孩学习的内容。掷铁饼和投标枪也可能在早期阶段学习,使用的是专为儿童制造的小号铁饼和标枪。

男孩们要学习的运动有角力、拳击、角斗、赛跑、掷铁饼和投标枪。但毫无疑问,男孩子何时开始学习某种运动的年龄没有严格的统一规定,它因人而异,根据男孩的兴趣和体质而定。

角力(πάλη)也许是这些运动中最重要的,因为它是竞技场被称作"角力学校"的原因。为了进行角力比赛,比赛场地要用尖嘴锄锄松,并用水润湿,角力者事先还要用油涂抹全身。通过这些办法,希腊人保护了自己的孩子以及孩子的对手,防止了碰撞、挤压和地面湿滑而造成对他们身体的伤害。同时,地面和对手身体的滑溜既增加了比赛的难度,也增加了比赛的价值。将对手抛出去三次是取胜的条件。角力比赛分两种:一种是取胜者需要将对手抛出去而自己身体不着地。比赛时,两个人小心翼翼地扭打在一起,不停地旋转,有点像日本的柔道。另一种则是两个对手扭成一团,在地上滚来滚去。这种角力方法不如第一种科学。如同下棋时每个人都有自己的开局方法一样,一流的角力者也有着自己喜欢的一套角力方式和开局的方式。他们用不同的方式迎接

---

① Xen. *Banquet*, ii. 19.

② Plato, *Laws*, 830 C.

③ Philostratus, *On Gymnastics*, 55.

④ Galen, *De sanit. tuend.* ii. 8.

⑤ Grasberger, i. 154.

⑥ Described at length, Grasberger, i. 84—98.

对手。克里昂曾经问过一位卖香肠的小贩："你在竞技场学到的角力风格是什么？"①当两个男孩被安排在学校进行角力时，是不允许获胜的一方表现出胜利者的姿态的，尽管获胜的男孩希望如此。他们都必须执行竞技场的规定。②　在奥克乌尔亨库斯（Oxurhunchos）曾出土过一份角力制度的残片。③

假定竞技教练安排了卡尔米德和戈劳康（Glaukon）两个男孩角力，就让班级其他孩子在一旁观看。教练手里拿着一根长长的分叉棍子指着卡尔米德对他说："将你的右手放在他的两腿之间控制住他。"然后，教练对戈劳康说："用你的两腿夹住他的手，用你的左面的身体去撞击他。"接着，教练对着卡尔米德说："用你的左手将其抛出去。"对着戈劳康，教练又喊："移动你的位置，好，开打（πλέξον）。"教练的每组指令都以开始为结束语，或者可以说是以"开打"作为角力者动作要领（σχῆμα）的结束语。也许到这时，才允许两个男孩按照自己的意愿进行角力。这样，结果已经可以预测了，事先安排的步骤已经决定胜负。

《诗集》（Anthology）中的一段警句介绍了这种教学。一位站在中间的男孩反对所作的安排说："我可能做不了，狄奥芬托斯（Diophantos），这不是男孩的角力。"④

我们再来看看伊索克拉底的类似的观点。在伊索克拉底看来，尽管小学生学会了怜悯和反语表达的方法等等，并且已经开始学习如何发表演说，但他还不是真正的演说家。他还得学习在什么时候、在什么地方以及用什么程序来运用这些技术。角力也是一样。一个男孩尽管知道了自己的"动作要领"，但他还不是一个真正的角力者。他还得学习掌握实际比赛中摔倒真正对手的时机和技能。"教练把他们发明的动作要领教授给学生作为一种身体训练，并通过反复练习使学生娴熟地掌握这些要领。然后，再让他们进行角力练习，让他们习惯体力的消

132

① Aristoph. *Knights*, 1238.
② 见插图6号A盘的角力课。Lucian, *Ass*. 8—11.
③ Oxyrhynchus Papyri, Grenfell and Hunt, Part Ⅲ. No. 466（1903）. The Papyrus is of the second century.
④ *Anthol. Palat.* xii. 206.

耗,强迫他们利用他们所学到的所有动作要领扭打在一起,从而能够领悟到使用这些要领的恰当时机。因为对这些动作要领的领悟是无法用准确的语言描述的。"①男孩们必须自己去判断,在比赛中运用什么动作,教练事先是无法决定的。如果他们能够进行长时间练习,那他们就能够发现最适合自己的动作,在比赛中击败不同的对手。

7号盘:特尔菲夜莺城防工事哨所,特尔菲远东哨所

① Isok. *Antid*. 184.

拳击也同样通过一系列的"动作要领"来学习。男孩子戴的手套分量不重,用绳子紧紧地系着,不像专业运动员戴的手套那样分量沉重和质料厚实。角斗是拳击和角力的混合运动。[①] 角斗时,男孩子通常也要戴手套。但是,手指可以活动,腕关节和指关节可以得到保护。有时,他们也赤手空拳搏斗。在这两种搏斗中,男孩一般都戴狗皮帽子,以免耳朵受到伤害。但是,男孩子似乎不喜欢角斗。奥林匹克运动会和皮西亚运动会(Pythian Games)[②]起初也一直没有将其纳入比赛项目,后来角斗才进入这两项比赛,其原因就是它们危险而且剧烈。不过在竞技场,有着严格的规定,发现危险时,教练会及时阻止。因此,竞技场的角斗是绝对安全的。有一次,阿几比亚德斯在扭打处于被动时咬了对手一口,准备接受除鞭挞以外任何处罚。愤怒的对手对他喊道:"你咬了我,阿几比亚德斯,你真像个丫头!"阿几比亚德斯答道:"不,像头雄狮。"[③]

赛跑无需评论,各个年龄段的赛跑方法都一样。希腊赛跑的距离主要有几种:在运动场上短跑的距离为 200 码,[④]中距离跑为 1/4 英里,长跑的距离则从 3/4 英里到大约 3 英里不等。男孩是不练习穿盔甲赛跑的。赛跑通常在柔软的沙地上进行,有时赛跑者还会陷下去,就像英格兰长跑经常是在犁过的田野上进行的一样。在沙地上赛跑,既增加了运动的难度(因此,短跑就足够了),又是较好的作战训练。

跳远时,希腊人常借助"heltere",即较轻的哑铃来增加运动量。[⑤]他们还会借助长笛来帮助他们进行跳跃训练。即使在比赛时也一样。毫无疑问,长笛可以帮助他们控制脚步在适当的时候"起跳"。他们跳落在一个大沙坑里,沙坑是事先用尖嘴锄刨出来的。跳跃者平稳落地后留下的脚印必须清晰,以作为测量的依据。

---

　①　见插图 6 号盘角斗课。

　②　皮西亚运动会(Pythian Games),古希腊每四年举行一次的运动会,以纪念阿波罗神。——译者注

　③　Plut. *Alkib.* ii. 3.

　④　见插图 7 号盘。

　⑤　见插图 5 号 B 盘。

铁饼是用铜或其他金属制成的表面刨光的扁平圆盘。① 大英博物馆里的样品直径大约8—9英寸,两面都雕刻有运动画面。铁饼可以用左手投掷,也可以用右手投掷。投掷前,运动员可以作出各种姿势,确保每一块肌肉都能得到锻炼。在竞技场,投掷的号令由长笛吹奏者发出。比赛的胜负既要考虑投掷的距离,也要考虑投掷的方向。

男孩们投掷的标枪和长矛是一种钝头标竿,这种标竿也用于其他运动。目标固定在地上,它们或是一种槌球的箍或是一副圆规。有时也用其他东西作靶子。② 花瓶上的图案里,教练们正在将箍固定在地面,靶子的距离用脚步测量。

在结束讨论"竞技场"时,有一点还须提及。男孩学习这门课程的学费似乎是一个"μνᾶ",大约4英镑。③ 这笔学费可以使学生"永远"参加这门课程的学习,一直学到课程结束为止。换言之,这笔钱使学生成为这家私人竞技场的终身成员。

135　现在,让我们来看看雅典的体育馆,阿卡德米或吕克昂。我们假定,这是一个傍晚时分。傍晚是雅典人最喜欢的运动时间,因为运动可以使人胃口大开。室外,一队准备加入城邦骑兵部队的青年骑着未备鞍的马,正在跳杆旁边演练队形和练习上马的技能,然后按骑兵中队展开冲锋。在另一边,一队手持长矛和盾牌的全副武装的步兵正在集结,准备向迈加里德(Megarid)前进。④ 他们在整理装备,把洋葱和干鱼等装进背包袋。可能由于节日快要来临,这些准备离开雅典的青年正在发着牢骚。一位身体壮实的乡民在向他的将军抱怨,说这次不应当轮到他为国服务,因为他上一周刚参加过袭击博伊奥特亚的战斗。这位将军威胁这位乡民说,如果他不服从命令和辱骂长官,将会受到起诉。当我们向赫拉克勒斯、赫耳墨斯(Hermes)⑤和爱诺斯(Eros)等庇护神

---

① 见插图5号A盘。

② 见插图5号B盘。

③ Athen. 584 C, referring to about 320 B. C.

④ Aristoph. *Peace*, 357.

⑤ 赫耳墨斯(Hermes),古希腊神话中的保护神。——译者注

致意之后，①当我们在由希皮亚斯岳父卡尔姆斯（Charmos）建造的爱诺斯雕塑前诅咒了希腊所有僭主之后，②我们进入了体育馆。

我们来到的第一间房间是更衣室。③ 四周靠墙的凳子上坐着一排男子，他们正在讨论自制的本质问题。一位面貌丑陋但显然很受人们尊重的男子正在告诉其他人，自制本质是一门学问，只要能掌握这门学问，整个世界就会变得公正善良。小伙子和成年男子脱光衣服之后，便离开更衣室去其他地方做运动。也有人不断地返回更衣室穿衣，然后花 1 至 2 分钟听演讲。一位帅气的年轻人走了进来，那位丑陋男子费了很大气力给他挤出一点地方，他的朋友原来坐在凳子边，一下子被挤落在地，房间里响起一片笑声，夹杂着带有浓重阿提卡方言的骂人话。我们不想作为证人卷入这场没完没了的争论中去，便快步穿过一个门，走进一个很大的回廊。④ 回廊中间是一大块空地，没有屋顶。在这里，我们遇见了一位来自库尼勒（Kurene）⑤的著名数学家，⑥他正和一群学生绕着回廊散步，解释着直角三角形的著名原理。他的证明十分简洁，而素食主义者毕达哥拉斯牺牲了 100 条公牛才发现这个原理。过了一会，这位数学家停了下来，在地面用棍子画了图解。接着，我们继续前进，走进围绕回廊的一些房间。在其中的一间，一群男子正在用油涂抹自己的身体。⑦ 按摩是治疗身体百病的好方法。用油来按摩即使不再做其他运动也是十分有益的。雅典有身份的人总是希望自己身体带有这种油的芳香。⑧ 他的皮肤也是靠这种油来保持光滑的。但是，作为运

136

---

① Zeno in Athen. 561 C.

② Athen. 609 D.

③ ἀποδυτήριον. See Plato, *Charmides*, 153. ff.

④ κατάστεγος δρόμος. Plato, *Euthud.* 273 A.

⑤ 库尼勒（Kurene），古希腊城市，今在利比亚。——译者注

⑥ Theodoros (Plato, *Theait.*).

⑦ This was often done outside ( Plato, *Theait.* 144 C ). The oil—room (ἐλαιοθέσιον) of Vitruvius may be a later invention. This preliminary anointing was called ξηραλοιφεῖν. After the baths they rubbed themselves with a mixture of oil and water；this was χντλοῦσθαι.

⑧ See Xen. *Banquet*, 1. 7.

动前奏的抹油,其目的在于使关节变得柔和一些,使皮肤变得滑腻一些,这样比赛时不容易被对手抓住。① 一个奴隶或仆人模样的人站在这些男子的身旁,手里拿着一个精致的油瓶,这样的场面在现代考古博物馆里令人叹为观止。穿过又一个门,我们看见了"抹粉室",这里有各种各样的用来搓身体的粉末。这些粉末是在运动后用来擦汗的,可以起到舒张毛孔的作用。如果天气寒冷,粉末还可以温暖皮肤,使皮肤变得柔软。一种黄色粉末特别受欢迎,因为它可以使身体发亮生光,变得好看。而且,身体的光泽是身体健康的表现。② 我们要去的下一个房间将是浴室——一个夜间热闹的场所。雅典人通常在吃晚餐前要沐浴。③浴者或从摆放在垫座上的巨型大碗里往身体上泼水洗澡,或者通过同伴或仆人往身体上倒水来洗淋浴。能够容纳身体的容器不多,虽然在荷马时代已有所见。④ 接着,我们便看见了"korukos",即吊球房。吊球是个外形奇特的球。⑤ "korukos"是一个粗布大袋子,用绳从天花板上吊下。较轻袋子里装的是无花果种子或谷和豆之类的东西。较重袋子里装的是沙子。吊袋的高度到人的腰部。你先是轻轻地推其中的一个袋子,然后随着经验的增加,不断加大力度。将袋子推出之后,你就要站到袋子反弹回来的方向,尝试用双手或胸部或背部或头部来停住袋子。如果你不够强壮,就会被袋子击倒,引来满屋子的笑声。这种运动可以锻炼你站立的功夫,练就你结实发达的肌肉。"korukos"也可以用来锻炼拳击者的手背和肩膀的力量。这种运动被专门介绍给拳击者和角斗者练习。后者应当使用那些重袋子。也许会有一些人体模型挂在墙壁上供练习之用。这里,也许有一些不走运的家伙,或者因为是无名鼠辈或其他原因找不到对抗者,只好自己对空气击拳。不过,这种锻炼方法会被人耻笑。⑥

---

① Aritoph. *Knights*, 492.

② Philostratus, *On Gymnastics*, 56. It was usual to be dusted before wrestling.

③ Xen. *Banquet*.

④ 更多有关洗澡的场景参见英国伦敦大英博物馆馆藏 E83 和 E32 号花瓶。

⑤ Philostratus, *On Gymnastics*, 57.

⑥ Plato, *Laws*, 830 C.

　　在回廊的周围有不少房间,其中一些房间是下雨时供人们锻炼的。一般情况下,体育锻炼都尽可能在户外进行。因为锻炼的最重要的一个目的是让皮肤暴露在阳光下,晒成棕色,变得结实。所以,国王阿格西劳斯为了让自己的士兵鄙视敌人,特意将他的亚洲俘虏裸体关在集中营里出售。因为这些俘虏不习惯晒太阳,皮肤白皙柔嫩。但是,这些房间的大部分是为游走四方的①智者提供的讲课场所。他们免费为那些愿意听课的过路者讲课,希望能够吸引一批固定的付费学生。于是,我们能够根据自己的兴趣去听诗歌或形而上学,音乐或修辞,地理或历史等。

　　之后,我们可以注意中间的那个大院子。② 院子四周被回廊包围。紧靠院子的一头有一个赛马场和一片空地。院子的一部分用作角力场。成对的身体涂抹了油的裸体角力者扭打在一起,周围有一群兴致勃勃的观众。也许教练也站在一旁,指挥着角力比赛。角力者中有一对特别引人注目。因为第二年他们将代表雅典参加奥林匹克运动会。在其他区域,一些角斗者在搏斗着。他们有的用胳膊袭击对手,有的死命地相互扭成一团,在地上滚来滚去,用带着手套的拳头猛击对手头部。他们的身体上到处是斑驳的灰尘和油迹,赛后需要用力刮去。接下来,我们来看看拳击者。他们戴着较轻的手套。如果要参加大型比赛,他们就要戴皮制的手套,手套里镶垫着铁球。③ 那边,赛跑比赛正在进行,运动员一圈又一圈地绕着体育场跑着。一些在裸体奔跑,另一些戴着头盔拿着盾牌,他们在练习全副武装赛跑。朋友们在他们身边陪跑了一小段,为他们测着步子,鼓励着他们。其他人在练习跳远,他们手里拿着"haltere"往沙坑里跳跃。他们的朋友根据他们留在沙坑里的脚印的后跟测量距离。一位专业长笛吹奏者用笛声决定着起跳的时

139

---

　　① Particular Sophists attached themselves to particular gymnasia and palaistrai which they came to regard as their school. Mikkos has already occupied the newly-built palaistra in the *Lusis*, 204 A. Cp. Plato's position at the Akademeia and Aristotle's at the Lukeion.

　　② αὐλή (Plato, *Lusis*, 226 E).

　　③ Plato, *Laws*, 830 B.

间。毫无疑问,每一个人都希望能超过由法乌罗斯(Phaüllos)①创造的伟大一跳——55英尺,那是世界记录。到处拥挤着观众,②到处也能看到焦急的教练在指导着学生。他们希望自己的学生能够在一些重要的比赛中获奖,来使自己扬名,这样便会有更多的青年来付费学习。也许,他们也能因诗人平德尔对他们学生胜利的歌颂而名垂青史。

在另一个角落,也许有成队的人在一起练习。准备上前线的一群埃弗比青年(epheboi)③正在进行体操训练。④ 或许,有一队的训练是为了参加赫菲斯托斯(Hephaistors)节日的火炬赛跑,一群富裕的"体育官员"(gumnasiarchos)在旁观看。可能还有一队的训练是为了参加从狄奥努索斯神庙(Dionusos)⑤到雅典娜神庙(Athena of the Sunshade)之间的长跑,获胜者将得到一个大碗,碗里盛着红酒、蜂蜜、奶酪、肉和橄榄油——不是所有的都混合在一起,至少我们希望能够如此。⑥ 也许,还有一队在练习角力和其他身体运动。他们的教练"不可能为哪一个人制定专门的规则,所有的指令都是针对多数人的。所以,每个人的运动机会是平等的,他们在同一时间练习赛跑、角力以及其他项目,也在同一时间中止赛跑、角力及其他项目的活动"⑦。

在一块较大的空地上,我们会看见雅典人像米隆(Muron)⑧的著名雕塑那样在掷铁饼,或者在练习射箭,或者在投掷长矛或标枪。观看这些练习需要小心,粗心的观众可能会丢命或受伤。对于这样死去的不幸者往往会有神秘的解释:公正的瓦金索斯(Huakinthos)难道是被阿波罗神圈杀死的? 安提芬在他的关于演说稿写作的新书中也提到,一个男孩曾意外地被同伴的标枪击中死去。我们是从军事教官那里学习

---

① 法乌罗斯(Phaullos),古希腊著名运动员。——译者注

② For the excitement of the spectators and their shouts of encouragement see Isok. *Euag.*

③ 埃弗比(epheboi),古希腊青年的军事训练机构。——译者注

④ Some gymnasia provided a large "room of the Epheboi." So in Vitruvius' model.

⑤ 狄奥努索斯(Dionusos),古希腊酒神。——译者注

⑥ Athen. 495—6.

⑦ Plato, *Polit.* 294 D, E.

⑧ 米隆(Muron),古希腊雕塑家。著名雕塑《掷铁饼者》的作者。——译者注

如何使用长矛和盾牌的。据说两个擅长这方面训练的智者来到雅典，毫无疑问，他们想在这里展示他们的这方面才能。不过，我们还记得前面说过的，好战的斯巴达人是瞧不起智者的。拉凯斯（Laches）将军认为他们的技能没有丝毫军事价值，由于我们前天听到他对苏格拉底说过这番话，①所以，我们可以继续往前走了。

绝大多数人到体育馆只是为了散步。柱廊和花园是散步的好地方，有许多东西可供观赏，十分诱人。"室内运动场"（xustos），即有顶的回廊，②天气不好时是运动员锻炼的场所，也是散步者特别青睐的场所，可以边散步边交谈。一群哲学学生在争论有关至高无上的上帝问题或构想他们的理想国蓝图。一群探究者在讨论植物的性质，或许在讨论甲壳类动物的种类。另一边，一个半裸的衣衫不整的人正在激情批判奢华的生活。他喊道："先生们，不要被奢华的生活所俘虏。"在各个角落，都可以见到人们这样散步、倾听和谈话，其中，散步者居多。

普通雅典人的时间全部都花在两条腿上。如果一个人坐着，那表明这个人是奴隶。③ 雅典人几乎整天在行走。用 5—6 天时间，他们可以十分轻松地走完从雅典到奥林匹亚的路程。雅典人一天散步 4 次：早餐前一次，中餐前一次，晚餐前一次，晚餐和睡觉之间还有一次。④

球类的比赛在另一边的球场进行。⑤ 我们记得，诗人索福克勒斯是一位著名的球员。⑥ 但是，现在日晷的影子已经转到了 10 英尺高的一个标志上，雅典人的晚餐时间到了。锻炼的人们或用刮刀（στλεγγίς）刮去汗水和灰尘，⑦或急急忙忙往浴室赶去。沐浴后，雅典人还要用油和水涂抹身体。⑧ 然后，穿过最近的一个门进入城市。这时，卫城（Akropolis）⑨

141

142

---

① 到 4 世纪末时，军事教官（teachers of arms）是承担埃弗比训练的重要人物。

② Plato，*Euthud*. 273 A.

③ Xen. *Econ*. iii. 13.

④ Xen. *Econ*. xi. 18；*Banquet*，i. 7，ix. 1.

⑤ σφαιριστήριον.

⑥ Athen. 20. f.

⑦ Brit. Mus. E 83，for a picture of this in use.

⑧ χντλονσθαι.

⑨ 卫城（Akropolis），又可译为"阿克罗波利斯"。——译者注

上的宏大建筑在黄昏中变得朦胧,雅典军人的长矛映印着落日的余晖。

　　所有这一切都向穷人开放,不收任何门票。唯一需要花费的是,购买精美瓶装油和刮刀。按照规定,这些不属于城邦免费提供的物品。此外,一些可能付给教练用于特别"训练"的费用也需要自理。穷人也可以通过观看那些技艺精湛者的练习学到很多他们希望学习的东西。在公共浴室,有人专门为浴者浇冷水或提供其他帮助。通常情况下,需要付些小费给这些人。但是,在体育馆浴室里没有这种情况。城邦已经尽可能地为每一位公民的锻炼提供了方便。

　　在雅典,女子是被排除在体育运动之外的。而在斯巴达,女孩的锻炼和男孩完全一样。在其他多利安城邦,女子锻炼受到的鼓励略逊于斯巴达。在阿尔戈斯(Argos)①,有专门的女孩竞走项目。在希俄斯体育馆里,也能看到女孩角力的身影。②

　　尽管体育馆和竞技场为希腊人提供了各种体育活动的场所,但是,它们并不是希腊人保持身体健康的唯一机会。打猎在斯巴达和其他地区也同样十分流行。色诺芬十分喜欢这项运动,他曾经努力想使打猎成为在阿提卡流行的活动。③ 但可能因为缺乏比赛的缘故,打猎在这个地区渐渐萎缩。游泳和划船通常是人们要掌握的技能。在雅典,骑马是人人必须学会的,因为雅典人都有义务到骑兵部队服役。骑马在色萨利(Thessaly)④也十分流行,因为那里盛产马匹。军事服务刺激了人们的体育动机,同时也加深了人们对体育的理解。舞蹈在整个希腊世界十分流行。它在希腊教育中的地位远远超过人们的想象。在斯巴达,舞蹈也是极为重要的。在雅典,根据"公共服务"制度⑤,大部分男孩是免费学习舞蹈的。柏拉图将体育分为舞蹈和角力两种。⑥ 阿里斯托芬将舞蹈划分在角力和音乐之间,这样便形成了他的有身份人的教育

---

① 阿尔戈斯(Argos),古希腊地名。——译者注
② Athen. 566 e.
③ *Hunting with Hounds*, passim. So Plato in the *Laws*, with reservation.
④ 色萨利(Thessaly),古希腊地名。——译者注
⑤ "公共服务制度"(leitourgiai),古希腊强调国家责任的一种制度。——译者注
⑥ Plato, *Laws*, 795 E.

的三个要素。① 合唱舞蹈早就是希腊人宗教的仪式，是节日和公共假日的普通的技艺。合唱舞蹈也是音乐的最高级形式，是迄今为止所发现的最完美的体育运动制度。

　　现代读者很难理解，希腊哲学家为什么如此重视舞蹈的教育意义。这是因为现代舞蹈在两个非常重要的特点上与古代舞蹈有明显的差异：现代舞蹈与宗教没有联系，与戏剧也没有联系。在东方国家，舞蹈曾经是、现在也依然是宗教的语言。大卫（David）② 曾在方舟前（the Ark）尽情起舞表现了他对舞蹈的喜爱。在希腊，所有仪式和圣餐礼都伴有舞蹈。③ 合唱舞蹈是宗教热情释放的一种形式，希腊各地都有这种服务。在人们习惯于恪守宗教仪式的时代，仪式的变革、无法言表的情感和道德态度的变化往往是借助合唱舞蹈特征的细微变化来反映的。由于舞蹈是祭祀活动的仪式，它的教育意义也因而变得十分重要，它让儿童发现了表达自己最高理想的机会。

　　在纪念狄奥努索斯的集会上，那位跳舞的男孩竭力使自己与神接近，这样就可以通过蔓藤园中的舞蹈把有关神的历史和个性生动地表现出来，使之成为自己的格言。蔓藤从土壤中神秘地冒了出来，生长期很短，经过一段时间的雨淋和日照，便枯萎倒地，在收获季节被人割去。然后，不知吸入了什么神秘的汁液，它又焕发生机，重新生长。这对男孩而言，其中蕴涵着许多譬语。当男孩感悟到神的历史如此动人，他就力图通过表演来演绎它。表演是希腊舞蹈的本质，能将狄奥努索斯的悲伤表演得十分真切。通过手势和动作，他能恰如其分地表现狄奥努索斯受到城邦迫害的悲伤以及他获得最后成功的喜悦。这样，舞蹈就变成了氛围强烈的宗教仪式，同时伴随着生动的表演。这些是现代舞蹈难以表现的。必须记住，这样的舞蹈是阿提卡戏剧之父。这种舞蹈表演的戏剧力量令人震撼。据说，一位舞蹈者仅仅通过手势和表情，④

---

① Atistoph. *Frogs*，729.

② 大卫（David），以色列国王。——译者注

③ Lucian，*On Dancing*，15.

④ Athen. 20 d.

就能将毕达哥拉斯(Pythagoras)①整个哲学体系表演出来,让人明白。

145 　　在这种戏剧舞蹈中,主题或情节是重要的。这样,古老的希腊神话的弱点成了致命的缺点。因为,正是这种古老的神话为宗教舞蹈或戏剧提供了动力。但是,其中多数的道德教育效果并不能令人满意。一群合唱队的男孩在跳着"斯米莱分娩阵痛"(Birth-pangs of Smelé)的舞蹈,这是当地最为著名的提莫修斯赞美歌,对于这种舞蹈人们没有提出任何异议。在接近公元前 5 世纪末时,新派音乐家和诗人们都在竭力尝试用最典型的现实主义手法来表现方方面面的生活。他们用舞蹈模仿铁匠打铁时的声音和动作,模仿工匠的劳动,模仿水手的划桨和水手长的号令,模仿战马的嘶鸣和公牛的怒吼,②等等。他们像荷兰画家一样选择最普通最真实的生活作为表现的对象。通过他们的表现手法,舞蹈通俗易懂了。尽管这种通俗化的舞蹈依然受到宗教戒律的影响,但也有人开始批评它存在道德教育的风险。这种指控也证明了柏拉图对诗歌和音乐中的这种戏剧元素的谴责。必须记住的是,在雅典,合唱队指挥可以从自己的部落召集男孩来跳赞美舞蹈,如果遭到男孩父亲拒绝,指挥则可以强行征召。③ 除了宗教方面的意义外,学习这种舞蹈还有其他重要作用。舞蹈是一种经过科学设计的系统的身体训练,舞蹈的练习可以使身体各个部分变得匀称。④ 每个舞蹈教师设计了自己独特的训练方法,正如每个竞技教练都有自己的角力训练方法一样。无论舞蹈还是角力,练习者都要从一系列形体动作练习开始,之后将这些动作组合起来。不同地区的形体动作是不同的。⑤

146 　　独舞是私人锻炼的方法。它也融入了戏剧的元素。有时,在合唱队表演时,会挑选一个或两个最优秀的舞蹈者,让他们单独表演,使主

---

　　① 毕达哥拉斯(Pythagoras,约公元前 580—公元前 500),古希腊哲学家,其思想对柏拉图产生过重要影响。——译者注

　　② Plato, *Rep.* 396 A. B.

　　③ Antiphon, *The Choreutes*, 11.

　　④ Xen. *Banquet*, ii. 17.

　　⑤ Lakonian and Attic (Herod. vi. 129); Persian (Xen. *Anab.* vi. 1. 10); Troizenian Epizephurian Lokian, Cretan, Ionian, Mantinean in Lucian, *On Dancing*, 22.

题的戏剧情节表现得更加细腻。但是,在希腊普遍流行的是合唱队舞蹈。从埃斯奇勒斯的庄严宗教问答到葡萄节醉汉的滑稽表演,都可以跳这种舞蹈。舞蹈可能是全体人民做礼拜活动,正像在德洛斯(Delos)①举行的盛大节日活动一样。它也可能像斯巴达的一种舞蹈(Gumnopaidia)一样,被设计来展示身体的健美和演绎一个尚武民族的军事历程。它也可以用来庆祝奥林匹克运动会胜利者凯旋故里。其中,许多舞蹈是根据平德尔流传的颂歌编排的。还有人专门为这些舞蹈谱写悲剧和喜剧的合唱歌曲。

　　谈到教育的目的,除了前面提到的赞美歌的舞蹈之外,还有两门最重要的课程:军事舞蹈和裸体舞蹈(γυμνοπαιδία)②。在军事舞蹈中,表演者全副武装,模仿各种躲避拳击和长矛的动作。他们时而歪向一侧,时而后撤一步,时而跃向空中,时而蹲下。然后在快要结束时,他们表演投掷标枪和长矛的动作,并做出各种出拳的动作。③ 克里特地区的克里特舞蹈与之十分相似,舞蹈者"全副武装,用他们最锋利的剑去对抗最坚固的盾牌,用充满激情的战斗姿态跳跃着"④。在户外,在音乐的伴奏下,成队的男孩与埃弗比青年之间的搏斗是唯一的一种具有真正战斗性质的舞蹈。事实上,在古代希腊,战争和军事舞蹈之间的紧密联系与现代欧洲的战争与操练的联系一样。色萨利人将他们的英雄称作"舞蹈家"。卢西安引用过一段铭文:"人民为艾拉提翁(Eilation)竖起雕塑,因为他的舞蹈将战斗表现得淋漓尽致。"⑤在希腊,"首席舞蹈家"(προορχηστήρ)是一个受到人们尊重的称号。卢西安还注意到,在尚武的斯巴达,年轻人像学习作战一样学习舞蹈,他们的军事操练与体操也与舞蹈交织在一起。

　　"裸体舞蹈"对于体操运动来说,其重要性就像军事舞蹈对于战争

147

---

① 德洛斯(Delos),希腊一岛屿。——译者注

② 不一定是裸体,因为"γυμνός"的意思是在表演战斗舞蹈时不穿盔甲。

③ Plato, *Laws*, 815. A.

④ Lucian, *On Dancing*, 8.

⑤ Ibid. 8.

一样。① 在竞技场，它是有音乐伴奏的，有时甚至还有伴唱的运动。②舞蹈时，气氛庄严，像悲剧舞蹈（ἐμμέλεια）。这个舞蹈基本是由男孩子跳的，正如其名称"γυμνοπαιδία"所含的意思。但是，在有的地方，成年男子也参与，例如在斯巴达。跳舞时，实际上所有男性都要参与。柏拉图在《法律篇》中似乎创造了一个相同风格的"和平舞蹈"，来感谢所获得的恩惠，或祈祷持续的繁荣。

在雅典的正规教育制度中，男孩只学习唱歌与表演，而不学习舞蹈，事实的确如此。但是，在重大的传统节日里，由于来自十个部落的男孩需要参加军事舞蹈和仪式的竞赛，因此，舞蹈是男孩必须掌握的技能。这些比赛的竞争者吸引和鼓励了大批舞蹈教师前来教学。任何儿童，只要他显示出舞蹈的才能，或仅仅显示出歌唱的才能，就会被合唱队代理人看中，挑选去参加合唱队。

某一个富人，让我们称他为"提西亚斯"（Tisias），③刚被任命衣莱西特（Erechtheid）部落的泛雅典娜节男孩军事舞蹈的指挥，也可能是塔尔盖利昂节（Thargelia）④赞美诗男孩合唱队的指挥。在与其他部落的指挥抓阄之后，他分配到了一个叫潘塔克勒斯（Pantakles）的人作为他的诗人和音乐教师来教他的男孩。如果他愿意的话，那他也可以自己花钱另外再雇自己的舞蹈和音乐教师。⑤ 提西亚斯请部落为他选择的代理人阿姆尼亚斯（Amunias）负责挑选合唱队男孩，并负责训练过程的监督工作。如果提西亚斯名声不好，或者在部落里没有名气，那么他和他的代理人召集男孩将会遇到麻烦，因为男孩父亲会拒绝。这样，在合唱队集合之前，就要收取罚款和保证金。但是，按照惯例，家长们是会乐意送孩子去学习的。这是为期大约一个月左右的免费教育机会。提西

148

---

① The dance known as γυμνοπαιδική is described in Athen. 631 b, as including representation of wrestling. In 678 b, c, the festival of the I' νμνοπαιδαι, and the dances in it are referred to, but no mention is there made of wrestling.

② Athen. 630 d.

③ This sketch is drawn chiefly from Antiphon. *The Choreutes*.

④ 塔尔盖利昂节（Thargelia）：古希腊纪念阿波罗神的重要节日。——译者注

⑤ Demos. *ag. Midias*, 533.

亚斯会支付所有费用,甚至包括饮食。教师则由城邦提供。同时,这也是男孩展示自己能力的机会。

如果可能的话,提西亚斯还要在自己的家里提供一个合适的教室。对于富人而言,担任指挥工作是一个负担,因此他会设法避开。如果他十分忙碌,那他会委托可以信赖的朋友出庭宣誓,去监督教学。代理人还要替他出庭,[①]因为有时会发生事故。有一次,为了改善一个男孩的嗓音,给他喝了一剂药,结果这个孩子却死掉了。[②]

149

在比赛的那一天,合唱队会穿戴整齐,费用是提西亚斯支付的。也许,他还会鼓励他们赢得比赛的冠军。[③] 参加争夺冠军比赛的还有九支合唱队。但是,在狄摩西尼斯时代,这种情况并不常见。比赛时,雅典人倾城出动去观看。许多外国人也会前来助兴。对于参加比赛的男孩和他们的家长来说,这是个令人激动和惴惴不安的日子。城邦会给优胜队发奖。[④] 奖品通常是三角祭坛。获胜队将奖品置放在公共场所。奖品上面刻有这样的铭文:

获胜者:奥奈德部落(Oeneid)男孩合唱队;指挥:厄里梅尼斯(Eureimenes),梅尼特翁(Meleteon)之子;教师:尼克斯特拉托斯(Nikostratos)。[⑤]

或者:

指挥:卢西克拉特斯(Lusikrates),基库那部落卢西泰德斯(Lusitheides of Kikunna)之子;获胜者:阿卡曼提德(Acamantid)部落男孩;长笛吹奏者:特昂(Theon);教师:卢西亚德斯(Lusiades);领队:尤艾尼托斯(Euainetos)。[⑥]

我们来到了骑马场。骑马是希腊教育的一个内容。城邦里两个富裕的阶级可以到骑兵部队服役,但他们必须自己提供马匹。马匹要经

---

① 竞争对手有时会干扰这种教学或者会贿赂教师。(Demos. *Mid*. 535).

② The situation of Antiphon's speech.

③ Demos. *Mid*. 520.

④ Xen. *Hiero*. ix. 4.

⑤ Böckh, 212.

⑥ Ibid. 221.

过检查,如果不合格,就会被拒绝。在和平时期,城邦每年付给他们 8 英镑作为维持费用。正因为这样,公民中骑兵的数量从未超过一千人。这两个阶级的骑手也不会同时作为骑兵服役。未能进入骑兵部队的人就去重甲步兵服役。这一年,有两个人被选为骑兵指挥官(Hipparchoi)。他们手下有十个队长(Phularchoi)。这十个队长又各自统领自己部落的分队。就职后,这两位将领需要了解这一千名骑兵中已经到退役年龄的人数,需要补充多少新兵来填补空缺。他们还要很好地计算,在他们任期内的伤亡人数或其他不可预测的减员情况,以便考虑新兵的补充数额。为了保证征募新兵工作顺利进行,他们必须去物色那些尚未服役的家境富裕的机敏青年,如果青年拒绝服役,他们可以起诉他。骑马训练通常在 18 岁之前开始。因为色诺芬曾谈到,18 岁是征募军人的年龄。① 所以,特勒斯提到,青年第二教育阶段的教师里有训马师。毫无疑问,训练骑术精湛的骑兵需要一段时间,因此,指挥官希望招募的骑手要年轻一点。在雅典。养马是富裕年轻人的嗜好。许多年轻人愿意学习不带有任何军事目的的骑术。由于希腊人骑马不配马鞍,因此上马成了年轻骑手的最大障碍。这可以从花瓶上的人物表现上看出。他们常常用骑兵的长矛作为撑竿,②否则,马夫或教师就要助他们一臂之力。在大英博物馆的花瓶上可以看到,③一位教师正在帮助一位学生上马。一位喜剧诗人④给我们留下一幅图画,描述的是年轻人在队长监督下学习骑马的故事,他翻来覆去讲的是上马和下马的事。⑤ 他对奴隶说道:"到人民大会堂(Agora)去,去赫耳墨伊(Hermai),指挥官经常去那里,菲顿(Pheidon)⑥正在那里教英俊的信徒练习上下马的动作。"色诺芬给年轻人提出了许多有关买马、训马和

---

① Xen. *Hipparch*. i. 11.

② 见插图 4 号盘。

③ Brit. Mus. E 485.

④ Mnesimachos, *Hippotrophos*(Athen. 402 f).

⑤ 见插图 10 号 A 盘和 10 号 B 盘以及骑兵学校场景。

⑥ 菲顿(Pheidon),古希腊城邦亚哥斯(Argos)的国王。据说是装甲步兵的发明者。——译者注

骑兵学校

养马的建议。其中,给骑兵指挥官提供了以下的建议:

"尽可能劝说年轻的骑手学会自己借助撑竿上马。如果你们能为教师提供撑竿那是最好的帮助。年纪大一点上马时则可以采用波斯人方法,让别人托一把。要让骑手练习在不同地形情况下稳坐马背的能力。经常骑马远征是一个不错的练习。但这种机会并不多。所以,告诉你的学生只要有在野外的机会,就要自己练习。有时,你们自己也要带队出去练习,使你们的骑手能适应各种地形。要让他们在不同的区域进行模拟战斗。为了让他们能在马背上敏捷地投掷标枪,①要组织骑兵中队比赛,并且为优胜者以及优秀骑手颁奖。总而言之,尽可能使你自己和你的手下成为骁勇善战的骑兵。"②

议会(Boule)经常检阅比赛。有一次检阅是在吕克昂的赛马场进行的。先是检阅模拟战斗。每个骑兵指挥官率领五个骑兵中队,一队接着

---

① The mark was a suspended shield,Bri,Mus. Prize— Amphora 7,Room Ⅳ.

② A rough summary of Xen. *Hipparch*. i. 15—16.

123

一队,跃过一条条沟壑,向对方发起正面冲锋。他们也必须驾着马车组成
队列冲锋。接着检阅投掷标枪。① 还有一次,检阅是在阿卡德米进行的。
这里的跑马场地面坚硬(ὁ ἐπίκροτος),是练习阿提卡山地骑兵作战的理
想场所。在这里,他们必须向对抗部队发起猛攻,或者突然停止进攻。②

骑兵引人注目的表现之一是参加泛雅典娜节的游行,他们在节日里
扮演着重要的角色。在巴台农神殿中,可以看到一幅保存十分完美的油
画,表现的就是这种游行。色诺芬提到过许多游行时使用的方法,例如,
在游行时怎样保持战马始终昂首前进以及用哪些步态来吸引人们的注意
等。这种游行以及类似的游行一定也使招募骑兵变得容易些。

正如人们所期望的,游泳在希腊沿海城邦国家里,似乎一直被视作
极其普通的技能。甚至在内陆城邦斯巴达,男孩也必须每日在欧罗塔
斯河练习跳水。根据传统,③雅典法律规定,每个男孩必须受到阅读、写
作和游泳的教育。雅典有一句专门形容一个十足的笨人的谚语:"他既
不识字,也不会游泳。"④希罗多德明显地暗示,所有希腊人都会游泳。
"希腊人在萨拉米斯⑤损失不大,因为他们会游泳(与之相反的是,野蛮
人不会游泳),当船只被击沉时,他们能游上岸。"⑥因此,他判定,所有的
水手都能游泳。伯罗奔尼撒战争期间,被俘虏的三层桨座战船的全体
船员往往都跳入海里,游泳逃生。⑦ 雅典的一个故事说,拉索斯(Lasos)
地方的男孩在角力学校放学后,就一起去学习游泳和跳水。阿里斯提
帕斯(Aristippos)⑧的一个朋友曾向他自夸自己的跳水。⑨ 在雅典舰队

---

① Xen. *Hipparch*. iii. 6.

② Ibid. iii. 14.

③ Petit, *Leg. Att*. ii. 4.

④ Plato *Laws*, 689 D.

⑤ 指公元前 480 年萨拉米斯(Salamis)海战,是希腊与波斯战争中的决定性战役。
结果是希腊获胜。——译者注

⑥ Herod. viii. 89.

⑦ *e. g*. Thuc. iv. 25.

⑧ 阿里斯提帕斯(Aristippos,约公元前 435—公元前 356),古希腊哲学家。——
译者注

⑨ Diogenes Laert. ii. 8.73.

封锁了斯法克特里亚(Sphakteria)之后,许多希洛人潜水从大陆游到岛屿上。① 尽管这些资料不够充分也不够系统,但它们足以表明,大多数男孩一定是学习过游泳的,因为他们每个人极有可能到舰队服役。柏拉图曾两次提到一个男子仰游的例子,② 这表明,这种游泳姿势是当时人们所熟知的。在一次辩论中,一位辩者的演讲出现了漏洞,十分窘迫,这时苏格拉底插话说:"让这个男孩休息一下吧,因为他已经知道他潜入深水了,否则他可能失去信心。"③ 这段话表明,人们对男孩学习游泳的事情十分熟悉。男孩学习游泳的地方很多。众多的河流以及海湾、湖泊和游泳池④都是学习游泳的场所。希腊年轻人还有各种各样的水中"体操游戏",⑤ 不过,关于这些游戏的特点迄今仍无人知晓。

无可置疑,在沿海城邦国家中,一大批男孩,特别是社会底层的男孩,要学习划船。因为三层桨座的战船需要 200 名船员,他们都必须学会摇桨。根据《黄蜂》介绍,在过去的美好日子里,男孩的主要目标就是成为一个划手。⑥ 因划船手上起的水泡是爱国主义的象征。⑦ 出现紧急情况时,为了赢得战争的胜利,雅典会强迫某一年龄段的公民登舰充任划手。一般来说适龄公民不会不服从城邦召唤的。⑧ 在这种情况下,许多骑手也会登上战舰。阿里斯托芬曾开玩笑地说:在远征克里恩斯(Korinth)的途中,战马也在吆喝着:"得儿,驾,大家仰游吧,加劲游,兄弟们!"⑨战争结束之前,⑩ 在冥河(Styx)摆渡的查龙(Charon)认为,由于所有的希腊人都掌握划船的方法,因此,逝者的灵魂可以自己渡河。划船比赛就是在这一时期出现的。卢西亚斯(Lusias)的代理人说,他参

---

① Thuc. iv. 26.

② Plato,*Rep.* 529 C;*Phaidr.* 264 A.

③ Plato,*Euthud.* 277 D.

④ Plato,*Rep.* 453 D.

⑤ Galen. *de loc. aff.* iv. 8. See Grasberger, i. 151.

⑥ Aristoph . *Wasps*, 1095.

⑦ *Ibid.* 1119.

⑧ Xen. *Hellen.* i. 6. 24.

⑨ Aristoph. *Knights*, 600.

⑩ Aristoph. *Frogs*, 200—271, describes a rowing lesson.

加过三层桨座战船驶离苏里翁海角(Cape Sounion)的划船比赛,并且获得胜利。① 也许,由富人任命的三层桨座战船的指挥官,或者出于自愿,或者因为约定的习俗,要求战船之间展开竞赛。因此,这种划船比赛就像歌咏或火炬赛跑一样是在部落之间进行的。在稍后的时期,两队埃弗比青年常常分乘两艘三层桨座战船进行划船比赛。花瓶图案上的远征西西里的比赛最远到了埃伊纳(Aigina)。② 一个与柏拉图有关的残片也提到类似的比赛:③

> 平坦的海角上有一座高高隆起的法老陵墓,
> 迎接着远征舰队返航的欢呼,
> 凝视着商船进出港口的忙碌,
> 观看着帆船竞赛的明争暗斗。

**附注:**

讨论阿提卡的教育,"体育官员"(gumnasiarchoi)是一个令人困惑的词汇。一些权威认为,他们是担任公职的富人。其担任的职位相当于三层桨座战船指挥官或合唱队指挥的职务。另一些权威则认为,他们是受任命督导体育馆的官员。

按照一般原则,体育官员是当然的公职人员。在卢西亚斯的文章中,④一位演说家列举了自己承担的职责。他说:"我为塔尔盖利昂节提供了一个男子合唱队,为泛雅典娜节提供了一队军事舞蹈者,还为普洛米西亚节(Prometheia)提供了一个组诗合唱队。我是普洛米西亚节的体育官员,我获得了胜利。同时,我还是一个指挥,在小泛雅典娜节(little Panathenaia)指挥了一支男孩合唱队和一队年轻的军事舞蹈者。"在安多克亚德斯(Andokides)的文章中,⑤也提到赫菲斯特里亚(Hephaisteia)城邦的体育官员。讨论雅典宪法的论文作者说:"在谈到合唱队指挥、体育官员和三层桨座战船指挥官时,雅典人认为,这些都是富人的职位。平民在他们的领导下做事拿钱。所以,平民提出要求,他们的唱歌、赛跑、舞蹈和划船都应当付给报酬。"⑥现在,我们可以分清了,合唱队指挥负责"唱歌和跳舞",三层桨

---

① *Lus.* 21.5.
② Thuc. vi. 32.
③ Plut. *Themist.* 32.
④ Lusias, speech 21. 1—2.
⑤ Andok. 17.20.
⑥ 〔Xen.〕*Constit. of Athen.* i. 13.

座战船指挥官负责"划船"。所以，留给体育官员负责的工作只有"赛跑"了。两篇早期文章提到，每年举办的赫菲斯特里亚节和普洛米西亚节的主要特征之一与体育官员职责有关，这就是火炬赛跑。因此，我们可以推论，体育官员的职责是在部落中召集和训练参加节日火炬赛跑的青年。① 为了履行这一职责，他们要到执政官巴西欧斯（Archon Basileus）那里以不敬神灵罪起诉任何干扰者，②因为赛跑是一项宗教的活动。也正因为如此，作为合唱队指挥的狄摩西尼斯，在一次反驳梅迪亚斯（Meidias）③的演讲中，声称他们的职位是神圣的。

至此，可以说，体育官员是普通的公职人员。他的职责是为部落提供一支在普洛米西亚节和赫菲斯特里亚节举行火炬赛跑的队伍，这支队伍一般由埃弗比青年组成。这一点，我们可以从一段描述尤特奇德斯（Eutuchides）和他的埃弗比青年获得胜利的铭文中得知。④

埃斯钦斯在演讲中驳斥提马库斯（Timarchos）时引用的梭伦法律也有相关的内容："gumnasiarchai"（注意，这是一个不同的单词）"不允许任何超龄的人以任何方式在赫耳墨斯节接近男孩们，如果这些人进入了体育馆，'gumnasiarches'将承担腐蚀自由民男孩子的法律责任而受到处罚。"⑤但是，这位演讲者自己只提到竞技教练以及与赫尔迈（Hermaia）⑥相关的特别法律，并没有提到"gumnasiarches"。稍后一个时期，法律增加了一个条款，即在体育馆安排了专门掌管官员。不过，没有证据证明在希腊独立的时期出现过这种官员。

下面一段保存至今的文字很有趣。一位演说家在伊塞奥斯（Isaios）说："我是古希腊阿提卡市区的（或者是乡村地区）的体育官员。"⑦因此，那个地方一定有地方性火炬赛跑，富人们被要求付费和训练队伍，正像地方戏剧演出一样。这段文字展示了在阿提卡的生机勃勃的运动生活的画卷。

156

---

① So　γνμνασιαρχεῖν λαμπάδι.Isaios，*Philoktemon*，62. 60.

　　γνμασιαρχείσθαι εύ ταῖς λαμπάσιν.-Xen. *Revenues*，4. 52.

　　λάμπάδι νικήσας γνμνασιαρχῶν-Böckh，257.

② Dem. *ag. Lakritos*，94o；Aritot. 'Αθ. Πολ. 57.

③ 梅迪亚斯（Meidias），雅典富人。狄摩西尼斯的敌对者。——译者注

④ Böckh，243.

⑤ Aesch. *Tim*. 12.

⑥ 赫尔迈（Hermaia），古希腊竞技比赛，包括火炬赛跑。——译者注

⑦ Isaios，*Menekles*，§42. See Wyse's edition on the passage.

# 第五章 智者派的中等教育

157　　通常从 14 岁起,文字和弦琴等普通课程就结束了。但是,体操课程还将继续学习一段时间,直到年龄不允许为止。在公元前 5 世纪的前 75 年中,如果青年人家庭富裕而不要自己劳动谋生的话,他可以一直待在学校学习,直到自己决定离开学校为止。而贫穷公民的儿子则要去从事贸易和商业。毫无疑问,富裕家庭的男孩将自己的大部分时间用来进行体育运动。骑马和驾驶双轮马车是流行的娱乐活动。但是,到了伯里克利时代,人们有了一种强烈的继续学习智力课程的愿望,于是,中等教育制度应运而生了。四年的中等教育从男孩完成初等教育开始,到男孩受到城邦征召去从事为期两年的军事训练(即埃弗比)的时候结束。

　　许多比较好的初等学校为少年开设的课程是分教室上课的。不同年龄男孩分不同的时段上课。也许,这种安排在初等学校就已开始。那些希望学习超过初等学校水平的高级文学和音乐课程的学生可以获
158　得这种机会。但是,在苏格拉底时代,许多教师开设的班级课程似乎是不分年龄的。有一次,苏格拉底走进了文字教师狄奥卢西奥斯(Dionusios)所办的学校。① 学校有一个班级的学生,②他们全部是贵族家庭子弟。毫无疑问,穷人是付不起这种教育费用的。两个少年正在讨论天文学的意义,他们引用奥伊勒皮德斯(Oinopides)③和阿那克萨

----

① Plato's own schoolmaster, Diog. Laert. iii. 5.

② 〔Plato〕*Lovers*, 132.

③ Reputed inventor of Euclid i. 12. and 23, and a great astronomer.

哥拉两位权威的话来证明自己的论点,①苏格拉底进去时正好听到了这两个人的名字。他们在地上画了几个圆圈,用手来模仿两个圆的运行轨道。这一场景表明,高级水平课程在初等读写学校就已经开设了。智者派似乎早已普遍分班上课了。

　　中等教育课程通常并不是在固定的学校由固定的教师来教授的,而是由四处漂泊的博学之士教授的。他们教授了当时可以设想到的所有学科。他们有一个共同的名称——"智者派"(Sophists)。② 尽管数学家和天文学家也教授学生,但不在智者派行列中。这要归功于柏拉图的权威了,他对数学和天文学发展有很大的影响。在《理想国》和《法律篇》中,他只为青年开设数学和天文学这两门课程,他讨厌把其他学科作为中等教育课程。但是,阿里斯托芬采取了更具逻辑性的立场,在《云》里将几何学和天文学列在滑稽的智者派所教授的科目中。就事实而言,当时的中等教育课程涵盖了学生或家长所希望学习的所有科目。按照平民的看法,传授这些课程的四处漂泊的教师,或者甚至像伊索克拉底这样在雅典拥有固定学校的教师,都是智者。

　　但是,更为重要的学科自然地分为两大类:数学和修辞学。正如我们从《理想国》中得知,数学是中等教育组成部分。按照毕达哥拉斯的传统,数论、几何、天文和某些特定的音乐理论归类为数学。我们在前面已经看到一个班的学生在学习几何学。柏拉图在《泰阿泰德篇》(Theaitetos)③中介绍了一堂高级算术课。按照希腊的传统,为了在教学时借助图形的帮助,这堂课是用几何概念解释的。少年泰阿泰德对苏格拉底说,伟大的数学家狄奥多拉斯(Theodorus of Kurene)教过他数学。"他给我们讲有关根的问题时借用了图形,向我们表明,3 的根和5 的根不能用英尺(foot)来作线性测量(即不能用有理数线性表示)④。

159

――――――――――

　　① 奥伊勒皮德斯(Oinopides),古代数学家和天文学家。——译者注

　　② Thus the lad Theages, who has learnt letters, lyre-playing, and wrestling is vaguely in search of a Sophist, to make him "wise" (〔Plato〕*Theages*, 121 D, 122 E).

　　③ Plato, *Theait.* 147 D.

　　④ 原文是"not rational"。由于当时未发现无理数,这里应理解为:有理数的有理系数的线性组合。——译者注

他计算了 17 以下每个数的根,然后停了下来。这时,我们理解了,有些数的根显然都是无穷的。于是,我和同学决心找到一个单一的名称来涵盖所有的根。"

"我们将所有的数分为两部分。我们把有平方根的数比作'几何平方数'(geometrical square),将其称为'两个相同数的乘积'(square and equilateral)(例如:4,9,16)。所有的中间数字,如 3 和 5 等没有平方根的数字,都是由不相同因子乘积(unequal factors)得到的。我们将其类比为不等边三角形,称其为'三角数'(rectangle number)。"同样,当学生将同样的原理运用到立方和立方根时,狄奥多拉斯一定也会鼓励他们去探索立体几何的秘密。

在这里,我们发现一位教师正在给只有两个学生的班级上课。像狄奥多拉斯的教学一样,这两个学生也在讨论教师讲授的内容。前面提到,狄奥多拉斯教授几何学、天文学、音乐理论以及数论。到这一时期,几何学已经出现一大批简单命题,这些命题被欧几里得(Euclid)[①]的著作吸收了进去。后来,毕达哥拉斯学派、柏拉图学派在几何学的发展方面作出了许多贡献。计算圆的周长(squaring the circle)的问题也是人们关注的问题。[②] 圆规和尺子是普通的几何学工具。图表是在地上、灰烬里和沙地上画的。在算术里,不尽根(surds)[③]是一个热门的话题。用平面几何和立体几何来解释的这些算术问题后来演变成这门科学的一部分。

在柏拉图看来,数学是适合中学生学习的唯一内容。哲学家特勒斯[④]也坚持这一传统,不过他把算术和几何变成了男孩特别害怕的瘟疫。[⑤] 那个时候,哲学家对修辞学是鄙视的。

---

① 欧几里得(Euclid),约生于公元前 3 世纪。希腊数学家,被誉为"几何学之父"。——译者注

② Aristoph. *Birds*,1005.

③ Plato, *Hipp. Maj.* 303 B.

④ Stob. 98,p. 535.

⑤ 还有骑马。特勒斯考虑的是贵族的青少年,这些人日后要进埃弗比学院接受训练的。

自高尔吉亚（Gorgias）①时代以来，修辞学已经成为中等教育相当重要的内容。伊索克拉底是修辞学最伟大的教授。他在自己的学校里为青年开设了3—4年的修辞学课程，修辞学要一直学到进入埃弗比为止。对于他的教学方法和教学目的，以及这位令人感兴趣的教师的个性，我们将在稍后讨论。

除了数学和修辞学之外，也有文学课程。《阿西奥库斯篇》介绍了教师教授"κριτκοί"的情况。一些教授文学科目的教师只关注对诗作的解释，他们的见解常常显得牵强。《普罗泰戈拉篇》中有一段相关的结论，也许能让我们了解这类课程。

"普罗泰戈拉：我认为，精通诗歌是男子教育中最为重要的部分，也就是说，男子应该懂得诗人们所说的话中哪些是对的、哪些是错的。西蒙尼德斯问色萨利人克里翁（Kreon）的儿子斯科帕斯（Skopas）：你知道这首诗吗？'做真正的好男人有多么艰难，应当意志坚定不动摇，手脚勤快还要动脑'，你知道诗人在这首诗中还说了这么一句话吗？'皮塔库斯（Pittakos）虽然很聪明，但他说的并不正确，'你能不能看出这位诗人的自相矛盾之处吗？"

苏格拉底通过解释"being"（存在）与"becoming"（形成）的区别作了回答，并启发地说，单词"χαλεπός"（艰难）的意思不一定是"困难的"，而是"坏的"意思。接着，苏格拉底自己开始讲课。他将第一行中的"μέν"挑出来，把它放在一个不恰当的位置，并且把单词"真正"与"艰难"连在一起。然后解释道：向善是困难的，但可能做到；而达到善和保持善是几乎不可能的。这时，西门尼德斯接着说，他很满意和一些不做坏事的人在一起。苏格拉底还注意到了一个语言学特点，即诗歌中单词"ἐπαίνημι"是来兹博斯的埃奥利方言（Lesbian Aeolic）②的词形，其论据是这首诗是念给米图伦公民听的。人们能发现的是，希皮亚斯也曾就

---

① 高尔吉亚（Gorgias，约公元前483—公元前375），古希腊哲学家和修辞学家，著名的智者。——译者注

② 来兹博斯（Lesbos），希腊一岛屿。Lesbian是形容词。——译者注

这个问题作过讲座。伊索克拉底还提到智者的《荷马史诗》讲座,这种讲座通常是以叙事诗形式进行的。

语法也是要教授的,其目的在于正确地使用词汇。其他科目还有几何学①、艺术和韵律。逻辑学这时刚刚萌芽,十分稚嫩,但儿童可以经常听到成人辩论者的辩论,并通过自己的辩论练习来掌握逻辑学。通常,人们之间的谈话内容都是围绕伦理学和政治问题展开的。公元前 4 世纪,柏拉图建立了哲学学校,后来亚里士多德也建立了一所哲学学校。安提西尼(Antisthenes)在库诺萨格(Kunosarges)②开设过犬儒学派讲座。伊索克拉底教授过政治学。人们还期望年轻人学习自己国家的法律。显然,他们还被带到卫城去阅读梭伦法典。有时,他们也会出席法庭旁听审判,以理解法律程序。那些希望成为法庭诉讼稿撰写人的还要学习更多的东西,要去听诸如卢西亚斯和伊塞奥斯等著名作家的讲演,学习法庭辩论的艺术。

有一点必须清楚,那就是,中等教育完全是自愿参加的。家长不必送孩子去接受中等教育。贫穷家庭的家长当然也不愿意。富裕家庭的家长可以根据自己或孩子的意愿选择要学习的科目:修辞学、文学、地理或数学——对于城邦而言都是一样的。教师四处漂泊,来来往往,很少长期待在雅典。他们的学生会跟随他们去国外,例如,伊索克拉底到色萨利去追随高尔吉亚,要么等他们的老师下次来访。只有伊索克拉底的哲学学校以及少数像卢西亚斯和伊塞奥斯演讲稿撰写人在雅典有永久性居所。伊索克拉底在希俄斯当过一段时间教师。柏拉图不止一次去过西西里,当他外出时,学校的教学正常进行。流动性是希腊中等教育的一个特点,教师始终在流动之中。他们没有别人捐赠给他们的建筑物。他们在自己家中或花园里教学,或者在富裕的房东家里和租

---

① Among the common amusements of Athenian dinner-parties was a geographical game, in which A gave, say, the name of a city in Asia beginning with K, and B had to reply with one in Europe beginning with the same letter (Athen. 457).

② 安提西尼(Antisthenes,约公元前 445—前 365),苏格拉底的学生。古希腊哲学犬儒学派(Cynic)创始人。库诺萨格(Kunosarges),体育场名。——译者注

借的教室里教学,或者在像体育馆那样的公共场所里教学,有时甚至在街头教学。连续的或不间断的教学很少有。接受严格意义的智者派教学的学生是很少的。这一时期,一般年轻人学习知识贪图广博而不求甚解。只学一点儿肤浅知识实际上是件危险的事情。年轻人变成了万金油。柏拉图抨击了这种肤浅教育的弊端,在《理想国》中,他大声疾呼:"一个人只从事一个行业(One man,one trade)。"批判的矛头直指智者派教学内容的肤浅。

因此,中等教育的教学可以分为两种:一种是游走四方智者派的流动性教学,另一种是柏拉图和伊索克拉底等在固定校址里进行的连续性教学。这样一划分,叙述就方便了。我们先来看看智者派的流动性教学。在学科方面,智者派非常重视逻辑学和修辞学两个学科。他们教授的逻辑学像柏拉图一样多,教授的修辞学则像伊索克拉底一样多。此外他们还像亚里士多德那样注意普遍知识(universal information)的传授。但是,在方法上他们是不同的。因为智者派是流动的,今天在这里,明天又去了别处。而有固定校址的教师由于连续几年教同样一批学生,他们就可能研究学生的特征来因材施教。教育价值能否体现在很大程度上取决于教师对他的学生的理解和同情。

探寻"Sophia"(智慧)这个词汇的发展轨迹以及探讨从事"智慧"工作的智者是件令人感兴趣的事情。

早期希腊人的思想是通过六韵部诗歌来表述的。荷马和赫西俄德是他们那个时代科学思想、哲学思想和宗教思想的代表。通过诗歌形式表达哲学思想的传统,一直保持到后来帕梅尼德斯(Parmenides)[①]和恩培多克勒(Empedokles)[②]时代。也许,我们在柏拉图虚构的故事中发现的是它最后的踪迹。宗教思想家、祭祀组织者和神谕的创作者也都借助诗歌的力量。在早期的希腊文献中,"智慧"(wisdom)主要与诗歌和音乐联系在一起。单词"σοφοί"和"σοφισταί"用来形容诗人时并不

*164*

---

① 帕梅尼德斯(Parmenides),公元前 5 世纪希腊哲学家。——译者注

② 恩培多克勒(Empedokles,约公元前 490—公元前 430),古希腊哲学家。——译者注

带有歧视的意思。① 单词"σοφιστής"的意思流传了下来。普罗泰戈拉将荷马、赫西俄德、慕赛俄斯、俄耳斐乌斯以及西蒙尼德斯等都称作"σοφιστής"。俄耳斐乌斯在《菲索斯》(Rhesos)中也是这样做的。弗如尼库斯称音乐家拉姆普拉斯(Lampros)为"超级智者"(hyper-sophist)。阿特拉尤斯(Athenaeus)则声称,"智者"对于学习音乐的学生来说是一个普通的称谓。

在较早时期,智者一词还有一个意思,指手工艺方面的"聪明人",例如,木匠②、医药师③和双轮马车驾驶者④等。

"七贤"(Seven Sages)⑤也被人称作智者。⑥ 在那个时代,同词源的单词"σοφός"和"σοφία"与实践和政治的智慧有了联系。⑦

这样,借助了许多古代诗人和思想家的力量,希腊教育的地位提升了,还出现了后缀相似的教育概念,如"γραμματιστής"和"κιθαριστής"。这样,就使单词"σοφιστής"与教学职业发生了联系。科学知识开始积累起来。丰富的历史知识被看成政治理论和格言的基础。修辞学开始成为政治生活的必要的准备。这是因为,随着民主社会的出现,演说能力在法庭里和民众集会上发挥了决定性的影响作用。在公元前5世纪后半期的希腊,人们热情地追求知识,情绪之高涨是前所未有的。这种学习需求的增长吸引了智者的到来。整个希腊世界出现了一批职业教师,他们带着或是通过相互学习获得的知识或是自己发现的知识,从一个城邦跑到另一个城邦,以教书为业。所到之处,他们的讲座都吸引了一大批热情听众。在他们研究的或传授的学科中,可以提及的有数学(包括算术、几何学和天文)、文法、词源学、地理、自然史、韵律和节奏规

---

① Pind. *Isthm.* 5(4)36. σοφισταί; σοφός, Pind. *Ol.* i. 15; *Pyth.* i. 42. σοφία, *Hymn to Hermes*, and Pind. *Ol.* i. 187.

② Hom. *Il.* 15. 412.

③ Pind. *Pyth.* 3. 96.

④ *Ibid.* 5. 154.

⑤ 七贤(Seven Sages),古代希腊七位名人的统称。现代人了解较多的只有立法者梭伦和哲学家泰勒斯两人。——译者注

⑥ In Isocrates, *Antid.* 235.

⑦ As in Theog. 1074.

律、历史（含神话和系谱学）、政治、伦理学、宗教批判、记忆学、逻辑学、战术和战略、音乐、油画、科学运动技巧等。除上述科目外，修辞学是重要的科目。对这样一种知识的集合，唯有用"智慧"（σοφία）来形容才贴切，没有其他任何更合适的词汇了。

在保存下来的文献中有一些关于智者的有趣描述。不过，这些文献的作者都是带有偏见的反对者。

在阿里斯托芬的《云》中，智者派及其学生被描绘成在地下"思想商店"（thinking-shop）中生活的人。他们面色苍白，生活邋遢，从事着各种研究。他们通过提出一些重要问题来研究自然史，例如："跳蚤跳一次的距离是它自己脚的长度的多少倍？"回答这个问题需要实际试验。后来，在戏剧中，他们提的问题是，既然条条河流汇入大海，那大海为什么从未溢出呢？这一时期，对于电闪雷鸣的现象开始有了科学的解释，而不再依靠神话。下面一段是阿里斯托芬在很久之前发出的对宗教的批判："如果宙斯（Zeus）监禁了他的父亲，为什么他没有受到惩罚呢？"学习天文学时，他们在空中吊一个篮子作为天文台，来观察太阳的行进路线和轨道。几何学和圆规也都利用上了。有人来访时，他们会展示一幅世界地图，图中的尤波伊亚（Euboia）[1]、拉克代蒙和阿提卡等地区十分醒目，甚至市区基库那（Kikunna）也被标了出来。也许正像斯特普西亚德斯（Strepsiades）[2]期望在雅典能发现司法制度（dikastai）一样，地图上的无名区域里还有大象和巨兽的画像。学生们对韵律和节奏十分着迷。这位诗人对文法不以为然，给单词"cock"（公鸡）加上后缀"ess"，创造了单词"cockess"，使之变成了阴性，导致主要的智者反对阴性名词加阳性后缀的做法。有情况表明，"思想商店"的学生是脏兮兮的半饱半饥的素食主义者。为了节约，他们从不理发和洗澡，从不饮酒和运动。不过，受到阿里斯托芬攻击的主要还是智者派的辩论教学方法。根据他的说法，在智者的指导下，学习的目的在于如何欺骗具有选举权

---

① 尤波伊亚（Euboia），希腊一岛屿。——译者注

② 斯特普西亚德斯（Strepsiades），古代雅典一位负债累累又想逃债的公民。——译者注

的公民、怎样去赢得欺诈性官司以避免可能受到的惩罚以及如何证明任何事物的合法性。例如,一个成绩优秀的学生殴打父母后,如何为自己的行为作符合逻辑的解释。又如,学生拒绝上学,是因为他们太聪明了,以至于他们不能相信和接受任何东西。他们会因智力上的成功而狂喜。他们所受到的教导是,遇到棘手的问题就转移话题。

柏拉图在《普罗泰戈拉篇》中生动地勾勒了智者生活的轮廓。年轻的希波克拉底在追捕一个逃亡前线的奴隶之后回到雅典,当晚听说伟大的智者普罗泰戈拉已经到了雅典,十分激动。但由于时间太晚,他没有立刻去找苏格拉底,因为苏格拉底答应将把他介绍给普罗泰戈拉。第二天一早,天才蒙蒙亮,他就到了苏格拉底住处,兴奋地砰砰敲门,大声地喊,他愿意把自己和朋友的所有的钱都花在学费上。

他们一起来到卡里亚斯家,普罗泰戈拉和其他智者住在这里。门房由于接待来访者太多显得疲惫,态度并不友善。他们发现,普罗泰戈拉已经在回廊中散步,身边有三四个听众,其中一个听众本人也是智者。在他们的身后有一群人,多数是被普罗泰戈拉魔幻般的声音吸引而来的其他城邦的外国人,比如俄耳斐乌斯。另一位智者希皮亚斯坐在回廊对面的一个地方,四周凳子上坐着一批学生,他们正询问关于自然科学和天文学方面的问题。第三位智者普罗狄科,依然坐在偏房的床上,身上裹着毯子,①听众则坐在旁边的床上。最后,所有的人将长椅和凳子聚拢在一起,围成一个很大的圆圈,准备听普罗泰戈拉和苏格拉底之间的对话。卡里亚斯是这种场合的主人,经常款待智者。有一次,他还邀请智者高尔吉亚和波罗斯(Polos)到他家作过客。他家回廊里的讲座厅一定是人们喜爱的地方。智者派也经常去体育馆。《尤西德姆斯篇》(Euthudemos)②中的讨论就是在吕克昂进行的,两位智者在吕克昂回廊中边散步边讨论。希皮亚斯还在其他地方作过两次演讲,一次在学校教室里,还有一次在奥林匹亚公共场所。

普罗泰戈拉是这些教师中第一个收取学费的人。他的收费方法很

---

① 他身体有病。
② 《尤西德姆斯篇》(Euthudemos),柏拉图作品。——译者注

公平。在授课结束时，如果学生选择听了这场讲座，他们便会付给普罗泰戈拉所要求的费用。有时，他们会先去神庙宣誓，然后按照普罗泰戈拉教学的价值付学费。[①] 希皮亚斯在西西里一次很短的讲座收费大约600英镑，[②]在伊努库斯(Inukos)小城的讲座，收费大约80英镑，尽管普罗泰戈拉这一时间也在同一个岛上教学。智者普罗狄科的一次专门纠正演讲错误的讲座只收2个英镑。[③] 有的讲座甚至只收10便士。他似乎注意按讲座等级收费。有的收5便士，有的收1先令8便士，有的3先令4便士。[④] 帕罗斯(Paros)[⑤]的智者尤罗斯(Euenos)的教学，每人收费20英镑。[⑥] 也许，智者收取的费用数额被他们的同代人夸大了许多。按照高尔吉亚的学生伊索克拉底的说法，学生交的费用并不多。"没有人发现所谓的智者派收取很多钱财。相反，他们中一些人生活在贫困之中，其余人的生活水平也一般。在我的记忆中，最富有的智者是高尔吉亚。他大部分时间是在色萨利度过的，那是希腊最富有的地区。他是个长寿之人，从事教学许多年。他在许多城市居住过，但从未成为任何一个城市的公众负担。他终身未婚，没有子女需要抚养。他虽然收取教学费用，但他去世时也只留下大约800英镑的钱财。"[⑦]需要强调的是，智者派收费的对象只是那些注册为学生的人和慕名前来听收费讲座的人。希皮亚斯经常在雅典开设讲座授课，但他从不收取任何费用。任何人都可以向一位智者请教问题，也总会得到满意的回答。这些智者的口才与实际能力是要为他们所在的城邦服务的。正像文艺复兴的学者们那样，希皮亚斯、高尔吉亚和普罗狄科经常充当外交大使角

169

---

① Plato, *Protag*. 328 C.
② 这里的费用是按20世纪初英国货币单位计算的。英镑(Pound)为英国的本位货币单位，辅币单位原为先令(Shiling)和便士(Penny)，1英镑等于20先令，1先令等于12便士。1971年，英格兰银行实行新的货币进位制，辅币单位改为新便士(New Penny)，1英镑等于100新便士。——译者注
③ Plato, *Krat*. 384 B.
④ 〔Plato〕*Axioch*. 366 C.
⑤ 帕罗斯(Paros)，希腊一岛屿。——译者注
⑥ Plato, *Apol*. iv. 20 B.
⑦ Isok. *Antid*. 156.

色。他们一生中的大部分工作没有任何报酬。他们的实际收入可能没有他们的对手哲学家多,因为后者可以获得僭主的友好捐赠。

无论怎么说,智者派收取的费用不会多到浇灭学生热情的程度。年轻人离开亲朋好友,追随智者从一个城邦到另一个城邦。这些热情的门徒几乎随时准备将他们的老师扛在肩膀上,老师对他们的影响实在太大了。为什么他们会有如此热情?部分原因是,在他们那个年龄,他们对知识的渴求没有止境;部分原因是,他们有着学习美德的强烈愿望,而这些是智者派声称要传授的。然而,最重要的原因是,年轻人雄心勃勃,都期望自己在与他人对话时能成为耀眼的明珠,因为那个时代最伟大的工作就是对话。他们希望自己能够在所有话题的探讨中显示自己的智慧。同时,教育也是获取政治成就的道路。智者派传授系统的修辞学和逻辑学一类的知识,也传授演说所需的学科知识,例如,政治学、历史和伦理学常识等科目中的实用性知识。在这一时期,演说能力被认为是博学的表现。人们需要修辞学不仅是为了谋求权力,而且也是为了保护自己,因为在法庭,演说能力产生的影响甚至超过单纯的争论和事实。

有关智者派个人的资料保留下来的不多。一些追寻他们踪迹的作者在著作中提到他们时,也只有寥寥数语。柏拉图关于智者的结论并非是从他们的教学理论中得出的,而主要是从他们的哲学理论中得出的。最早的智者普罗泰戈拉是一位受人尊敬的社会名人,他给自己定下的任务是训练良好公民。他声称,他可以使学生学会管理家庭和城邦。他给学生传授的是他长期摸索获得的处世经验和智慧。他对政治学的专门研究显然是为了这一目的。他留下的一篇政治学论文非常优秀,以至于一个叫阿里斯托泽罗斯(Aristoxenos)的人说,柏拉图的《理想国》大部分是抄袭这篇论文的。① 有点像是生意人,他喜欢清理思想,对语法也作了研究。他是第一个将名词分为三个性的人。②

普罗狄科属于同样的实践流派。他的教学从如何正确运用词汇开

---

① Diog. Laert. iii. 25.

② Aristot. *Rhet.* iii. 3. 5.

始。他告诉苏格拉底，不要用"δεινός"来表示"聪明"，因为这个词本意是"可怕的"，适合形容战争或者疾病等。[①] 柏拉图有一段关于他所钟爱学科的有趣论述："在哲学辩论时，听众应当注意倾听双方的意见，但不可能平等地对待双方的意见，因为这不是同一件事情。因为注意倾听双方的意见是正确的，但你应当有倾向性，你不可能倾向双方，而应当倾向更智慧的一方。我也要求你们同意我的意见，或讨论我的意见，但不是去争论。因为讨论是朋友之间出于友谊的对话，而争论则是在对立双方之间进行的。采用这种态度，我们的对话会产生最佳的效果。这样，你们作为演讲者，便会从听众那儿赢得声誉，而不是赞扬，因为声誉是来自听众内心的，而赞扬是一种并未感觉到的情感的外现。作为听众，我们获得的将会是幸福，而不是快乐。因为幸福是获得知识和智慧后精神的产物，而快乐是通过吃喝获得一种感觉，或是通过其他某种令人愉悦的身体感觉获得的。"[②] 这番言论容易引人发笑，但柏拉图认为，分辨词义的方法是极为有用的逻辑辩论的方法，是现代逻辑非常需要的方法。此外，普罗狄科是一位道德教师，他编辑了著名的《十字路口上的赫拉克勒斯》。在其中，他谆谆教导青年，辛勤工作的意义胜过懒散享乐的生活。尽管他没有获得成功，但身体多病的他一直不懈地努力着。结果，他或许变成了一定程度的悲观主义者。

希皮亚斯是一位令人惊叹的全能天才。有一次，他去参加奥林匹亚节日活动，身上穿戴了许多自制的东西，例如，戒指、油瓶、鞋子、衣服和漂亮的波斯腰带等。同时，他还带去了叙事诗、悲剧作品、赞美歌和各种散文作品。[③] 他精通天文学、几何学、算术和文法。在斯巴达，他教授历史和考古学。他的记忆方法巧妙，把一串 50 人名单给他，他能够全部记住，一个不错。[④] 他专门作过荷马和其他诗人的讲座，也写过一些道德方面的演讲稿。在斯巴达演讲时，他严厉地批判了诡辩和邪恶

172

① Plato, *Protag.* 341 A.
② *Ibid.* 337 A-C.
③ Plato, *Hipp. Min.* 368.
④ Plato, *Hipp. Maj.* and *Protag.* 318.

的品行,演讲获得了巨大成功,掌声雷动。后来,他在雅典的学校作了同样的演讲。希皮亚斯可以随时回答任何人的任何问题,而且从未有过闪失。

另一位名气稍小一点的智者是安提芬。从他的绰号"阿提卡的演说家"可以看出他的与众不同。他出版过有关物理学、和谐(ὁμόνοια)和政治学的著作。保留下来的残篇十分有趣,反映了他教学中的伦理学内容。下面的一些摘录[1]将会使我们对这位智者有所了解。

173

"我把教育看成人类的第一件事情。因为任何事情有了良好的开端,良好的结果便有了可能。丰收的本质取决你播下的种子。如果你在年轻的身体中播下良好教育的种子,那它便会枝繁叶茂,硕果累累。狂风暴雨和旱魔也奈何不了它。"

"生命像是白天轮值的岗哨,生命的长度只有一天的时光。当我们的生命延续着,我们便期待着阳光。然后,我们便将我们的职责传递给我们的继承者。"

"一位守财奴把钱藏在秘密处,既不出借也不花费,后来却被偷走了。被他拒绝了的借钱人告诉他,去找一块石头当做钱放在原来藏钱处,石头会起到钱一样的作用。"

在智者派中,显然有两个小丑式的人物,他们的全部智慧在于逗人发笑。虽然柏拉图关于尤西德姆斯和狄奥努色道斯(Dionusodors)两个智者的描述是否真实值得怀疑,但他们可能代表了智者的一种风格。心智健全的人是不会把他们当做严格意义的教师的。他们曾经是论争者,教授辩论术;后来,他们发现了诡辩的本质。他们可以将任何一个陈述证明是真实的,反过来,也可以将任何一个陈述证明为错误的。他们的回答仅仅只是"对"或"错"。由于他们声称从不教授任何始终如一的知识,因此,你没有办法引用他们说过的话去反驳他们。我们可以通

---

[1] Quoted in the Teubner Antiphon from Stobaeus. *Flor.* 98. 533. *Flor.* Appendix,16. 36. This Antiphon comes in Xen. *Men.* i. 6. 1.

过一个例子①来清楚地了解他们的方法。

　　Ａ：你的父亲是一条狗。

　　Ｂ：你的父亲也一样。

　　Ａ：如果你回答了我的问题，等于你承认了。你有条狗吗？

　　Ｂ：有，还是一条恶狗。

　　Ａ：这条狗有小崽子吗？

　　Ｂ：就像它一样是条杂种狗。

　　Ａ：那么，这条狗是个父亲了？

　　Ｂ：是的。

　　Ａ：那，狗是你的吗？

　　Ｂ：当然。

　　Ａ：那么，狗是你的，而且是个父亲，它就是你的父亲，你是狗崽子的兄弟。

　　尽管这种逻辑十分荒谬，但这种讨论是逻辑教学的好方法。因为它迫使你用智慧去探寻规律。

*174*

　　毫无疑问，在那些不太出名的智者中有害群之马。柏拉图在《智者篇》中对他们所作的辛辣讽刺是贴切的。他们"是用赝品的教育作诱饵捕获有钱有势年轻人的猎手。他们以收费为目的，在私人的谈话中用诡辩谋取钱财，他们十分清楚他们所教授的东西是错误的。"但是，这些智者没有出现在被保存下来的文献中。保留下来的只是很少的一些智者的资料。成百上千智者中的精英一定生活在苏格拉底时代。②

　　到现在为止，我们提到的智者几乎不大关心修辞学。实际上，他们建立了一个逻辑学派，与高尔吉亚修辞学派及其追随者相对立。

---

　　① Plato, *Euthud.* 298 D.

　　② It is not fair to condemn Polos and Thrasumachos on the score of the opinions which Plato puts into their mouths.

8号盘：竞技场场景：吹长笛者，投标枪者，掷铁饼者，拳击手

在这里，我想谈一谈有关希腊修辞学兴起的问题。整个这门学科在希腊各地都受到人们推崇。[1] 从教育的目的来看，希腊修辞学一开始就有着几个致命的缺点和一些弥补这些不足的优点。按照希腊南方人的性格，他们希望，演讲者能将声音的魅力与表述事实的语言逻辑的严密性和谐结合在一起。他们的修辞学是从诗歌中诞生的，完全以他们的文学母体为样板，以迎合文学的口味。修辞学和真理的关系远不如《荷马史诗》与真理的关系那样紧密。修辞学的目的在于通过奇特的韵律、平衡的从句、音节的长短和其他可能的方法使演讲的声音语调悦耳动听。只要表现形式优秀，无论主题如何都不要紧，[2]老鼠和盐都是很好的题目。演讲必须充满激情，但激情可能是假装的。修辞学从其母体叙事诗那里继承了表演的遗产。所以，修辞学强调的是风格，而不是争辩。因为不需要争辩，事实的真假就不重要了。娴熟地掌握了修辞学风格，就能够吸引希腊人注意倾听，从而使"弱势的理由变强"。教师的教学方法十分清楚地表明了这种态度。教学时，他们常常提出一个假设的案例，然后教学生如何从正反两个立场去撰写演讲稿。流传下

---

[1] Jebb，*Attic Orators*.
[2] 可以与文艺复兴时期意大利诗歌作一比较。

来的安提芬的"四联剧"（Tetralogies）①是这种方法的典型例子。就教育效果而言,这种方法是优秀的,因为从正反两个立场去进行论辩是有益处的。但是,这种方法,由于不顾事实,漠视真理以及表演成分多,因此对学生是有害的。这些因素肯定会损害希腊法庭的公正性。它们对希腊人性格的影响也许同样是不能令人满意的。

　　修辞学也吸收了伦理学或政治学或诸如此类学科中的格言和成语的营养,这些格言和成语可以编写成简洁的随笔。初学演讲的人要学习如何编写这些格言和成语以便随时运用,只要有机会就可以把它们插进演讲内容中去。写这些随笔,学生在政治学和伦理学方面要有一定的独立思想。毫无疑问,对于年轻人来说,思考和写作都是大有益处的。

　　辞藻华丽、富有诗意的风格是早期希腊修辞学的特征。它的创始人是高尔吉亚。在一篇葬礼的演讲中,毫无疑问,高尔吉亚淋漓尽致地发挥了自己的才能。这篇演讲成了他的学生模仿的范文。

176

　　"这些已故者用行动证明了自己,他们战胜了敌人,建立了胜利纪念碑,为宙斯献出了生命。他们并非不精通自然战神的战术,并非不守纪律,并非不擅长作战,也并非不热爱美好的和平。他们用正义表示了对诸神的尊敬,用服务为父母增添了荣耀,用平等为同胞赢得了公正,用忠诚获得了朋友的信任。因此,虽然他们已经故去,但我们对他们的爱并没有故去。他们的肉体虽然随着生命的消失而消失,但他们却获得了永生。"在《海伦颂》②（Encomium on Helen）中,我们可以读到这样的句子:"恐怖超越了害怕,遗憾超越了泪水,怀念超越了痛苦",以及"快乐产生,痛苦消除"等。在《帕拉梅德》（Palamedes）中,高尔吉亚还使用了双关语。

　　高尔吉亚和他的学生阿尔基达马斯（Alkidamas）的修辞学诗歌化在当时是很著名的。简而言之,在那个时代,诗歌和散文之间并无严格

---

　　①　"四联剧"（Tetralogies）,古代雅典在酒与戏剧之神 Dionysus 祭日上演的戏剧。由三出悲剧和一部讽刺剧组成。——译者注

　　②《海伦颂》（Encomium on Helen）和《帕拉梅德》（Palamedes）都是高尔吉亚的作品。——译者注

界限。散文往往更具诗歌特征。

高尔吉亚这种奇怪的刻意形成的华丽风格席卷了希腊,所产生的影响是巨大的。它甚至被挑剔的修昔的底斯(Thucydides)①接受了。经过他的学生伊索克拉底批判性地改造之后,这种风格成为西塞罗拉丁文的母本,也成为许多世纪的散文文学的母本。

那个时代,还有其他一些影响稍逊的修辞学智者。例如,李库姆涅奥斯(Likumnios)和波罗斯,前者是老师、后者是学生。他们俩致力于节奏问题研究。他们像高尔吉亚一样注重文体的优雅、花哨和矫饰。又如,西奥多罗斯(Theodoros)和尤罗斯。他们将一篇演讲分为四个部分:证实(confirmation)、再证实(additiomal confirmation)、旁敲侧击(by-blame)、迂回颂扬(by-panegyrics)。波罗斯也参与了他们著作的编写。查尔西顿(Chalcedon)②的特拉苏马库斯(Thrasumachos)似乎比他们的影响大一些。通过研究怜悯和义愤的问题,他对修辞学的心理学因素进行了抨击。他在一本小册子中介绍了自己的研究成果。毫无疑问,他的观点对他的学生产生了影响。

古希腊教育的美妙之处,是它提供了多元文化的模式,没有把富人变成一个远离穷人的阶级。但是,智者派的兴起使这一切发生了改变。他们收取学费,将穷人拒之门外。造成阶级分离的恶名便落到了教师头上。他们的学生,即那些富有的、贵族血统的和有教养的人倾向于寡头政治。在希腊人观念中,教师应当为学生的整个生涯负责。因此,主张民主政治的人始终怀疑智者派,认为他们是寡头政治和僭主的训练者。主要是因为克里提亚斯和阿儿比亚德斯利用被扭曲的民主制度将苏格拉底处死,而这两个人的老师是智者。修辞学家传授给学生的那种劝诱别人的力量可能也常常被误用了。智者的学生那种雄辩能力可能将"公民集会"(Ekklesia)③引入邪恶政治的歧途,使法庭走向非正

---

① 修昔的底斯(Thucydides,约公元前460—公元前396),古希腊历史学家。著有《伯罗奔尼撒战争史》。——译者注

② 查尔西顿(Chalcedon),古代小亚细亚城镇。——译者注

③ "公民集会"(Ekklesia),指任何一种合法召集起来的公民集会。——译者注

义。无论智者派怎么辩解，他们只教授修辞学而非伦理学，他们都要为欺诈以及为他们这些学生的雄辩才能负责。此外，修辞学为能够"收买"它的城邦富人阶层提供了非民主化影响的机会。宗教界和政界中一种憎恨智者派的情绪在增长。在所有的问题上，智者派属于自由的思想者。普罗泰戈拉坦言，他是不可知论者。高尔吉亚认为，万物并不存在。他们的政治理论同样具有革命性，充满着社会契约的思想和强者权利思想。所有这些引起了持民主和正统观念的多数人的反感。但是，需要记住的是，这些观点在他们的讲座里并没有出现过，只是偶然地在某本书中或某个私人谈话中出现过。客观地说，智者派是守法的人，是可尊敬的宪法的仆人。他们的讲座，如果有什么特别的话，那就是相当普通。

178

可以说，人们反感智者派的偏见有两个重要原因，一是因为他们思想自由放任，二是他们收费教学。第一个原因也适用于苏格拉底和其他哲学流派。但是苏格拉底既不索取也不接受学费。柏拉图和亚里士多德只收一些礼物。当那些哲学社团试图在民众头脑中将自己与智者划清界限时，他们都试图坚持古老的希腊偏见，反对出售"智慧"。因为收费的做法给叙事诗人带来了不少麻烦，突出了智者派职业的"赚钱"的特点。这种相当荒谬的思想对后世产生了影响。但是，在希腊它并没有赢得普遍的认可。埃斯钦斯仍然将苏格拉底称作"智者"。在罗马帝国时期，"智者"成了艺术文体批评家的专门头衔以及像利巴涅斯（Libanius）①那样的教师。

---

① 利巴涅斯（Libanius），古代罗马修辞学家。——译者注

# 第六章　固定学校的中等教育

179　　　　在雅典,智者派流动教学的方式开始渐渐地演变为在固定场所进行教学的制度。由于雅典是希腊各行各业人士云集的城市,因此,商人、天文学家、发明家、诗人以及各种思想家纷纷涌入雅典。雅典成为各种贸易和各种语言会聚的城市。这就使雅典人成为希腊民族中最渴望学习的人,也是最具有智慧的人。那个时期,雅典是"克拉彭火车站"(Clapham Junction)①。许多人路过雅典时会待上几天。所有这些为这座城市源源不断地带来了新的思想,并很快被当地居民所吸收。

　　但是,在拥有商贸优势的同时,雅典却没有什么制约其发展的不利因素。喧闹和粗俗的商贸集中在比雷埃夫斯港口(Peiraieus)。哲学家和思想家则在体育馆或街头或柱廊里进行教学活动或者平静地探讨着问题。他们沉浸在由典雅的建筑、艺术和雕塑构成的高雅学术氛围之中。这种氛围征服了喧嚣的来访者。在这里,通过思想的交锋,形成了一个具有吸引力和鼓舞力量的学术圈子。这里是希腊最优秀的思想家智慧碰撞的理想之地,也是伟大的教育制度成长的最佳土壤。整个城180 市本身就是一种教育。伯里克利把雅典称作希腊的学校。即使今天我们从字面来看,这个名称也是非常恰当的。

　　公元前4世纪初,雅典已经出现了中等学校。柏拉图开始教授逻辑学和哲学,伊索克拉底教授修辞学。他们不是一次只教学几周,而是不间断地进行教学。他们的课程要持续三年或四年之久。雅典教育的

――――――――――――

　　① "克拉彭火车站"(Clapham Junction),英国伦敦附近的铁路枢纽站。――译者注

显著特点是没有城邦的组织和干预。伊索克拉底的教学是在吕克昂附近自己的家中进行的。柏拉图在靠近科洛诺斯(Kolonos)的花园里和在阿卡德米里教学。他们的学生来自文明世界的各个地方。在整个课程学习期间，他们生活在雅典。柏拉图的学生入学前要进行数学考试；伊索克拉底只是考察一些相关知识。这两所学校的学生成了公认的雅典生活特征。

柏拉图领着他的学生进行着理性探索，过着隐居的生活。柏拉图学园有着明显的贵族倾向性，他的好几个学生后来成了僭主。伊索克拉底注重实际生活，他的教学就是为学生日后在社会和在政界获得成功作准备。但是，他的学校由于是为那些相对富裕和闲暇的阶级服务的，因此他的学校也有贵族倾向性。不过，他的学园毕竟为那个时代培养了一些最主要的民主政治家。

除了这两所学校之外，还有其他一些学校。有些男孩去伊索克拉底学校学习政治演讲，另一些男孩，例如卢西亚斯和狄摩西尼斯等，去"雄辩术教师"(logographos)①那里学习法庭的雄辩术。要将这两类学生区分开是困难的。这些"雄辩术教师"声称，他们并不传递文化，只是教授技能，因此，他们站在教育的边界上。但是，狄摩西尼斯去雄辩术教师伊塞奥斯那里是想去听伊索克拉底曾经拒绝给他授的课。所以，也很难对这两类机构作出清楚的区分。对于这种"雄辩术教师"我将简要地介绍。②

当这些学校开始在雅典站稳了脚跟时，智者派开始消亡了。公元前4世纪，人们的生活十分艰难，只有很少的人出得起钱请教师。伯里克利时代的智力运动到这时已经衰落，人们追求普遍知识的热情已不如以往。然而，非常可能的是，这些已经建立的学校，像雅典伊索克拉底的学校，在其他地方也设立了许多学术中心，如伊索克拉底本人就在

181

---

① logographos(雄辩术教师)，希腊语中指为政治演讲(如竞选演说、施政演说)、议会辩论、集会演说、宗教演讲和法庭演讲撰写演讲稿的人。也有人将其译成"捉刀人"。——译者注

② Isocrates clearly felt them to be his educational rivals. See *Antid.* 310 A. and the end of the *Paneg.*

希俄斯教学过。智者派这时也认识到他们的教学存在着明显缺陷,即教学进行得匆忙,没有时间与学生交流。于是,智者也开始在某一处定居下来,开始了连续性课程的教学。

但是,也有许多旧式智者还存在着。他们的批评与挑战使伊索克拉底十分苦恼。他们依然在重要的节日来到雅典,作完讲座就走,来去匆匆。[①] 但是,他们已经不像他们前辈那样具有创意的思想了。人们更喜欢自己去读普罗泰戈拉和高尔吉亚等人的著作,而不是像以前那样听别人重复地叙述他们的思想。书籍这时已经成为讲座的重要的竞争者。对于柏拉图而言,著述成为他探索心灵的事业。而伊索克拉底喜欢写他自己,同时也为自己的学校作宣传。

182

除了游历四方的智者派之外,也许还有其他许多教授哲学和修辞学的教师在雅典定居了下来。伊索克拉底曾提到,所有这些学校总共只培养出二三个一流的演说家。[②] 在他的教育计划书《反对智者》(Against the Sophists)中,他直言不讳地批评智者:"他们只是企图通过低廉的学费和空洞的许诺来吸引学生。他们自己撰写的演讲稿比那些未经任何训练的人的即兴演讲还要差。然而,他们却大言不惭地许诺要在他们的学生中造就一个地地道道的演说家。他们没有认识到天赋才能和经验的重要性。他们以为雄辩术是一门精密的学科,就像 ABC 一样,可以传授。然而,雄辩术是一门确确实实的渐进的艺术,同样的一件事情决不能说两次。演讲的场合和氛围肯定起着重要的作用。"[③] 显然,这些竞争降低了伊索克拉底学校的收费价格,迫使他制定有更大吸引力的教育计划。也许,这些智者就是他指的那些吹毛求疵的批评家。

伊索克拉底依然严厉批评各种各样的哲学教师,但他没有单独点柏拉图的名。因为他提的是收费的教师,而柏拉图并不收取学费。雅

---

① There is a sketch of them in Isok. *Panath.* 236c; to a lecture on Homer three or four of them had appended an attack upon Isokrates.

② Isok. *Antid.* 99.

③ Isok. *Soph.* 10. 293 A.

典肯定有一大批哲学教师,其中,柏拉图是最才华横溢的。但是,毫无疑问,在一些观点上,伊索克拉底对智者的一些批评也适合柏拉图。他的批评主要是:"他们向学生许诺可以传授一种精密的行为学科,因为他们是通晓万物的智者。但这种许诺是不可能实现的。为此,他们只收 3 或 4 个"μναῖ"(12 或 16 英镑),学费倒是相当低廉。他们给自己教授的学科起了特别的名称来吸引学生,如'正义'和'谨慎'。但是,他们传授的'正义'和'谨慎'与普通人理解的意思大相径庭。实际上,他们自己也没有搞清楚准确的意思,他们只是围绕它们进行争论。尽管他们承诺教授正义,但他们对学生却不信任,要求学生在课程开始之前把学费存到第三方作为押金。"[1]这批伦理学教师群体有一个共同特征,那就是,他们都在研究苏格拉底似是而非的观点——"美德即知识",然后把他们的研究结果告诉学生以换取低廉的学费。

　　所有这些伦理学教师似乎都像柏拉图一样把数学和天文学作为课程的一部分。"他们在雅典古老的课程,如文字、音乐和体操之外,又增加了一些高级课程,如几何学、天文学这样的科目,还有辩论式对话(辩证法)等。"[2]这些课程似乎遭到很多批评。因为它没有丝毫实际用处,而且所获得的知识很快就被忘记,所以纯粹是浪费时间。但是,伊索克拉底是个了不起的教育家,他指出了这些课程的优点,尽管他自己的学校里没有开设这些课程。在他看来,研究像天文学和几何学这些模糊而又困难的学科"可以训练男孩集中注意力,迫使其专心致志地学习,防止学习时心不在焉。通过这样的实际训练,儿童便会思想敏锐,能够学习更加重要的东西,而且学得轻松而快捷"[3]。但是,这些学科缺乏实用性,如果要改进的话,那应当在 19 岁之前放弃这些学习。因为这些学科会使人性干枯,不谙事务。"一些精通这些学科的教师在实际生活中的表现甚至不如他们的学生,更不要说比他们的仆人了。"[4]因此那些

---

① Isok. *Soph*. 4. 291 D. Cp. The modern"caution-money."

② Isok. *Pan*. 26. 238 A.

③ Isok. *Antid*. 118. 265.

④ Isok. *Panath*. 238 D.

希望学习数学和雄辩术的人的年龄应当限制在 14 岁至 18 岁之间;之后,跟随伊索克拉底学习修辞学。而其他人则可以直接去他的学校学习,像许多青少年那样。

尽管伊索克拉底小心翼翼地将他的学校与现代人可能称作的"哲学学校"区别开来,但是,他还是像许多哲学家一样显示出他的哲学教师的风格。正如对罗马人一样,对他而言,哲学是实际生活的一种艺术。"那些对于演说或行动没有直接作用的东西是不能冠以哲学头衔的。"①真正的哲学家不是一个忽略实际和基本生活的空想家,而是一个世俗的人。他学习和研究这些学科的目的是为了能够很好地管理家庭和国家,这是所有劳动和所有哲学的目标。从这种实际目的出发,伊索克拉底嘲讽老式智者的形而上学的研究:"在这些人中,德谟克利特(Demokritos)②认为,实在的数目是无穷的,恩培多克勒认为实在的数目是 4 个,伊翁认为不超过 3 个;阿尔克梅翁(Alkmaion)认为只有 2 个;帕梅尼德斯和麦里梭(Melissos)③认为是 1 个;而高尔吉亚断言,万物并不存在。"④

在谈到他称作哲学的那些实际的智慧命题时,伊索克拉底特别谨慎。一门精确的学科几乎不可能涵盖所有的家庭事务和政治事务的所有问题。人们必须具有一般能力,当问题产生时才可以作出正确的判断。因此,他将"有智慧的人",即"σοφοί",界定为"那些通常能够对行动的原因作出准确判断的人"。由于"智慧的寻觅者"或哲学家,即"φιλόσοφοι",是"那些全身心研究这些智慧的人。因此,他们会很快获得这种实际生活的智慧",⑤或者说他们能够很快获得正确的判断力。但是,正确的判断只有在审慎思考之后才能作出,因此,哲学家的工作

185

---

① Isok. *Antid.* 118. 266.
② 德谟克利特(Demokritos,约公元前 460—公元前 370),古希腊唯物主义哲学家。——译者注
③ 麦里梭(Melissos),古希腊哲学家。——译者注
④ Isok. *Antid.* 118. 268.
⑤ *Ibid.* 118. 266.

是对他的学生进行思维训练。①

　　当然，伊索克拉底的学校是提供这种训练的。实际上，他的学校是一个辩论的社团，一个倡导慎思的社团。在学校里，学生们根据命题认真细致地撰写和背诵演讲稿，倾听他们老师高谈阔论的演讲。有时，他们会讨论一些日常发生的事件和普遍感兴趣的话题。② 有时，他们会讨论宪法和历史的问题，以及比较不同民族和政府的优点。③ 我们从伊索克拉底的演讲中可以发现，他们有时也会讨论历史里的神话人物以及宗教人物和普通希腊人，例如，提修斯（Theseus）、海伦（Helen）和布西里斯（Bousiris）④。在他们看来，这几乎相当于宗教教学，实际上在写神学论文。毫无疑问，学生也要撰写和背诵这些"普通的演讲稿"或一般话题的短文。这些文体典雅且文字简练的短文被古代演说家们收集在一起，随时准备在演讲稿的适当地方引用它们。伊索克拉底在他自己的著作里就大量地引用了这些精美的短文。⑤ 所以，非常可能的是，伊索克拉底在自己的学校里坚持了这种作文的方法，他本人也先于学生背诵一些他自己的典雅的文章，如《德莫奈库斯》（Demonikos），当然，这些文章一定具有道德训诫的效果。

　　这样，伊索克拉底的学校自称是一所道德学校，它也确实是一所道德学校。同时，它也是一所注重文体优美的写作学校。男孩们的论文必须辞藻华丽，文体绚丽，切合主题。"但是，因此假定普通谈话或者法庭辩论的内容和方式适合泛希腊主题（Pan-Hellenic themes），那也是荒谬的。相反，这种演讲的主题思想比较注重原创和高尚，强调风格与众不同，用词精准，富有诗意。"⑥实际上，伊索克拉底一直十分注意自己的

186

① Isok. *Antid*. 91.
② Isok. Letter to Alexander.
③ Isok. *Panath*. 275. It is noticeable how many of his pupils became historians-Ephoros，Theopompos，Androtion，Asklepiades.
④ 海伦（Helen），希腊神话中宙斯的女儿；布西里斯（Bousiris），希腊神话中的人物。——译者注
⑤ See, for example, "On Slander"(*Antid*. 313 E). "On Speech"(115. 255).
⑥ Isok. *Antid*. 48.

演讲风格、措辞和内容。在这里,我不准备讨论他的文体风格问题。①
事实上,伊索克拉底只会埋头书斋写作,却从未作过公开演讲,这就使
他夸大了艺术性散文风格的优点。但是在这一方面,他是第一个倡导
者。他在希腊拥有广泛的听众,这一点是毫无疑问的。在伊索克拉底
的学生中,有的成了他那个时代最著名的政治家,有的成了那个时代最
著名的散文作家。按照西塞罗(Cicero)②的说法,他的居所是希腊的学
校、雄辩术的制造厂。

187 　掌握演讲的技巧既需要自然的天赋能力,也需要勤奋的学习。伊
索克拉底承诺,他首先要教授有关实用的演讲方法和形式方面的正确
知识,其次运用这些方法进行实际训练。如果有上进心的青年碰到了
好的老师,学习修辞的方法相对是容易的。但是,没有哪个原则能够保
证你正确地使用某个方法,也没有哪个方法可以由一个人传授给另一
个人,全凭经验去把握。未来的演说家必须在演讲时不断地尝试不同
方法的效果,然后形成自己的方法。③ 学校里的其他同学可以在试验性
演讲中扮演听众。同时,由教师担任主要的评判者。好教师是非常重
要的,因为通过他个人的影响,他能够把一些无法通过正式教学传递的
文体风格的精微要素传递给学生。如果老师是称职的,他的学生都会
烙上他的风格印记,而且各有特点,很容易为其他人识别。④ 伊索克拉
底学校的修辞学教育似乎是从学习他自己的著作开始的。在《泛雅典
娜节献辞》(Panathenaikos)中,他介绍说,他和他的二三个学生一起读
他的演讲稿,学生一边读一边校对和评判。这样的教学就给伊索克拉
底机会去解释他运用的修辞学技巧。可以推断,从《布西里斯》
(Bousiris)开始,其他智者的书面演讲稿也同样被仔细研究过。这些智
者的错误或者那些与伊索克拉底原则冲突的地方,统统被加以纠正,以
免将来犯同样的错误。至少,伊索克拉底对雅典其他修辞学教师是有

---

① For a comlete analysis of it, see Jebb's *Attic Orator*.
② 西塞罗(Cicero,公元前 106—公元前 43 年),古罗马著名政治家、演说家和哲学
家。——译者注
③ Isok. *ag. Soph*. 294 C; *Antid*. 91—93, etc.
④ *Ibid*. 294 E.

怨气的,不满他们利用他的著作来教学。当然,根据他的说法,这些教师选用他的著作并非想挑出毛病以告诫学生,而是让学生进行欣赏。当学生完全掌握了修辞学方法,伊索克拉底不仅要求他们运用所学的方法自己选题撰写演讲稿,而且文稿要体现教师对他们的细微影响。但是,他们必须自己构思讲稿的学科内容,突出完整知识体系的长处。按照伊索克拉底的观察,当学生选择了论文的主题之后,他们就不得不去认真思考和选择一些高尚的思想及高尚的行为来作为自己论文的例证。这种对何谓高尚的沉思冥想是一种巨大的激励,在学生美德形成过程中的影响要远胜过所谓的伦理学。因为没有一种学识可以在邪恶的天性中创造出伟大的善,但训诫和规劝可以创造奇迹。此外,由于演说家的优秀演讲会产生很大的影响,因此年轻的演说家将会努力注意自己的行为和品格,使之尽可能地同样优秀。① 学生在选择演讲内容时,会比较权衡各种思想和行为,这种练习的本身就包含着通过慎思获得正确判断力的培养。实际上,伊索克拉底的"哲学"特别注重的是品格的形成,而不是雄辩才能的培养。②

　　正如我们已经看到的,学生们的演讲练习是在伊索克拉底和自己的同学面前进行的。学校挑选了一批经过训练的学生担任修辞学批判委员会成员。通过这种方法鼓励批判是有价值的。伊索克拉底曾向这个委员会递交了一份尚未公开的演讲稿。有时,以前的学生也会被邀请来参加演讲会。在《泛雅典娜节献辞》的结尾处有一段关于这种演讲的介绍十分有趣。伊索克拉底说:"我和三四个已经习惯与我在一起学习的学生仔细审读我演讲稿中的观点。通读之后,我们都很满意,只是认为它还需要加上一个结尾。但是,我还是决定把演讲稿送给一位我以前的学生去审读。这位学生是在寡头政治制度中长大的,是拉克代蒙的颂扬者。我想,这位学生也许能够发现我们可能出现的无意识的伤害斯巴达人情感的错误。"这位学生来了,在对演讲稿作了热情的赞扬以后,对演讲内容作了轻率的批评,引起了长时间的讨论。讨论中,

① Isok. *Antid*. 121.

② Isok. *ag. Soph*. 295 D.

伊索克拉底又发表了长篇大论。最后,这位学生认输了。参加讨论的学生对伊索克拉底的观点心悦诚服,报以热烈的掌声。但是,伊索克拉底自己并不满意。几天后,他召集了生活在雅典的所有过去的学生,请他们审读演讲稿,获得了同样热烈的掌声。一位先前持批评态度的人接着作了一场才华横溢的长篇演讲,阐明了演讲稿中隐含的意思。"这群习惯于鼓掌的学生这时大声地欢呼起来,围在他的身旁,向他表示祝贺,赞同他褒奖我的溢美之词。"伊索克拉底说,"我也同样赞扬了他,但没有说明他的解释与我隐含的意思是否一致。"

从这段文字的语气来看,这种鼓励学生相互批评和提出修改建议的做法在当时很普遍。但他们与众不同的特点是请了"老男孩"(old boys)来参加讨论。在《阿里奥帕吉提库斯》(Areiopagitikos)中,①伊索克拉底对他的假想听众说:"有一个人听过我关于雅典人曾经享受过的宪法的演讲,在见到我时,先是热情赞扬了我演讲的成功,并对雅典人祖辈的幸福表示羡慕……然后他又告诉我说,他不想劝说我采用它。"另一次,伊索克拉底的演讲给初次听讲的听众留下了深刻印象:"没有人像以往一样赞扬文体风格的优美。但是,所有的人对演讲中揭示的真理十分钦佩。"当伊索克拉底第一次告诉他的学生,说他准备对腓力(Philip)②提出一些建议,"他们全都认为他发疯了,一致指责他厚颜无耻,因为这种情况以前从来没有发生过。……但是,他们听完他的演讲之后,他们完全改变了态度,认为腓力、雅典和整个希腊都应当感谢他。"③

伊索克拉底的重要的政治小册子,以它优美的文体和鲜明的主题为他自己做了极好的宣传,在《安提杜西斯》(Antidosis)中,他自己毫不讳言地承认了这一点。希望更多地了解伊索克拉底教育方法和目标的读者去读一读他的《反对智者》这本小册子。那是他早期的作品。由于

190

---

① Isok. *Aretop.* 151 B.

② 腓力,指腓力二世(Philip II of Macedon,公元前382—公元前336),马其顿国王。——译者注

③ Isok. *Philip*, 85, 86.

伊索克拉底的吸引力,学生纷纷从希腊世界各地来他这里求学,其中有的来自朋特斯(Pontos),有的来自西西里,还有的来自塞浦路斯(Cyprus)等地。① "他的学生人数超过其他所有哲学教师的学生人数的总和。"②他们中不全都是普通公民,也有政治家、将军、国王和僭主。③学生的年龄可能差异很大,但多数入门弟子的年龄在 15 岁至 21 岁之间。他经常谈及学生中间的"μειράκια"。他也经常谈到送孩子求学的家长。④ 一般而言,男孩超过 18 岁,家长就不会送来了。在希腊城邦,20 岁是公共生活的开端年龄。所以男孩子都希望在 20 岁前做好各种准备。伊索克拉底学校的课程要持续 3—4 年。⑤ 雅典青年 18 岁至 20 岁之间或多或少要承担一些军事职责,所以,他们很可能在 14 岁至 18 岁之间来伊索克拉底学校学习。其他城邦的学生会根据当地的习惯选择来学习的年龄。全部课程的学费大概是 10 玛奈,即 40 英镑。⑥ 据说,狄摩西尼斯只有 8 个英镑,相当于课程费用的 1/5;⑦但伊索克拉底回答说,他的哲学不分段零售,顾客要么买条整鱼,要么什么也不要买。这个故事很有可能是杜撰的。因为,伊索克拉底曾声明:他从未收过本国同胞的学费,而只收取外国学生学费。

由于伊索格拉底的学校开办后不久就有了 100 个学生,人们对他财富的估计不会有什么出入,尽管他曾愤慨地予以否认。特别是他作了歌颂尤阿哥拉斯(Euagoras)演讲后⑧,收了 20 位天才学生(收费近5000 英镑)。伊索克拉底曾经将其自己的财富与高尔吉亚的财富作了类比,后者死时只留下 800 英镑的财富,如果上述情况属实,那么他的类比就令人奇怪了。

---

① Isok. *Antid.* 106.

② *Ibid.* 318 C.

③ *Ibid.* 316 C.

④ *Ibid.* 110.

⑤ *Ibid.* 62.

⑥ 〔Demos.〕*Lakritos*, 15 and 42.

⑦ 〔Plutarch〕*Ten Orators*, 837.

⑧ 尤阿哥拉斯(Euagoras),拉克代蒙人,在奥林匹亚竞技会上三次获奖。——译者注

但是，伊索克拉底的来自闲暇有钱阶级的学生[①]似乎十分满意，认为虽然交费，但物有所值。"在学习结束的时候，当他们来到码头准备启航返回家乡时，他们对雅典生活的眷恋，致使他们个个泪水盈眶，叹息不已。"在他们离开后，伊索克拉底还与这些学生一直保持着友好的联系。在他过去的学生提莫修斯就任伊亚克里亚（Herakleia）僭主职位时，他不仅写信去表示祝贺，还把自己另一个过去的学生奥特克拉特（Autokrator）推荐给提莫修斯。他还写过一封充满情感的推荐信，向马其顿安提帕特（Antipater）介绍他的一位过去的学生狄奥杜特斯（Diodotos）。这是一件冒险的事情，因为这一时期雅典与马其顿处于战争状态。他在信中写道："我有许多学生，有的成了著名的演说家，有的成了活动家，有的成了伟大的思想家。有的虽然没有什么天赋，但也是正直的有文化教养的人。狄奥杜特斯则集中了他们所有的品质。"

伊索克拉底学校可以自夸的是它培养了有身份的人。伊索克拉底认为，教育不是学习形而上学和深思善行，也不是掌握某种专业、艺术或者贸易的专门技能，而是一种文化的熏陶和磨炼。他说："这就是我对受过教育的人的定义，首先，他能够处理生活中的日常事务，能够因适应生活而快乐，具有深邃的洞察力。"

其次，他的行为在任何一个社会都是正确和适当的。如果碰到一群态度不友好和难以相处的人，他也能够以平和的心情去面对。他处事公平，温文尔雅。

第三，他很少喜形于色，遭遇不幸与痛苦时也不言放弃。相反，他会表现出男子汉气概，符合自然赋予的特点。

第四，也是最重要的一点。他从不持宠骄横，也不因成功而忘乎所以。他始终表现得像一个有智慧的人。不是他自己的才能和智慧的果实，即便得到也不能令他快乐。

"那些灵魂在这些方面表现出和谐的人，那些我称作智慧的和完美的人，即具有完全美德的人，在我看来，才是真正受过教育的人。"[②]

---

① Isok. *Antid.* 129.

② Isok. *Panath.* 239.

这样，伊索克拉底的目标与其说是教授修辞学，还不如说是传递文化和陶冶。这就是他与雅典其他修辞学教师的不同之处。那些修辞学教师早已被历史忘记。这也是他与雅典的其他专门教授法庭辩论术的雄辩术教师的不同之处，后者只注重传授他们那个特殊学科的技能性知识而不教别的东西。

在雅典法庭审判中，原告和被告可以各自获得一次为自己辩解的机会。有时，职业辩护人也会向陪审团发表演说。但这种情形不多见。雅典律师的职责是为当事人撰写演讲稿，而不是自己去辩论。非希腊人①卢西亚（Lusia）是个著名的律师、雄辩术教师，希腊人还将他称作演讲稿撰写人，但他没有权利在法庭发言。

曾经有这样一个例子。曼提西奥斯发现他自己卷入了一个诉讼案件。他找到卢西亚介绍了自己的情况。卢西亚了解了详情之后，查阅相关的法律，研究了当事人的年龄、性格等等。然后以非常贴切曼提西奥斯的口吻写了一篇诉讼演讲稿。在文中，他将他揣摩出的当事人应当表现出的义愤以及当事人在讲述情况时那种清白无故受到伤害的表情恰到好处地表现了出来，使演讲稿写得像悲剧作品一样具有戏剧感染力。之后，曼提西奥斯将演讲稿熟读，直至轻松自如地背诵。所有这一切，对于卢西亚而言，是一场表演。当雄辩术教师自己要出庭演讲时，揣摩当事人情感写演讲稿是危险的事。狄摩西尼斯从未逃脱表演和装腔作势的嫌疑，即使他最令人印象深刻的姿势动作也不例外。

除了有自己的当事人之外，雅典律师还有自己固定的学生。在这些学生中，有的是自己想当律师，有的是想通过雄辩术学习对自己未来的政治生涯有所帮助。他们的教学方法，按照柏拉图《菲多篇》（Phaidros）的介绍，与伊索克拉底的方法很相似。在这篇以他自己命名的对话中，菲多准备外出散步以消除长时间坐在室内的疲劳。② 之前，他听卢西亚说过，"那个时代最聪明的演讲稿撰写者"曾经背诵过他的

194

---

① 非希腊人（metic），古希腊时代以缴税而被允许居住在希腊城邦的外籍人。——译者注

② Plato, *Phaidr*, 227—228.

一篇演讲,而且花了很多时间研究它。那篇演讲菲多自己也背诵过。这次,菲多借了这本书想在散步时再温习一下。苏格拉底劝他大声朗读。他听从了苏格拉底的建议。在大声朗读时,他被文章的雄辩才能折服了。① 这时,苏格拉底开始批判这篇演讲的风格和内容,②然后自己写了一篇相同主题的演讲作样板,以表明应当如何撰写演讲稿。

这就揭示了当时的教学方法。如这里的雄辩术教师以及伊索克拉底一样,教师先背诵一篇自己撰写的演讲,并解释是如何构思的,然后请学生批评。之后,学生将它背诵下来,然后在僻静处作声情并茂的模拟演讲。有时候,教师会像苏格拉底一样,找来一些竞争对手的演讲稿,先作严厉批判,之后,自己再写一篇让学生比较优劣。伊索克拉底的《布西里斯》和《海伦》(Helen)介绍了这种方法。或者由学生回答教师提出的问题,或者由教师写两篇立场对立的演讲稿,让学生比较。安提芬保存下来的著作以及高尔吉亚遗失的著作里也介绍了同样的方法。③

阿提卡的大多数演说家似乎都有学生。伊塞奥斯是狄摩西尼斯的老师。但狄摩西尼斯似乎是一位声望更大的教师。他"许诺要教年轻人演讲的艺术"④,"他让阿里斯塔库斯(Aristarchos)⑤充满着幻想,能够在某一刻突然成为演讲王子"⑥,"他邀请了一些学生来听他演讲《论错误的使命》(On the False Embassy),许诺向他们展示如何欺骗和误导听众"⑦,"后来,他还在学生门前炫耀他的伎俩"。这些片断是嫉妒他的竞争对手对他的评价,倒也为我们生动描绘了有关狄摩西尼斯和他的学生的情景。

雅典的哲学学校与修辞学校不同,它们领着学生过着一种悠闲的

---

① *Ibid*. 234 D.

② The criticisms do not suit Lusias; they fit Isocrates much better.

③ Cicero, *Brutus*, xii. 46—47.

④ Aischines, *Timarch*. 171, 173.

⑤ 阿里斯塔库斯(Aristarchos),古希腊文法学家。——译者注

⑥ Aischines, *Timarch*. 171.

⑦ *Ibid*. 175.

沉思冥想的生活,远远避开紧张的政治和社会生活。<sup>①</sup> 我们已经看到,在伊索克拉底时代,雅典有许多收费教学的哲学教师,他们的课程一般收 3—4 个玛奈。但是,他们中间只有一人为后代所知晓,他的教学是免费的。否则,柏拉图一定也是被遗忘了一位哲学家,尽管他是最才华出众的一位。众所周知,柏拉图教学的中心是在阿卡德米。柏拉图拥有一栋房子和一座花园,他把它赠给了学校。学校在体育馆和科勒诺斯之间。当他和学生想避开他人时,他们往往去花园。通常,他们去的地方是阿卡德米。这也是他们学校名称的来由。由于柏拉图的教学是免费的,因此不是所有求学者都可以获得入学的机会。柏拉图可以挑选学生,他希望他的学生有良好的几何学基础。他的学校一定有着某种入学考试。他的继任者芝诺克拉蒂(Xenokrates)<sup>②</sup>发现了一个学生在音乐、几何学和天文学方面一无所知,便让他离开了学校。他对学生说:"因为你没有给哲学提供抓住你的机会。"<sup>③</sup>阿卡德米学校师生在一起用餐,伙食非常简单。提莫修斯是一位习惯于富裕生活的雅典将军,有一次应邀到学校参加晚宴。第二天,他碰到柏拉图时说:"吃了你们晚餐后的第二天感觉比当时舒服。"<sup>④</sup>通常在晚餐之后,一批朋友会聚在一起聊天。到了下一代人时,这种做法便成了一个传统。<sup>⑤</sup> 哲学家梅勒德莫斯(Menedemos)晚餐后通常要组织交谈,交谈通常彻夜进行。学校有一个有关饮食的规定。<sup>⑥</sup> 柏拉图在《法律篇》中有关允许醉酒几次的教育价值的说法显示了他的幽默。实际上,他的学校是不允许醉酒的。柏拉图特别反对酗酒。如果有人喝得酩酊大醉,他会让醉酒者自己照镜子。这样,醉酒者从此再不会喝醉酒了。<sup>⑦</sup> 酗酒的行为严重违反

196

197

---

① Plato, *Gorg*. 484—485; end of *Euthud*.; *Theait*. 172—177; *Rep*. 496.

② 芝诺克拉蒂(Xenokrates,公元前 394—公元前 314),古希腊哲学家。——译者注

③ Diog. Laert. iv. 2. 6.

④ Athen. 419.

⑤ *Ibid*. 419 e and 55 d.

⑥ *Ibid*. 186 b.

⑦ Diog. Laert. iii. 26.

柏拉图关于行为举止得体的规定。值得注意的是,《理想国》的作者承认,女子在阿卡德米的内部拥有与男子一样平等的权利,这是对雅典社会歧视女子的挑战。拉斯特尼亚(Lastheneia of Mantineia)和阿西奥西亚(Axiothea of Phious)①这两位穿着男子衣服的女子是大学教育史上出现的第一批维护女权的斗士。② 这一派人士的讨论也许是按照柏拉图的对话模式进行的。可以肯定的是,在《法律篇》中,柏拉图为他的理想国里年纪较大的而且比较聪明的成员组建了一个令人难以理解的伦理学和政治学辩论社团。能够进入这个神秘团体的人员非常少,只是一些私交甚笃的朋友和一些成熟的思想家。这些成员构成的像是一个私人俱乐部而不是一种教育组织。雅典的年轻人完成了初等教育之后,如果希望师从柏拉图学习哲学,可以通过两个方式:一是在公共场所聆听讲座,二是进阿卡德米做学生。

如果从教育的角度看,唯一可以找到记录的讲座并没有获得巨大成功。③ 事先,柏拉图宣布了演讲的主题是"善"。一大群听众聚集起来,准备听一场能够与伊索克拉底学派关于"健康、财富和友情"主题相竞争的演讲。伊索克拉底学派这个主题的讲座当时十分受欢迎。但是,柏拉图开始谈论的是算术、几何学和天文学,把"1"解释为善。整个讲座用的是高深莫测的语言,大部分听众失望地离开了。④ 只有那些精通柏拉图主义的人,例如亚里士多德、赫拉克莱德斯(Herakleides)和赫斯蒂爱奥斯(Hestiaios)等在记着笔记,努力去理解演讲的意思。柏拉图对伊索克拉底学派"受欢迎的讲座"所宣传的思想一定十分反感。按照他的观点,知识只能为少数人掌握,这些人具有天赋的才能,并能长期献身于不停顿的学习和研究。学生必须具有学习的才能,必须经过

---

① 这两人都是柏拉图学生。——译者注

② Diog. Laert. iii. 31.

③ See for the lecture Simplikios(on Aristot. *Physics*, p. 202 B, 36), and Aristoxenos, *Harmon*. Beg. of Bk. ii. On one occasion, at least, it was delivered in the Peiraieus (Themist. *Orat.* 21. 245).

④ The popular attitude may be seen in Amphis' *Amphrikates* (Diog. Lacer. iii. 25):"I no more know what good you'll get than I know what Plato's Good is."

逻辑学和数学等预备课程的学习,到了中年阶段,他才能探索哲学内在的神秘性。由于持这样一种教育理念,柏拉图的讲座自然而然只有少数人才能听懂。柏拉图公开演讲的主题似乎是令人难以理解的数学的神秘性。作为柏拉图学派的亚里士多德对此是反对的。读一读亚里士多德的《形而上学》,现代研究者也许会发现柏拉图讲座的深奥难懂之程度。①

在阿卡德米学园,柏拉图似乎主要教授逻辑学和数学。逻辑学构成的内容主要有苏格拉底曾经探索的一些定义以及事物分类法,《智者篇》(Sophist)和《政治家篇》(Politikos)②对这种分类法作了详细的解释。迪奥吉尼斯(Diogenes Laertius)③给出了一长串分类表,④其中少数在保存下来的著作中还可以找到;其余的一定出现在学校里,成为纪事传统保留了下来。

一位喜剧诗人对逻辑学校的上课情况作了生动的描述。⑤

A. 请你回答我下面的问题:柏拉图、斯普斯波斯(Speusippos)⑥和梅勒德莫斯写了哪些著作?他们研究的是什么?他们有哪些思想?他们争论的问题是什么?我想,你是知道这些问题的。

B. 我可以清楚地回答你的这些问题。在泛雅典娜节,我看到一群("ἀγέλη",注意,这是斯巴达词汇)年轻人在阿卡德米的体育馆聆听一场奇特的辩论。他们在争论自然史的定义。他们将动物的生命、树木的特性、蔬菜的类别一一区分开来。最后,他们开始讨论,黄瓜应当属于哪一类……起初,人们谁也没有说话,低着头,思

---

① Plato seems also to have recited his dialogues in public. Favonius asserted that Aristotle alone of the audience stayed to the end when Plato thus delivered the *Phaidon* (Diog. Lacert. Iii. 25).

② 《智者篇》(*Sophist*)和《政治家篇》(*Politikos*),柏拉图著作。——译者注

③ 迪奥吉尼斯(Diogenes Laertius),古希腊哲学家和传记作家。——译者注

④ Diog. Laert. iii. 45. etc.

⑤ Epikrates (in Athen. 59 d. c).

⑥ 斯普斯波斯(Speusippos),柏拉图学生。——译者注

索着。突然，当其他男孩还在低头沉思时，一个男孩说，黄瓜是圆形的蔬菜，另一个男孩说黄瓜是草本植物，还有一个男孩说黄瓜是树木。旁听的一位西西里医生刻薄地嘲笑了他们。不过，男孩们毫不在意。柏拉图一点也不生气，态度温和地要求他们去重新界定黄瓜的种类。于是，男孩们重新开始讨论分类的问题。

在《智者篇》中，一位神秘的陌生人将艺术分为两种：一种是创造性或生产性艺术，一种是获得性艺术。获得性艺术又分为两种：通过交换获得和通过占领获得。这样，通过占领获得的艺术又分为两种：公共的或竞争的艺术和隐藏的或搜寻的艺术。搜寻的艺术经过分类和再分类，钓鱼术定义便可获得。尽管这种方法的程序并不清晰，但艾皮克拉底（Epikrates）拙劣地套用这种方法来界定"黄瓜"的定义。黄瓜是生命的一种形式。生命分为动物生命和植物生命两种。植物又分树木和蔬菜两种。那么，问题出现了。黄瓜属于哪一种植物呢？一些学生说它是蔬菜，一些学生说它是树木。于是，讨论重新开始。

柏拉图的学生似乎十分在意个人的外貌形象。他们的整洁是同代喜剧人物嘲讽的对象：[1]

> 这时，来自柏拉图阿卡德米的一位英俊青年男子站了起来，
>
> 他的头发干净柔滑，脚穿便鞋，整洁清爽，
>
> 鞋子用两根鞋带均匀地系在踝骨上，
>
> 沉重的斗篷亦一尘不染。

还有一段类似嘲讽：

A：那个老家伙是谁，你知道吗？

B：他好像是希腊人，身披白色的披风，

穿着灰色的短袖束腰外衣，头戴一顶柔软小帽，

穿着十分讲究，[2]简言之：

他像是"阿卡德米"的人。[3]

---

① Ephippos, *Shipwrecked Man* (Athen. 509).

② εὔρυθμος, probably, a hit at Plato's demand for "rhythm".

③ Antiphanes, *Antaros* (Athen. 545 a).

　　柏拉图本人经常和学生散步,讨论一些知识难题。对此,保留下来的文献有所记载。阿莱克西斯(Alexis)在文章中提到①,一位拜访过他的人对朋友说:

　　　　你来得太及时了,我正陷入困境。

　　　　虽然我也像柏拉图那样散步,

　　　　两条腿都走酸了,

　　　　也没有像柏拉图那样发现聪明的办法。②

　　阿姆菲斯(Amphis)③在《德西德米德斯》(Dexidemides)中说:

　　　　柏拉图,你所能做的就是皱眉头,抬抬眉毛都困难,就像贝类一样。

　　《斐顿》(Phaidon)的心理学思想萌芽曾被怀疑主义寒流阻断,但是,它一定在柏拉图的教学里找到了共鸣。正如下面喜剧中的一段对话所表明的:

　　　　A:我的肉体生命正在枯萎,

　　　　不死的灵魂冲向天空。

　　　　B:啊,上帝保佑我们。难道我们是在柏拉图学校?

　　还有一段文字:

　　　　A:显然你是一个男子汉,因为你有灵魂。

　　　　B:像柏拉图一样,我自己可不知道,不过我怀疑我是否有。④

　　我们对于柏拉图领导下的阿卡德米学园纪律情况一无所知。下面介绍的是柏拉图去世后不久发生的一件事。⑤ 一个叫波勒曼(Poleman)的学生和同学打赌,说他要在上课时冲到房间去喝酒并戴上花环。上课时,他果然这样做了。但是,他的老师芝诺克拉蒂没有理会他,而是平静地继续上课。那堂课的内容恰好讲的是人的"自制"问题。

---

　　① Alexis, *Meropis* (Diog. Laert. iii. 22).

　　② 散步时进行教学是希腊教学的一个特点。Compare the *Peripatetics*, and Archutas in the temple-gardens at Tarentum (Athen. 545b).

　　③ 阿姆菲斯(Amphis),公元前4世纪雅典喜剧诗人。——译者注

　　④ Diog. Laert. iii. 22.

　　⑤ *Ibid*. iv. 3. 1.

波勒曼自己深感惭愧，后来成了最优秀的学生。最后，他还接替芝诺克拉蒂当了一位教师。

柏拉图对学生的感情可以从他自己的诗歌中得到证明。其中一首诗名为《星星》（Aster）。有一天，他看到他的一个学生在研究天空，便为他写了一首短诗：

我凝视着，

那满天星辰的苍穹中，

那颗属于我的灵魂之星，

我嫉妒上苍，

他注视着你，

用他数不清的眼睛。

后来这个学生死了。柏拉图又写了一首短诗：

活着时，你是一颗晨星，

金色的星光撒在人间，

现在，你故去了，

宛如夜空中的长庚星，

光芒在逝者的天堂闪现。①

另外，柏拉图曾因帮助狄奥卢西奥斯和狄翁（Dion）而使自己在西西里遭遇了许多危险。这也证明了他对学生的感情。

柏拉图在雅典的教学从公元前388年②一直持续到公元前347年。毫无疑问，他的学生中出了许多他那个时代的重要人物：除了哲学家斯普斯波斯、芝诺克拉蒂、赫拉克莱德斯和亚里士多德之外，还有查比亚斯（Chabrias）、伊菲克拉底（Iphikrates）③、赫佩德斯（Hupereides）、福克伊翁（Phokion）、卢库戈斯和狄摩西尼斯。但是，后代谈到他的学生时一般只提那些声名显赫的人物，所以这份名单不长。有意思的是，由于

---

① The first translation is my own, the second Shelley's.

② 这个年份有误，柏拉图在雅典开办学园是公元前387年。——译者注

③ 查比亚斯（Chabrias）和伊菲克拉底（Iphikrates），公元前4世纪雅典著名将军。——译者注

这所学校培养了一批僭主,因而受到攻击。在《理想国》中,他描述了独裁统治下的人们的苦难,实际上是他对旧日学生统治行为的一种反思,也是对眼下学生的一种警告。哲学王体现了柏拉图的政府管理的理想,但却对他的学生产生了负面的影响。狄翁这位后来成为僭主的哲学家和爱国者曾经对《理想国》作过令人感兴趣的评价。

阿卡德米的教学是免费的。但是,如果愿意的话,学生也可以送些礼物给老师。狄奥卢西奥斯就给柏拉图送了 80 个塔伦特(talent)。[1] 203

亚里士多德的吕克昂与柏拉图的阿卡德米在教学方法方面略有不同。亚里士多德办学之前曾师从柏拉图 20 年。他习惯于在吕克昂的花园里边散步边教学。在他早期的教学生涯时,他似乎教授修辞学,而且用伊索克拉底的方法教学。据说,他按照伊索克拉底的方法,先定一个主题,然后,他和学生围绕主题演讲。后来,这所学校变成了学习普遍知识(universal knowledge)和进行科学研究的中心。在这一方面,亚里士多德是饱受非议的智者继承人。他采取芝诺克拉蒂的方法,任命学生轮流担任学校的执政官,每人 10 天。这种制度肯定使他从繁忙琐碎事务中解脱了出来。[2] 他每天讲两次课。一次在早晨,为少数挑选出的学生讲抽象的学科;一次在下午,面向所有的来访者,讲一些较易理解的内容和问题。[3] 他作为教师的名声为他赢得了担任亚历山大导师的荣誉。而且,他似乎赢得了这位学生的尊敬,师生情感深厚。但是,这对师生的理想却不大对称。亚里士多德梦想建立一个小型的城邦国家,亚历山大却梦想建立一个世界帝国而且付诸行动。柏拉图为他提供了多么好的机会来教育这样一位"哲学家—国王"(Philosopher-king)啊!

毋庸讳言,雅典各派教育领袖人物之间存在尖锐的矛盾。希腊不

---

① Saturos and Onetor in Diog. Laert. iii. 11.
② The above details are mainly from Diod. Laert. v.
③ Aul. Gell. xx. 5. 4.

像文艺复兴时期的意大利那样容忍竞争对手。伊索克拉底抨击柏拉图。① 柏拉图也抨击伊索克拉底。然后,他们的学生又把争论带到下一代。在对待游学四方的智者和雄辩家态度方面,伊索克拉底和柏拉图两派又意见一致,同仇敌忾。同样,他们也遭到智者派和雄辩家的有力反击。所以,入学前,学生十分为难,他们不知道应当选择哪位教师,因为每位教师都背有许多恶名或诽谤。②

无论修辞学校还是哲学学校,都只为富人和闲暇阶级服务。穷人既没有时间上学,更没有金钱付费上学。但是,穷人并不是完全没有获得知识的机会。那时,也还有一些智者的公共讲座,尽管这些讲座的目的是为了宣传自己。此外,雅典开始出现书籍,书籍量多而且便宜,每个雅典人都能阅读。书籍在国家的教育中发挥的作用有多大,我们可以从伊索克拉底和柏拉图的著作中发现,他们两个人对书籍成为他们教学的竞争对手都极度愤慨。

"我知道读书产生的规劝力量要小于听演讲所产生的力量。人们普遍认为,演说如果真正进行的话,它可以论述许多严肃的和重要的问题。但如果只是书面演讲稿,没有真正演说过,那它就像是一份合同,其目的仅仅在于其结果和是否履行的问题。这种观点相当有道理。因为书面演讲稿没有作者的到场,缺少了作者的声音以及作者语言艺术的感染力。阅读使人们获得的是过去的场景印象,因而对所讨论问题的兴趣就要打折扣了。奴隶大声读书时,是不会融入自己个性特点的,只不过像是嘟嘟地念着一份账单。"这就是伊索克拉底关于"书面文字"的观点。不过,这个意思是意译而来的。"书面文字"也是伊索克拉底的委婉说法,他也曾恳请聆听他演讲的马其顿的腓力要抛开人们对著作的偏见。

柏拉图比伊索克拉底更加轻视"书面文字"。他认为,书面文字是

---

① Plato had also his feuds with Antisthenes, who wrote a dialogue against him, calling him Satho, with Aristippos, and with Aischines the Socratic(Diog. Laert. iii. 24).

② Kriton feels this difficulty in *Euthud.* 306 D, E.

导致健忘的原因。那些采用书面文字学习的人往往依靠的是他们的笔记，而不是依靠记忆力。他们习惯于将自己的印象记在蜡板上，而不是记在脑子里。① 另一方面，由于作者无法控制著作的流通，著作还可能流落到那些并不打算阅读它的人手中。② 柏拉图希望，演说家和作家都必须根据听众或读者的需要发表演讲或撰写著作。因此，教师必须研究心理学，了解每个学生的特殊性，并以此判断所争论的问题对每个学生的利弊如何。但是，按照柏拉图学派的观点，著作本身并不能传递知识。因为当读者读不懂的时候，它无法回答学生的问题，③也无法解释作者的原意。仅了解一个事实或权威作者的一个表述，而不理解它的含义和注释，是算不上掌握知识的。④ 因此，甚至连一次讲座或演讲都不能传递知识，⑤更不要说书籍了，因为作者本人要么不在现场，要么已经死去。长期的研究和严格的对话过程是获取知识的基本要素。拥有真实知识的人必须有能力反驳反对自己的任何论点，并且通过讨论的形式使自己的观点得到支持。著作或讲座都不能做到这一点。⑥ 再者，教学就像农业耕作，土壤和心智（mind）是有差异的，知识的种子在不同的土壤里会结出不同的果实。有的种子在某种心智的土壤中可能不会开花结果。同一位老师可能在不同的心智土壤里生产出完全不同的哲学果实。比如说苏格拉底就是这样，他培养了各种各样的学生。教师教学的真正目的是发展每一个学生的个人理智和才能，而不是发展他自己的理论。⑦ 因此，从教育目的来审视，一个周密系统的讲授纲要也许是错误的。因为它只适合教师自己的智力，而不是全体学生的智力。

　　柏拉图有意使他的著作充满矛盾，这样与他的教育理想就一致了。

206

———————

① Plato, *Phaidr.* 275 A.

② *Ibid.* 275 E.

③ Plato, *Phaidr.* 275 D; *Theait.* 164; *Protag.* 329 A, and 347 E.

④ 这种书本知识就像温室里的植物，它能够在非自然条件下生长，一旦暴露在户外，它就非常脆弱。（*Phaidr.* 276—7）.

⑤ Plato, *Sophists*, 230 A.

⑥ Plato, *Menon*, 97; *Rep.* 534 B, C.

⑦ Plato, *Rep.* 518.

因此,他的著作不是具有严密体系的讲授纲要;而且,他著作中提出的问题是其他许多著作没有涉及的。学生可以就他的著作提出自己的许多疑问,柏拉图参与讨论时会亲自回答这些问题。就这样,柏拉图的思想经过每一个学生大脑蒸馏器的过滤,①产生出符合每一个学生心智特点的不同思想。在真正的柏拉图主义中,是没有绝对权威的。

207

柏拉图拒绝以他自己的名义发表哲学思想。通过其他人的口,他可以按照自己的意愿改变自己的态度。他声称,书面文字肯定不可避免地含有许多小错误,可以用来作为闲暇时间消遣之用。② 它还有一个作用,就是当作者年老忘事时,它可以提醒作者他自己已经知道哪些东西了。但是,如果作者只会写作,"掌握一些遣词造句的伎俩",而头脑里空空如也,③一无所有,作者也就没有价值了。④

然而,书籍作为一种教育手段,已经成为师生对话式教学方法无法回避的竞争对手了。事实上在这一时期,珀西斯特拉托斯(Pesistratos)⑤在雅典建立的图书馆以及波卢克拉底(Polukrates)在萨摩斯(Samos)⑥建立的图书馆已经有了令人惊讶的发展。欧里庇德斯曾为拥有一套书籍而心满意足。所以可以肯定,书籍在他那个时代一定是个新奇事物。书籍在伯里克利时代之前数量稀少,但在之后,数量迅速成倍地增长。学校儿童开始阅读书籍了。学校教师渴望拥有书籍。阿几比亚德斯为了获得一本《荷马史诗》而与人争斗。喜剧诗人阿莱克西斯给赫拉克勒斯的老师里诺斯(Linos)提供了一套书籍,其中有:俄耳斐乌斯、赫西俄德、悲剧诗人、乔伊利诺斯(Choirilos)、荷马和

① Plato, *Phaidr.* 277 A.
② Ibid. 276 D, E.
③ Plato apparently regarded his dialogues as mere trifles compared with what he taught to his inner circle.
④ Plato, *Phaidr.* 278 D.
⑤ 珀西斯特拉托斯(Pesistratos),公元前 6 世纪雅典国王。——译者注
⑥ 波卢克拉底(Polukrates),公元前 6 世纪希腊萨摩斯(Samos)僭主。——译者注

艾皮查尔莫斯(Epicharmos)等人的著作以及各种散文作品,还有一本烹调著作。曾有一艘满载书籍的航船在萨尔姆斯的索斯(Salmudessos)海域失事,①这一事实表明在希腊水域曾有大规模的图书贸易。尤瑟德莫斯是苏格拉底的同伴,他收集了最著名诗人和智者的作品,包括荷马的作品。② 苏格拉底暗示,他也许也在收集图书,准备研究医药,当时,已有许多医药方面的论文。他也准备研究悲剧、建筑学、几何学或天文学的著作。这表明,在那个时代,各学科内容的书籍都在迅速增加。

*208*

在色诺芬的论文《论马》(The Horse)之前,西蒙曾有过类似的论文。③ 色诺芬自己写过大量作品,除了历史和哲学的著作之外,还写过许多其他方面的论文,如《狩猎》(Hunting)、《骑兵军官的职责》(The Duties of a Cavalry Officer)、《农场管理》(The Management of a Farm)和《斯巴达宪法》(The Constitutions of Sparta)等。他的《库诺斯的教育》(Education of Kuros)实际上是一篇论将军职责的论文。其中论述的问题标志着一个新的动向。因为在早期阶段,希腊人认为,农业和指挥艺术是荷马和赫西俄德教授的。当时还流传有其他农业论文,不过多数是纸上谈兵,联系实际不多。④ 公元前4世纪末,战术家艾勒亚斯(Aineias)为将军们写了一本手册。这时,也出现了大量医学论文,论文主要来源于希波克拉底的学校。也许其他地方也有医学论文发表。查理斯(Chares)和阿波罗多洛斯发表了论耕作的著作。⑤ 米赛克斯(Mithaikos)写了一本西西里烹调书(Sicilian Cookery—Book)。⑥ 亚里士多德还提到了有关旅行和地理方面的著作。⑦ 克拉克斯(Korax)和蒂西亚斯(Tisias)编写了第一本论修辞学的手册,探讨的是"可辩的论

---

① Xen. *Anab.* vii. 5. 14.
② Xen. *Mem.* iv. 2.
③ Xen. *Horsemanship*, i.
④ Xen. *Econ.* xvi.
⑤ Aristot. *Pol.* i. 11. 7.
⑥ Plato, *Gorg.* 518 B.
⑦ Aristot. *Pol.* ii. 3. 9.

点"。安提芬和高尔吉亚写过论表演的文章。波罗斯写了论演讲结构安排的论文,该论文苏格拉底读过。还有,斯拉苏马库斯(Thrasumachos)发表过论文《呼吁同情》(Appeal to Compassion)。

这些书籍的价格可能不高,因为由奴隶承担的抄写劳动价格便宜。在柏拉图的《申辩篇》(Apology)中,①苏格拉底提到,一本阿那克萨哥拉的著作只要花一个德拉克马。虽然我们没有理由认为它是最便宜的书,但假如它是均价的话,那么,多数雅典人一定能够买得起书。

209

---

① Plato,*Apol.* 26 D.

# 第七章　埃弗比的第三级教育

雅典青年到 18 岁时就基本成年,属于他的财产可以转到他的名下了。如果他在受监护期间受到欺骗,这时,他也可以起诉他的监护人。但是,他还不能打其他官司,也不能参加全民大会（Natioanl Assembly）。当然,也不能向他征税。所有这些要等他 20 岁时才行。

当青年满 18 岁时,首先,他所在的行政区或教区必须对他进行审查,检查他的家庭出身和年龄是否真实。① 如果被拒绝了,案件将送到雅典常规法庭审理。如果再次受到拒绝,就要视情况进行处理。如果是年龄不足原因,青年将重返男孩队伍等待下次审查。如果是家庭出身原因,青年将被作为奴隶出售,所得收入上交国库。如果行政区接受了他,青年还将接受雅典五百人会议的审查,会议可能会否决行政区的决定。②

如果他通过了所有这些审查,男孩就可以在行政区注册,成为法律认可的埃弗比青年。之后,他必须到阿革劳罗斯（Aglauros）神庙举行庄严的宣誓仪式。誓词为:"我将不允许我神圣的武器蒙受羞辱,也决不抛弃与我并肩作战的战友。我将为神圣的事业而战,无论我是孤军奋战还是有同伴。我将使祖国变得更加伟大、更加美好。我将听从长官的命令,遵守由人民制定的现行法律以及未来的法律。③ 我将决不赞同并且阻止任何摧毁和违反宪法的行为,无论我是孤军奋战还是有同伴。我将为祖先建立的神庙增光。请帮助我吧,阿革劳罗斯、伊努瓦里

210

211

---

① Aristot. 'Aθ. Πολ. 42 for these examinations.

② Luk. *ag. Leok*. 18. 76.

③ κραίνοντες. Note the archaic word.

奥斯(Enualios)、阿瑞斯(Ares)、宙斯、萨洛(Thallo)、奥克色(Auxo)和赫基莫勒(Hegemone)诸神!"①

这种誓词和仪式肯定是很古老的。演说家卢库戈斯认为,②它们是祖先制定的法律和习俗的一部分。他还声称,公元前479年希腊军队在普拉塔亚(Plataea)③的誓词是模仿雅典埃弗比誓词的。通过这种庄严的仪式,埃弗比青年开始承担雅典公民的义务和责任。柏拉图在《克里同篇》(the Kriton)的对话里,④介绍了诉讼案中运用雅典法律的情况。在对话中,他们说:"当一个人通过审查,承认城邦的宪法,愿意和我们在一起生活,并遵守雅典的法律,我们就接纳他。如果他不满意我们,请带上他的东西去他愿意去的任何地方。如果他留了下来,我们认为,这表明他已经承诺要服从我们。"除了上面这个例子外,还有一个事实充分的证据说明,在雅典男孩作出服从承诺之前,他们是受过雅典宪法教育的。埃斯钦斯说:"任何一个人,只要他的姓名列入了行政区花名册,他就已经了解了城邦的法律。"⑤柏拉图说得还要明确:"当儿童离开学校时⑥,城邦强迫他们学习法律。"⑦所以,当埃弗比青年宣誓效忠国家法律的时候,他们明白这对他们意味着什么。

同时,每个部落要开会选举三个年过40岁的男子来管理本部落的埃弗比青年。⑧ 这些督导者称作"督察",即"仲裁者"。这种职位可以回溯到梭伦时代。仲裁者中还有将军,负责教育的督导工作,不过这种督

① Pollux, viii. 105—106, etc.

② Luk. *ag. Leok*. 18. 75.

③ 普拉塔亚(Plataea),希波战争(公元前500—公元前449)期间,以雅典和斯巴达为首的24个希腊城邦的联军与波斯军队在普拉塔亚(希腊城邦)附近进行过一次大规模交战。希腊联军获胜。——译者注

④ Plato, *Krit*. 51 D, E.

⑤ Aischin. ag. *Timarch*. 18.

⑥ 我已经提到过,音乐学校里可能已经教授了韵律诗。

⑦ 柏拉图在《普罗泰戈拉篇》中提到,男孩经常去法院旁听案件审理。以便了解司法程序。英格兰公学也有类似做法,可作一比较。狄摩西尼斯曾和他的教仆一起去听对卡里斯特拉特斯(Kallistratos)的审判。

⑧ Aristot. 'Aϑ. Пολ. 42. 2.

导职责很少执行。对此我已在第二章中作过介绍。他们的职责是监督埃弗比青年的道德行为和纪律。埃弗比军事训练主要由部队军官负责，即将军和军士长（Taxiarchoi）。后来，当埃弗比不再是军事机构时，这些军事官员和埃弗比的联系也就中止了。接近4世纪末时，人们选举了一个执行官（Kosmetes）来负责埃弗比的管理。如果《阿西奥库斯篇》中的那一段文字不真实的话，那么，在记载希奥芬尼斯（Theophanes）担任执政官（Archonship of Nikostratos，公元前333—公元前332）①加冕典礼的一段铭文里，才第一次出现了与埃弗比有联系的仲裁者提法。但是，公元前280年，在埃弗比官员和教师的名单中，提到的职位是执行官，而不是"督察"。② 可能那一时期，埃弗比数量太少了，不需要每个部落派出一个官员。

　　这些新任命的行政官员接受任命后会即刻赴任。新征募的年轻人先要绕神庙一圈，然后被带到驻扎在摩努恰（Mounuchia）和佩雷库斯（Peiraieus）的部队里。在那里，由督察任命的教师及其助手来负责教他们使用重武器，同时还要学习射箭、投掷标枪和石弩。那里也有竞技场练习体操。这些教师，还有后来出现的文字教师、牧师和医生等都被正式地刻在公元前300年以后的铭文中。③ 督察每天获得的报酬为一个德拉克马。同时，部落也按每个埃弗比青年4个欧波尔付给督察费用。其中一部分用作伙食费。埃弗比青年自己不经手钱物。每个部落的成员在一起集体用餐。④

　　除了督察和执行官之外，阿莱奥帕戈斯议会也负有监督埃弗比的任务。埃弗比的纪律似乎相当严格。柏拉图在《阿西奥库斯篇》⑤中谈到过"荆条与严重过失"的话题。但是，埃弗比也有许多娱乐活动，假期也不少。许多大型特别节日活动埃弗比青年都是要参加的。在赫菲斯

213

---

① *C. I. A. iv.* ii. 1571 B.

② *C. I. A.* 11. 316.

③ eg. *C. I. A.* ii. 316. 338.

④ Aristot. 'Αθ. Πολ. 42. 3.

⑤ 〔Plato〕*Axiochos*，367 A.

托斯(Hephaistos)①和 普罗米修斯(Prometheus)②的节日里,还有专门为每个部落里的埃弗比青年举行的火炬赛跑。体育官员负担他们的赛跑训练费用。埃弗比青年也有专门的戏剧表演。③

　　毫无疑问,埃弗比青年的大部分时间是在体育馆里进行严格的身体锻炼。柏拉图的《理想国》和《法律篇》中的埃弗比活动暗示了这一点。《阿西奥库斯篇》提到,在埃弗比,也就是"吕克昂和阿卡德米",新学员入学后要在体育馆训练。色诺芬在谈论第二年的巡逻队(peripoloi),④即二年级的埃弗比青年的情况之前,说到"这些青年受命参加体操训练",他所指的显然是这一阶段的青年。色诺芬暗示,如果参加体操训练能够比参加火炬赛跑得到更多的配给食物,体操训练相对而言是一种比较好的活动,也是青年更乐意参加的活动。慷慨的体育官员会为每个参加体操训练的人每天提供超过 4 个欧波尔的伙食。也许,那些身体羸弱的青年必须参加这种强迫性体操训练。色诺芬的文章似乎还将他们与挑选出的准备参加火炬竞赛的埃弗比青年区分开,后者是部落埃弗比分队中天生适合竞赛的人。

9 号盘:骑术课——上马

---

　　① 赫菲斯托斯(Hephaistos),希腊神话中的火神。——译者注
　　② 普罗米修斯(Prometheus),希腊神话中,普罗米修斯创造了人类,并把火种带到人间。——译者注
　　③ Schol. On Aristoph. *Birds*, 794.
　　④ Xen. *Revenues*, iv. 52.

在第一年训练结束时,在酒神节(great Dionusia)上,埃弗比青年要到露天剧场表演军事队列变换和军事操练。检阅之后,他们会领到城邦发给他们的矛和盾牌。[①] 这些父辈曾是老战士的子弟在成为城邦的卫士之后,[②]还会领到全副装备。埃弗比青年被告知,这些武器装备对于战士而言是神圣的东西,如果在奔跑中丢弃,那将是一种严重过失,甚至是渎圣行为。[③]

领到武器后,埃弗比青年便离开雅典去执行军事任务。第二年的大部分时间,他们将在乡村和前线巡逻以及在要塞驻守。[④] 从西北前线的欧伊诺(Oinoé)和普勒(Phulé)到南边阿纳普卢斯特斯(Anaphlustos)和多里库斯(Thorikos),阿提卡到处布满了"巡逻站"(περιπόλια)。像柏拉图《理想国》中的"κρυπτοί"和斯巴达的埃弗比青年一样,雅典埃弗比青年也要一个一个区域地巡逻。这样,他们便会很好地了解城邦的地形特点。各部落埃弗比分班轮流在不同的巡逻站执勤。公元前334年—前333年,希波松提德和科克若皮德(Kekropid)两个部落曾在埃莱夫西斯驻守,由于他们纪律严明,受到当地百姓的称赞和拥护,任务也完成得非常顺利。[⑤] 他们有时也在户外扎营。埃莱夫西斯的铭文有过这方面的记载(ὑπαίθριοι)。

埃弗比青年的巡逻任务似乎还会得到外国雇佣军的帮助。修昔的底斯声称,[⑥]弗如尼库斯是被巡逻队杀害的。根据卢西亚斯的说法,雅典人将这个叫斯拉苏布洛斯(Thrasuboulos of Kaludon)的杀手名字镌刻在柱子上。[⑦] 如果这位历史学家的意思是对这种奖励表示争议,那他

---

① Aristot. 'Αϑ. Πολ. 42. 4.

② Thuc. ii. 46.

③ Lucias, x. 1, and Aristophanes anent Kleonumos, *passim*.

④ 很有可能,是在埃弗比训练的第二年,埃弗比青年才开始承担巡逻任务。埃斯钦斯曾声称,他曾经执行过二年的巡逻任务。也有可能,在紧急情况下,埃弗比青年一入学就会奔赴前线。

⑤ *C. I. A.* iv. ii. 574 D, and 563 B.

⑥ Thuc. viii. 92.

⑦ Lusias, xiii. 71.

一定是指这件事,因为这是被广泛认可的事实。他还指出,这个阴谋是在巡逻队队长的房间里筹划的,他还提到阿尔戈斯人(Argive)①的一个同谋犯,那是麦加利斯人(Megarian)②。这两个外国人可能都是巡逻队队员。但是,这一时期,外国青年不大可能被允许在埃弗比部落分队服役。根据一个真实的传说,只有科斯(Kos)③的青年获得了这种特权,那是为了表彰伟大的医生希波克拉底的贡献而实行的特殊政策。但是,这也表明了其他城邦是没有此例的。事实上,雅典埃弗比从来没有接受过外国人。只是到了后来,埃弗比的军事性质消除之后,埃弗比里才有外国人。

那么,这个"外国军团(Foreign Legion)"是干什么的? 根据阿里斯托芬的《鸟》(Birds)的一段文字,吉拉德认为,他们是骑兵弓箭手。一个无名神入侵克劳德—库克(Cloud-Cuckoo)镇,佩斯特泰洛斯(Peisthetairos)大声质问:"为什么不马上派巡逻队去追赶他?"信使回答道:"我们已经派了3万名骑兵弓箭手去追。"埃莱夫西斯的一段铭文上记载了巡逻队队长领导下的一支非公民部队的情况。这些雇佣军不承担公民职责,主要担负巡逻工作。而且,在雅典人看来,"弓箭手"就是"警察"。雅典治安是由外国"弓箭手"维持的。与此同样,阿提卡是用骑兵的方式来维持治安的,因为阿提卡疆土的面积更大些,非骑兵巡逻不行。④ 也有可能的是,这些非雅典人的巡逻队是"μέτοικοι ίσοτελεῖς"的儿子,这些人从小就被迫受过重甲步兵训练,因此招募之后,只需要稍加训练便可承担任务。修昔的底斯称⑤,这些外国重甲步兵是新招募的老兵。他们在雅典城墙上和要塞里驻扎,是一支

① 阿尔戈斯人(Argive),古希腊人,居住在阿尔戈斯(Argos)。——译者注
② 麦加利斯人(Megarian),古希腊人。麦加利斯(Megaris)是古希腊地区之一,首府是麦加拉(Megara)。——译者注
③ 科斯(Kos),希腊一岛屿。——译者注
④ The force may also have included citizens, for the younger Alkibiades once served in it (Lus. xv. 6). But that was a special occasion, when the ordinary cavalry had refused to receive him.
⑤ Thuc. ii. 13. 6—7.

永久性的巡逻队。

从财富上看，雅典前三个等级的公民一定都接受过埃弗比训练。虽然只有第一和第二等级的公民可能在骑兵部队服役，但所有的公民也都必须响应召唤到重甲步兵服役。① 富裕家庭的埃弗比青年由于时间充裕，他们一般既参加骑兵操练，也参加步兵操练。穷一点的第三等级（Zeugitai）②只能参加重甲步兵的学习，他们大部分时间可能在雅典农田从事耕作。那么，第四个等级，即雇工（the Thetes）③能干什么呢？他们是不可能被征召参加重甲步兵的。他们要么在陆军轻便部队服役，要么充任海军的划手。他们也经历招募的过程吗？雅典要塞和城墙驻守的重甲部队里是没有雇工踪影的。④ 但是，山区巡逻可能由这些轻武器部队充任，因为重甲部队无法在山区行动。色诺芬介绍过相关的情况。他说，苏格拉底曾制定了一个守卫阿提卡边境的周密计划。⑤ 一个世纪过后，苏格拉底的计划由陆军轻便部队实施了。色诺芬在后来的著作中，还谈到了"那些受命担任要塞守卫的兵士和手持轻便皮盾在乡村巡逻的士兵"。这些士兵显然是指埃弗比青年。⑥ 由此看来，埃弗比部队分两种，一种是卫戍部队，是重甲兵。另一种是巡逻部队，携带适合在山区巡逻的轻便皮盾。但是，这种轻便部队在伯罗奔尼撒战争末期才出现。修昔的底斯在描述布拉西达斯（Brasidas）⑦军队时第一次提到他们。在此之前，轻便部队主要是弓箭手和一些投石器手组成。在纪念衣莱西特（Erechtheid）部落公元前459年阵亡的将士纪念碑上，

217

---

① Lus. xvi. 13, xiv. 10.

② 第三等级（Zeugitai），梭伦宪法将公民分为四个等级。第三等级。也可译成有轭牲阶级。意指套轭的人，意指可套上双轭，穿上装甲担当步兵的人。或者代表可提供一对上轭公牛的人。——译者注

③ 雇工阶级（the Thetes），梭伦宪法中的第四等级，其中部分是贫穷的公民。——译者注

④ Thuc. ii. 13. 6—7.

⑤ Xen. *Mem.* iii. 5. 27.

⑥ Xen. *Revenues*, iv. 52.

⑦ 布拉西达斯（Brasidas），伯罗奔尼撒战争初期斯巴达将领。——译者注

阵亡的重甲兵名字的后面提到了四个弓箭手的名字。① 那时,由雇工组成的轻便部队数量不多。公元前431年时,只有1600人。大多数雇工是在舰船上服役的。阿里斯托芬公元前414年写的《鸟》,在谈过巡逻队之后,提到了那年突发的一次入侵事件。面对突发敌情,佩斯特泰洛斯命令贴身随从拿起投石器和弓箭御敌。这些武器显然是快速部队在追击敌人时使用的。②

色诺芬的文章说得更清楚。公元前4世纪时,埃弗比武装力量中就有持轻便盾牌的士兵,也就是阿里斯托芬提到的可能出现在公元前5世纪的那些弓箭手和投石器手。但是,有一个情况不能确定,这就是,这些轻便部队是由想增加训练内容的第三等级的公民组成的,还是由雇工一支小分队组成的?但无论如何,雇工在埃弗比青年中的人数不会多,因为他们没有那么多空闲时间参加如此长时间的训练。③

按照惯例,除了驻守边疆,抵御外敌的偷袭之外,埃弗比并不承担更多的军事任务。因此,即便在战时,他们也有许多从事雇用工作的时间。但是,公元前458年,他们在姆罗奈德斯(Muronides)参加了针对迈加里德的战斗,这次战斗雅典人不得不动用了预备役部队,战斗取得了胜利。④ 后来,可能是他们,也可能是"外国军团"参加了进攻麦加拉(Megara)的战争。⑤ 但是,一般而言,他们只负责守卫本土。到20岁时,埃弗比的军事生活结束了。从此,青年成了雅典普通公民和战士。

大约在公元前332年,当卢库戈斯发表反对利奥克拉底(Leokrates)的演说时,古老的埃弗比制度似乎依然富有活力。那种暗示利奥克拉底回避埃弗比誓词的说法可能不可靠,因为这位演说家立

---

① *C. I. A.* 1. 143. Cp. *C. I. A.* 1. 79. For citizen-archers.

② 值得注意的是,在亚里士多德时代,埃弗比军事教练是弓箭手。他们也许是幸存下来的弓箭手。

③ 在博伊奥特亚(Boiotia)和迈加里德(Megarid),埃弗比青年是可以作为骑兵,重甲兵和轻便部队士兵使用的。(*C. I. G.* Boiot. and Meg. 2715, 2717—21, 1747—48, etc.).

④ Thuc. i. 105.

⑤ *Ibid*. iv. 67.

刻反驳说他已经宣了誓。① 公元前 328 年,即可能是亚里士多德发表《雅典宪法》(Athenian Constitution)的那一年,埃弗比似乎依然存在。因为这位哲学家把它作为当时政权的一部分。这种权威说法得到了有关铭文的支持。在科克若皮德部落公元前 334 年招收的埃弗比名册中,上半部的名字已经无从辨认。但是从编号来看,人数相当多。② 从残片中还可以辨认出大约 44 个人的姓名。隶属于该部落 12 个行政区中的 6—7 个行政区。显然,那最小的分队在名册的最后。因此,这个部落完全可能有 100 个人在册。所有各部落的埃弗比总共有 1000 人。考虑到阿提卡是个贫困的地区,以及重甲部队人数的减少,埃弗比数量的这个估计是适当的。一个部落分队的人数足以凭借自己的力量守卫埃莱夫西斯。

接下来的一个世纪,每个部落里的埃弗比人数下降到了 29—23 人。埃弗比服役成为志愿者任务了。而且,这时也出现了兄弟同时服役的现象。进入埃弗比的严格年龄限制也不复存在了。③ 哲学和文学成为埃弗比学习科目。图书馆也出现了,收集了许多年老的埃弗比青年送的礼物。到了公元前 2 世纪,埃弗比开始招收外国人。最后,外国人数量超过了雅典本地人。尽管军事服务作为古老的传统保存了下来,但是毫无疑问,雅典埃弗比制度渐渐演变成雅典大学。在这里,年轻的罗马人,如西塞罗儿子曾经来此学习哲学,在军事方面他们向雅典人学得不多。督察和执行官成了新大学的学监(Proctors)和校长,特别节日成了义务服务。火炬赛跑,军事活动和海上划船比赛成了体育活动。④ 正是雅典这个古老的征募制度,而不是柏拉图的学校或伊索克拉

220

---

① Luk. *ag. Leok*. 76.

② In 431 B. C. Athens had 13,000 hoplets of between twenty and forty years of age. On this average there would be perhaps about 1000 epheboi per year, or 2000 altogether-the same number as here. The 16,000 of the reserve in 431 includes veterans and metics as well as epheboi.

③ The changes seem to have happened shortly before 305,for in an inscription of that year the number have dropped greatly and brothers serve together.

④ *C. I. A.* ii. 466. 470.

底的学校,孕育了第一所大学。

埃弗比制度是在斯巴达是以"κρνπτοί"为代表的。我们听说,阿尔戈斯有埃弗比首领(archephebos),在特洛伊真(Troizen)有负责埃弗比训练的体育官员。① 在迈加里德和博伊奥特亚,埃弗比青年被训练成骑兵、重甲部队士兵和轻便部队士兵。② 在特奥斯,也可以寻觅到埃弗比官员(ephebarchos)的踪迹。在西那库斯(Syracuse)边境有巡逻站房舍,③埃弗比青年可能在此执行过巡逻任务。这种专门为青年安排的军事训练阶段在整个希腊是普遍现象。柏拉图对这种制度没有表示异议,在《理想国》和《法律篇》中还采纳了它。

## 附录:公元前 4 世纪埃弗比的铭文

221

### (阿提卡的埃弗比)

#### (一)

"克特西克勒斯(Ktesikles)担任执政官时(公元前 334—公元前 333),希波松提德部落的埃弗比青年受议会和人民的加冕,特呈上这些祭品。"

接着,是一段残缺不全的记载埃莱夫西斯人民致谢的文字,向驻守城镇的埃弗比表现出的严明纪律表示感谢。同时感谢埃弗比长官为其加冕,节日庆典时安排其在前排就坐。④

#### (二)

本法令在于向科克若皮德部落埃弗比青年表示敬意。

(a) 科克若皮德部落的法令

"卡里克拉底(Kallikrates of Aixoné)建议如下:在克泰西克勒斯(Ktesikles)担任执政官期间被招募的科克若皮德部落埃弗比青年,遵纪守法,服从人民任命的长官,我们投票感谢他们,给他们加冕价值 500 德拉克马的金冠,以奖励他们严明的纪律和杰出的表现。我们也同样投票感谢安

---

① *C. I. G.* Pelop. 589,749,753.
② See note 2 on p. 218.
③ Thuc. vi. 45, vii. 48.
④ 本段原小标题"*C. I. A.* ii. 574 d."为铭文的出处。——译者注

提马库斯(Antimachos)的儿子、埃弗比长官——阿德斯特斯(Adeistos)，奖励他一个与上述重量相等的金冠,以表彰他的杰出领导才能和所付出的辛劳。投票结果镌刻在置放于科克若皮德部落神殿的石柱上。"

(b) 雅典人民的决议

"蔡里蒙(Chairemon)的儿子赫戈马库斯(Hegemachos)建议如下:有鉴于科克若皮德部落驻扎在埃莱夫西斯的埃弗比青年表现优秀,服从议会和人民的命令,遵纪守法,我们投票感谢他们,以表彰他们良好的纪律和行为,并以橄榄枝花冠为他们加冕。我们也同样投票感谢他们的长官——安提马库斯的儿子阿德斯特斯(Adeistos),并颁发嘉奖令,为他加冕橄榄枝花冠。投票结果镌刻在科克若皮德部落埃弗比供奉牺牲的神殿中。"

(c) 埃莱夫西斯人民的决议

"普洛提亚斯(Protias)建议如下:有鉴于科罗皮德部落埃弗比青年和他们的长官——安提马库斯的儿子阿德斯特斯,在驻守埃莱夫西斯期间表现优异,本区人民投票感谢他们,并以橄榄枝花冠为他们加冕。"

投票结果也是按上述方法处理的。

(d) 雅典市区的人民也同样投票对他们的同胞表示感谢。

所列埃弗比青年的名单并不完整,许多已残缺。[1]

(三)

"希洛芬(Hierophon)的儿子希奥芬尼斯(Theophanes)——为赫耳墨斯(Hermes)作出了贡献,受到埃弗比青年和他们的长官以及执行官的加冕表扬。"

埃弗比签署的落款年份分别为公元前333—前332年,公元前332—前331年和公元前331—前330年。[2]

(四)

议会和人民投票感谢全体埃弗比青年,以表彰他们杰出的表现,同时,也向执行官和长官以及教师表示感谢。以下为残缺不全的埃弗比青年名单。落款时间为公元前305—前304年。[3]

---

[1] 铭文的出处为"C. I. A. ii. 563 b."。——译者注
[2] 铭文的出处为"C. I. A. ii. 1571 b."。——译者注
[3] 铭文的出处为"C. I. A. ii. 251 b."。——译者注

（五）

223　　潘狄奥尼德（Pandionid）部落投票感谢菲勒奈德斯（Philonides），他经人民选举成为本部落埃弗比青年的长官后，工作出色。①

（六）

（公元前320年出土于埃色勒②）

一段节录：——"我们投票感谢埃弗比青年长官，他们是梅加科勒斯（Megakles）的儿子基蒙（Kimon）和普希亚斯（Putheas）的儿子普色多诺斯（Puthodoros），并为他们加冕橄榄枝花冠……为他们在彻夜狂欢中表现出的热情。"

埃弗比青年参加了纪念赫比（Hebe）的祭祀活动③。通常，这些埃弗比青年喧嚣吵闹，给他们的邻居添了不少麻烦。但是今年，他们严格遵守了长官的命令。特此投票感谢。④

---

① 铭文的出处为"*C. I. A.* ii. 565 b."。——译者注
② 埃色勒（Aixoné），古代雅典的一个行政区。——译者注
③ 赫比（Hebe），古希腊神话中青春女神。——译者注
④ 本段原小标题为"Böckh, 214"（belong to 320 B. C.）。——译者注

# 第二编

## 希腊教育理论

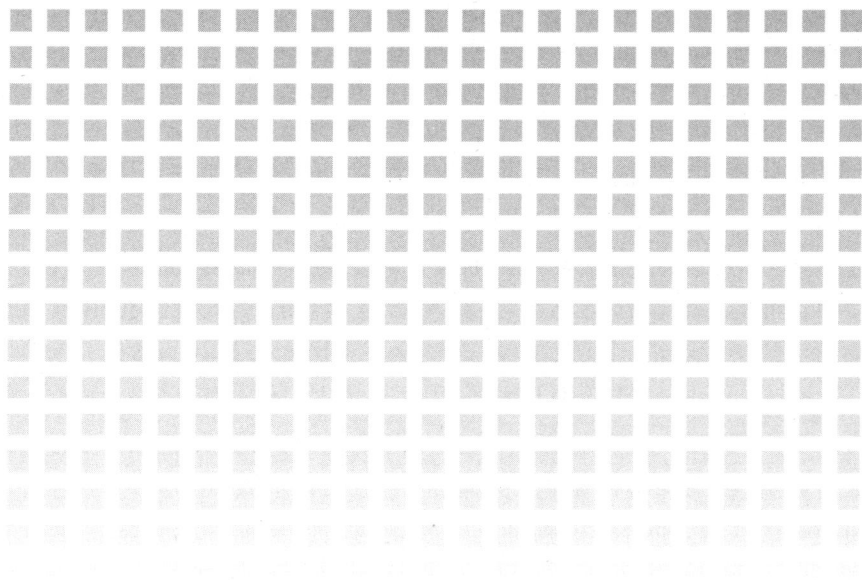

# 第八章 希腊的宗教和教育

227 在希腊,绝大部分宗教教育是在校外进行的,例如,在家庭和公众生活中进行。儿童通过参加一些特别的祭祀活动来学习当时的宗教仪礼。作为希腊人主要生活内容的节日活动和祭祀的歌曲舞蹈既促进了希腊儿童宗教信仰的形成,又为他们信仰的巩固提供了丰富的实践机会。希腊宗教的形式和仪式丰富多彩,在这样的氛围中,几乎没有什么教义需要儿童刻意去学习。因此,教义问答手册和教派的教学也就没有必要了。诸神和颂扬英雄的神话的基本教义是一致的。此外,由于神话传说的多样性,异端邪说因此也不可能产生。

这种各式各样的甚至是相互矛盾的神话在希腊民族的诗歌里被神圣化了,诗歌成了圣书,被视为一种神灵启示。正如我们已经看到的,这些神圣的文献是当时雅典初等学校的主要学习内容,是学生阅读、抄写和背诵的对象。在斯巴达,文化和智慧的教育基本由纪念诸神和英228 雄人物的圣歌组成。可以说,神话是整个希腊初等教育的精髓。

绝大多数希腊诗歌中都有许多神话故事,教育理论家对此各有解释。为了理解这一点,有必要了解人们赋予这些诗人的至高无上的权威,特别是荷马和赫西俄德。他们的每一句话都被认为是神灵的启示和绝对的真理,他们的权威是无可置疑的。公元前 6 世纪初,《伊里亚特》中一段被窜改的文字曾作为雅典声称对萨拉米斯岛(Island of Salamis)主权的依据。人们根据当时的一个传说,拒绝了西那库斯的僭主戈伦(Gelon)担任希腊军队司令官,领导反波斯的战争。斯巴达的一位特使说，如果亚加米农（Agamemnon）①知道了，他一定会痛苦。但是，荷马说过，只有雅典人才是统帅的最佳人选，也正是这个原因，雅典人一直声称，只有雅典人才能统帅军队。② 这个例子可以用来证明，人们是多么地崇拜荷马，他的所有话都被看做是神的启示。③ 崇拜者们声称，是荷马教育了希腊，荷马的著作是希腊人生活的教科书。④ 还有人说："神圣的荷马之所以能赢得如此的荣耀和声望，是因为他教育人们向善，使部队训练有素，勇猛无比。"⑤有时，人们还误引了他的话来证明自己的观点，例如柏拉图就这样做过。⑥ 人们在选择荷马思想时有自己的偏爱。苏格拉底所选择的"与他对诸神的尊重是一致的"。能够通篇背诵《伊里亚特》和《奥德赛》的人也并非前所未闻。《荷马史诗》中的故事就是道德教育的内容。其中，克科（Kirké）的故事警告人们不要放纵自己的欲望。克科把奥德修斯（Odusseus）⑦的一个同伴变成了猪，因为他迷恋餐桌、饮食无度。奥德修斯自己则因听从了赫耳墨斯的建议，在饮食上有所节制，从而逃脱了同样的命运。⑧

但是，需要说明的是，希腊主要思想家的高雅道德观是反对那些充斥于诗歌神话中的低俗道德观念的。色诺芬开始攻击了。他大声疾呼："荷马和赫西俄德，把一切归功于神，使人类颜面尽失。"赫拉克莱托斯（Herakleitos）甚至声称，荷马应当受到鞭笞。甚至连虔诚的平德尔也试图修改一些神话，以使它们符合自己的道德观念。埃斯奇勒斯为实现一神教（monotheism）作出过艰苦的斗争。在他们之后的一代，与神话斗争的暴风雨终于来了。经过智者派和哲学家们的努力，人的智

229

---

① 亚加米农（Agamemnon），迈锡尼王，曾发动特洛伊战争，为希腊联军统帅。——译者注

② Herod. Vii. 159—161.

③ Plato, *Ion*, 24 c.

④ *Rep*. 606 E. So in Isokrates, to *Nikokles*, 530 B.

⑤ Aristoph. *Frog*, 1034—1036.

⑥ Plato, *Rep*. 391 B.

⑦ 奥德修斯（Odusseus），希腊神话中伊萨卡岛（Ithaca）的国王，参加过特洛伊包围战，是荷马史诗中奥德赛中的主角。——译者注

⑧ Sokrates in Xenophon, *Mem*, i. 3. 7. The moralization is quite un-Homeric.

慧被唤醒,神统的史诗影响开始萎缩了。悲剧作品通过把神话展示在人们眼前的方式,使史诗不可取代的地位彻底地动摇了。早期历史学家的比较神话学的研究证实了这一观点。希罗多德发现,早在他所处时代的 17000 年前,埃及就有了一个名叫赫拉克勒斯的神,而希腊的赫拉克勒斯只是在这位历史学家之前的 6 个世纪前才出。因此,希腊的赫拉克勒斯一定是同姓名的男子,而不是神。① 理性主义开始战胜神话。修昔的底斯尝试运用科学方法研究特洛伊战争(Trojan War)。在他看来,战争之所以时间拖得较长,其原因在于大规模部队供给的困难。欧里庇德斯的理性主义这时已经众所周知。阿那克萨哥拉的学生米特洛多若斯(Metrodoros)将诸神看做自然的力量和多样性的物质要素。这种比喻手法在恩培多克勒的诗歌中早已得到运用。在《菲多篇》中,②苏格拉底理性地解释了波拉斯(Boreas)神话。柏拉图明确地表示,聪明的人是不会相信这些故事的。但由于苏格拉底太忙了,他没有时间作自己的研究,因此他没有提出什么问题,而是接受了传统的说法。《荷马史诗》的捍卫者在米特洛多若斯和斯泰姆布洛特斯(Stesimbrotos)率领下,③力图把《荷马史诗》解释为寓言。他们声称,即便最差的神话也隐含道德要素。但是,这些寓言常常是荒谬可笑的,柏拉图完全拒绝将它们作为教育目的,虽然儿童把它们当做文学作品阅读。

但是,公众舆论依然偏爱这些古老神话,正如赫耳墨伊(Hermai)现象④以及阿那克萨哥拉、普罗泰戈拉和苏格拉底的谴责所反映的。神性

① Herod. ii. 43—46. This tendency culminated in Euhemeros, at the end of the fourth century, who claimed to have found inscriptions in Crete giving the careers of mortal kings named Ouranos, Kronos, and Zeus. He argued that the gods were distinguished men, deified by admiring posterity. His theory passed to Rome in Eunius' translation and supported the imperial cult.

② Plato, *Phaidr.* 229 C.

③ Plato, *Ion*, 530. Cp. Xen. *Banquet*, iii. 6, where Anaximandros is mentioned.

④ 赫耳墨伊(Hermai),雅典人起初为纪念旅行者的保护神与救助者赫耳墨斯在路边堆砌的石头。这些石头后来被用赫耳墨伊取代。赫耳墨伊是具有神脑袋的雕塑,经常是两个头,其躯干雕塑成一根方形的石柱,起着路标作用。——译者注

不可能消失，神话因此还得继续。神话说，宙斯废黜了自己的父亲，而且犯了通奸罪，如果神话故事是真实的，那么由于宙斯是超神，他犯的罪行便是情有可原的。[①] 这样看来，神话的故事显然是虚假的。荷马和赫西俄德说谎了。他们的著作是一种渎神的虚构。[②] 伊索克拉底对这种思想作了归纳：[③]"这些诗人不大恭敬地描述了诸神的儿子所做的和所遭遇的事情，他们的所作所为比起那些最不虔敬的人来说都有过之而无不及。他们如此大不敬地谈论诸神，以至后人无人能够企及。他们不仅描述了诸神偷窃、通奸以及将奴隶制度带到人间；更有甚者，他们还描述了诸神如何吞食自己孩子，废黜自己的父亲，用锁链捆绑自己的母亲等等……这些诗人也因描述这些诸神的邪恶行径而遭到处罚。他们有的终生流浪为一块面包而乞讨，有的变成了瞎子，有的被流放终生。俄耳斐乌斯因为专事编撰这类故事而被撕成碎片。"[④]

人们最反对的是在人类可塑性最大的年龄阶段，即在幼儿教育和初等学校时期，向儿童灌输诸神的这些不道德的传奇故事。[⑤] 为此，柏拉图希望制定严格规定，禁止向儿童讲述这类神话、传奇故事和寓言。"因为良好的开端是成功的一半。没有任何事物可以例外。特别是当事物处于幼年的稚嫩阶段时。年幼的儿童像是一块柔软的蜡，可以在上面烙下清晰深刻的印记。因此，早期阶段的教育具有极端的重要性，幼儿教育机构和学校讲述的神话和故事也因而十分重要了……荷马和赫西俄德的作品是讨人嫌的虚构的东西，即便它们是真实的故事。这些神话最好也不要讲给幼儿和无辨别能力的儿童听。……这些神话故事必须从字面进行修改，而不要通过比喻修改，做到文字浅显道理易懂。"

柏拉图并不准备重写《希腊圣经》(Hellenic Bible)，他只是想制定一个诗人们必须遵循的原则。需要注意的是，这些原则十分特别，它们

---

① Cp. Aristoph. *Clouds*, 905, 1080, representing "Sophist" arguments.

② Plato, *Rep.* 377 D.

③ Isok. *Bous.* 228 D.

④ Cp. The statement of Herodotos (ii. 53) that Homer and Hesiod created the details of Hellenic mythology, even the names and functions of the deities.

⑤ Plato, *Rep.* 377 B.

232

不仅删除了荷马和赫西俄德的大部分故事,而且将《旧约》的大部分和《新约》(New Testament)的一部分也删除了。他制定的第一条原则是,上帝既然是"善",就不可能伤害人类,也不可能成为人类邪恶的始作俑者。因此,应当找到导致邪恶的其他的原因。导致邪恶的原因主要来自人类,上帝不是人类大部分事件的原因。

《荷马史诗》被删除的部分有:

　　　　天堂的大门旁有两只决定人类命运的大桶,

　　　　其中一只装满了邪恶,一只装满了善良;

　　　　上帝如果将它们的混合物给了一个人,那他的生活将祸福参半;

　　　　上帝如果只将邪恶给了一个人,那他将乞讨终生没有期盼。

被删除的还有:

　　　　宙斯是世界的管家,主宰着人类的祸福。

删掉的还有埃斯奇勒斯诗歌的内容:

　　　　上帝在人类植下了罪孽的种子,

　　　　只要他愿意,他可以将人类带向虚无。

如果上帝被描绘成人类不幸的根源,诗人必然会说,对于受苦难的人来说,不幸倒是一件好事,可以使人变成好人并感受幸福。①

第二条原则是,上帝没有戴假面具,一会儿一张面孔,不停地变换。他为什么要变换呢?外部的力量无法使他改变。他自己也不会自我改变。因为上帝已经是完美的。改变则意味着向不完善和不完美的倒退,所以下面的说法是错误的:

　　　　上帝装扮成一个陌生人,不停地变换着自己的衣裳,

　　　　他在城邦里闲逛,窥探人间的邪恶与善良。

普洛特斯(Proteus)②的故事和其他有关上帝变形的说法也都是错误的。因此,母亲们决不能给孩子讲什么穿着伪装的上帝就在身边之类的故事,因为这是一个谎言,而且容易把孩子吓成懦夫。说谎只能用于对

---

① Plato,*Rep.* 380.

② 普洛特斯(Proteus),希腊神话中的海神,善于变形。——译者注

付敌人,制约疯子,让他信以为真。但上帝没有这种说谎和欺骗的理由。

在清除了上帝特性中的神话添加物之后,柏拉图开始转向研究未来的国家问题。这是一个无论如何不能用恐怖的口吻讨论的问题。否则,儿童们就会学会宁可屈辱地活着,也不愿有尊严地死去。因此,应当让儿童拒绝下面的想法:

啊,宁可充当穷人的农奴,去分享那已经少的可怜的面包,

也不愿成为天堂中加冕的国王。

还有:

他的灵魂不仅为失去的财富哭泣,

也为青春不再容颜变老并将奔赴天国而叹息。

这种短文应当从学校教科书中删去。也不允许出现下面的内容,例如,恐怖的地狱、冥河、哀悼的哭嚎、幽灵、预报死亡凶兆的女妖精以及其他恐怖词汇。因为恐惧可能使儿童神经紧张。

接下来讨论的是理想的男子汉问题。阿奇勒斯(Achilles)①曾经作为希腊男子汉的偶像高高在上,现在他已经从那个宝座上摔落了下来。伟大的男子汉一定不能因为朋友的逝去而悲伤过度。阿奇勒斯因为帕特洛克罗斯的死,以及普伊亚姆(Priam)因为赫克托耳(Hektor)②的去世,悲痛地在地上和牛马的粪便堆里打滚。这是不可取的。"假如年轻人严肃地看待这些故事,而不是嘲笑和蔑视这些行为,他们就不可能认为这些行为有失身份,并在自己情绪冲动时能够及时自我抑制。但是,如果没有羞耻心和抑制的努力,他们可能会因为失去一点点财富而哀鸣不止。"③

同样,英雄也不能放纵大笑,乐极会生悲。应当防止出现下面的现象:

诸神间爆发出阵阵狂笑,笑声连连,不可遏制。

神话应当给统治者、年长者和天才人物灌输自制和服从的思想。

---

① 阿奇勒斯(Achilles),又译为"阿喀琉斯"。《荷马史诗》中的英雄。——译者注

② 赫克托耳(Hektor),《荷马史诗》中特洛伊王子。——译者注

③ Plato, *Rep.* 388. D.

基于这一观点,柏拉图删除了下面的句子:

> 你酩酊大醉,像狗一样毫无羞耻,像鹿一样惊恐万分。

增添了这样的句子:

> 善良的父亲,静静地坐下,耐心地听我诉说。

这样,荷马通过最有智慧的奥德修斯的话教育那些饕餮者:

> 我以为,生活中最美好的时刻是往餐桌上的酒杯里不停地灌
> 注烈性的美酒。

更坏的是那些描述宙斯、阿瑞斯(Ares)①和阿佛罗狄忒
(Aphrodite)②以及诸神贪欲的故事:

> 礼品可以征服诸神,亦可以征服国王。

同样,也一定不能允许英雄亵渎神灵。"我对荷马的尊敬使我难以
启口。但是,荷马对阿奇勒斯的描述确实不够虔敬。他说,阿奇勒斯准
备与河神战斗,他拖着赫克托耳的尸体绕帕特洛克罗斯的坟墓一周,在
帕特洛克罗斯的坟墓上屠杀俘虏,将献给河神斯伯凯乌斯(Spercheios)
的毛发献给了死去的帕特洛克罗斯。"③诗人们一定不能去颂扬这些邪
恶的行径,即便这些恶人侥幸逃脱制裁;一定不能宣传正义只利他而不
利己。相反,他们必须创作出一些神话故事来反对上述的行径,无论这
些故事是真还是假的,因为它是有益的。

柏拉图对神话故事的真理并不在意。他只是希望应当修改虚构的
故事,使它们与完美的伦理道德观一致起来。他认为,认识关于事物本
源和诸神的真理是不可能的。因此有必要编撰一些尽可能接近真理的
故事,也有必要修改完善一些故事。正如伊索克拉底也注意到的,绝大
多数人比较喜欢神话故事。因为他们的智力只能理解蕴涵在故事或寓

---

① 阿瑞斯(Ares),希腊神话中的战神。——译者注

② 阿佛罗狄忒(Aphrodite),希腊神话中司爱与美的神,相当于罗马神话中的维纳
斯。——译者注

③ Plato, *Rep.* 391 B. Plato maligns Achilles. He only promised the hair to
Spercheios on condition that he returned home alive, which he knew he would not do if
he slew Hektor.

言中的伦理道德观和形而上学的真理。① 然而,这些虚构的故事就像是药性强烈的药物,它们必须委托给有能力的人配置,否则就必然致死人命。城邦的统治者必须编撰国家的神话,不能放任像诗人那样的既无能力又无责任心的人去胡编乱造。② 柏拉图自己提供了许多有益的神话的例证。在其中,他采用了当时流行的方式,神圣化了自己的许多信仰、心理学思想、③灵魂不灭论④以及所有的人并非平等的政治理论。⑤按照他的意见,神话对于那些未经启蒙的缺乏哲学素养的人是一份恰当的食物,不过,需要精通伦理学和形而上学知识的哲学家来烹调。

*236*

实施这种理论,历史和虚构故事中的人物需要拟人化,将那些理想主义的伦理观变成民众可接受的现实。⑥ 阿奇勒斯已经被哲学从神坛上推了下来。谁来接替他呢? 柏拉图在这个位置上树立了理想化了的苏格拉底。但是,他没有办法修正这位历史人物的个性,使其与《理想国》中的理想男子一致起来。阿格西劳斯说,⑦色诺芬也认为这位模范男子是"道德研究的优秀发明成果"。普罗狄科试图将赫拉克勒斯塑造成年轻人的榜样。亚里士多德详细地介绍了"μεγαλόψυχος",但没有将他拟人化。斯多葛学派一直在寻找伟大的智慧者(Wise Man),即完美的圣徒,但也没能如愿。伊壁鸠鲁学派一直推崇他们的创始者。但是,从柏拉图时代以来,人们一直寻觅着伦理理想的化身,形成了希腊哲学和宗教的主要特征。

----

① Compare Tennyson, In *Memoriam*, xxxvi:

  > For Wisdom detalt with mortal powers,
  >   Where truth in closest words shall fall,
  >   When truth embodied in a tale
  > Shall enter in at lowly doors.

② Plato, *Rep.* 38 9C.

③ In the *Phaidros*.

④ In the *Republic*, and elsewhere.

⑤ *Rep.* 414—417, etc. For the use which Plato made of myths as popular expositions of his views. cp. Laws, 663, 664, 713, 714, 716.

⑥ Isokrates recognized this too, *Antid.* 105 C.

⑦ Xen. *Ag.* x. 2.

# 第九章　希腊的艺术、音乐和诗歌

　　既然诗歌、音乐、唱歌和舞蹈是希腊男孩教育的主要内容,那么在希腊道德学历史上,制约这些内容的审美原则就十分重要了。它们也是教育思想和理论的主要探究对象。对于今天的读者来说,理解柏拉图和亚里士多德的诗歌、艺术和音乐的态度是困难的,其中部分原因是这些科目在现代许多学校里已经被忽略了。更重要的是,这些科目内容本身以及它们与国家的关系已经发生了巨大的变化。

　　在古代希腊,艺术、文学和音乐是面向全体公民传授的,而不仅仅面向有教养的上流社会。叙事诗往往在数千人集会时背诵。在全城公民大会上,大型合唱队载歌载舞吟诵抒情诗歌。悲剧和喜剧作品的表演受到雅典所有平民的喜爱,并在希腊其他各地传播开来。伟大的演说家或者在所有年轻人都可能出席的公民大会上发表演说,或者在数百人的陪审团面前发表演讲。希腊艺术也同样为民众所分享。雕像、 绘画不是置放在私人画室里,成为私人的藏品,而是置放在神庙、柱廊和体育馆等公共场所供人们欣赏。

　　因此,希腊艺术和文学是以整个民族的感受,而不是以个人的感受为标准的。它们必须满足全城公民的需要,而不是某个小集团的需要。但是,希腊的每一个城邦与中世纪意大利的城市一样,对艺术都有着自己的特别偏爱。这对诗人、艺术家和音乐家起着决定性的影响。阿尔戈斯岛上的艺术学校和雅典艺术学校的区别如同意大利的威尼斯、佛罗伦萨和佩鲁贾(Perugia)城市的区别一样。每一个社区的语言、人物和政治都有自己的与众不同之处。这种无处不在的地方性是多利安和爱奥尼亚两个地区文化差异的基础。后者美学的目的属于埃奥利

(Aeolian)的范畴。这样,希腊文化就开始沿着两条不同渠道发展了,一条是多利安渠道,另一条是爱奥尼亚渠道。①

多利安人的特征是牺牲局部利益以顾全大局,牺牲个人利益以保全社区利益。他们办事干练利索,性格真率坦诚。他们喜欢和谐、有序和均衡,痛恨复杂化和神秘化以及暧昧和奢华。在身体和智力发展方面,他们更崇尚完美的身体。多利安人基本上是单方面发展的。他们缺乏想象力,智慧和创造力也不足。他们非常保守,不允许出现任何革新。

爱奥尼亚人则完全不同。他们从一开始就有着强烈的个人主义情感。他们喜爱绚丽、夸张和奢华。他们是一个足智多谋和充满想象力的民族,喜爱不断革新。多才多艺是他们的特征。他们崇尚获取智慧方面的成就,而不是体力方面的成功。他们的想象力超过他们的执行力。他们没有能力稍逊的多利安人的那种固执性,也没有多利安人的那种纪律性、自制力、真率和坚韧。就身体力量和遵守规矩而言,他们有些地方不如多利安人,但在探求智慧发展方面,他们要远远优于多利安人。

在公元前 5 世纪之前,这两类不同特征的人之间互不影响。爱奥尼亚人的雕塑作品给人以美的、梦幻的、精致的和充满想象力的感觉;多利安人的雕塑则多为身材匀称但智慧不足的运动员塑像。埃奥利人创作了许多有关爱情和美酒的抒情诗歌;多利安人则创作了许多庆祝体育运动胜利的合唱诗歌和体育舞蹈。多利安人可以声称他们接受的是毕达哥拉斯的伦理学和集体主义哲学;爱奥尼亚人则属于所谓的爱奥尼亚学派(Ionical schools)的主智主义(intellectual)和个人主义。

这一时期的雅典具有典型的爱奥尼亚人的特征。从泽克西斯遗弃的废墟中出土的雕塑充分证明了这一点。人们还可以从这些雕塑人物的衣服样式上和这一时期的其他艺术作品的风格中找到进一步的例

239

---

① 修昔的底斯(Thuc. i. 70.)对它们的特征作过描述。两者的区别可以类比文艺复兴时期意大利的佛罗伦萨和威尼斯。

证:它们完全是东方风格的。① 这些人物雕塑精雕细刻,栩栩如生。最常见的一类雕塑是身披衣服的女子。而多利安人则不同,他们最成功的一类雕塑是裸体的男子。伟大的埃吉尼坦学派(Aeginetan school)在描写雅典娜女神方面是相当失败的。

240　　这种差别同样体现在希腊的音乐和艺术方面。多利安人、爱奥尼亚人和埃奥利人,以及他们的邻居佛里几亚人和吕底亚人(Lydian)②,都创造了一种被他们自己称作的"和声"。每一种和声都是部落或种族的一种"精神"的符号,或者说是一种道德品性的符号,各自十分清晰,不易混淆。早期希腊的音乐一定是十分粗糙的,人们也没有接受过长期的训练来培养敏锐的听力。因此,按照现代标准来说,当时普通的希腊听众几乎不能算作音乐人。他们可能一点也听不懂现代大师的复杂的音乐作品,他们从音乐中获得的只是广义伦理学意义的印象。他们会因一首激昂的进行曲而激动,会因一首低沉的挽歌或销魂曲而悲痛。他们会因听到欢庆的酒神歌而生气勃勃和激动无比,也会在听到庄严的曲调时立刻表情肃穆,仿佛置身宗教仪式场合。所以,对于每一个普通的希腊人来说,他从音乐中获得的仅仅只是一些印象,而非其他。音乐作为一种无法言表的思想对于希腊人来说是相当陌生的。实际上,他们不喜欢任何没有伴唱的音乐。因此,在早期的希腊,没有歌词的曲子是没有的。

　　这些不同的和声是怎样产生的呢? 每一种和声的音符和音阶是依据什么原则来决定的呢? 这些问题可能需要留给专家去研究。这也许是永远无法得出结论的问题。事实是,它们的确存在过。每一种和声都有自己鲜明的道德特征,彼此不会混淆。但是,这每一种道德特征是241 什么,不同作家的解释却不一样。也许,正如音乐的品位在变化和发展,相同的"和声"也会导致不同的感受。柏拉图喜欢听流行的多利安音乐,发现吕底亚音乐低沉哀伤、令人压抑。亚里士多德和他的同代人

---

① See also Thuc. i. 6;Athen. 512 B. C.
② 吕底亚(Lydia),古代小亚细亚国家。——译者注

则喜欢听柔和的音乐,认为这种音乐具有教育的价值。① 赫拉克莱德斯
(Herakleides of Pontos)曾经对音乐作过专门研究。② 在一段保留下来
的文字中,他对希腊的各种不同"和声"作了区分。根据他的研究,多利
安人自尊、严厉、身体强壮、不娇气也不可爱、单调、缺乏多才多艺。③ 埃
奥利人,即后来被称作"次多利安人"(Hypo-Dorian)则傲慢、自命不凡、
相当自负。即使没有任何把握,也会得意洋洋、十分自信。他们的音乐
就是"美女、美酒和歌曲"。早期的爱奥尼亚人保持着古老的爱奥尼亚
人特征:激情、任性、好争论、毫无怜悯之心、也不爱嬉戏。他们给人的
感觉是铁石心肠,易于激动。这种性格不爱炫耀、不活泼,而是严厉和
苛刻,强调体面和尊严,是一种适合悲剧的性格。后来,这个民族和他
们的和声蜕变了,开始崇尚绚丽奢华和柔和。还有一种称作洛克里安
(Locrian)④的"和声",平德尔和西门尼德斯曾经采用过,但是后来受到
轻视而消亡了。

除了这些纯希腊式的音乐之外,还有两种来自异族的音乐,即吕底
亚和佛里几亚音乐。吕底亚音乐本身有不同的种类。混合的吕底亚音
乐悲悲戚戚,适合挽歌,会使听众哀恸和心情沉重。共振的吕底亚音乐
(Syntono-Lydian)也基本如此。柏拉图不喜欢纯粹的吕底亚音乐,认为
它过于颓废。⑤ 但是,亚里士多德依据音乐家的意见,认为这种音乐本
身内含着秩序和变化(κόσμος),适合教育之用。对于佛里几亚音乐,人
们的意见也不相同。柏拉图推荐它。按照柏拉图的意见,它的音调和
唱腔表现出的是一个有自制能力的男子。他能够在和平与轻松的氛围
中规劝别人或向别人提出请求,向神灵祈祷或为别人提供建议,或与别

_242_

---

① No doubt all the theorists had a fatal temptation to judge the harmony by the
opinion which they held of the race which produced it. The Lydian may have recovered
prestige during the fourth century, for it included Karian, and Karia became a great
power under Mausolos.

② Athen. 624 C.

③ 这是真正的希腊和声。(Plato, *Laws*, 188 D).

④ 洛克里安(Locrian),古希腊的一个部落。说洛克里安方言。——译者注

⑤ Plato's opinion of the harmonies is in *Rep.* 398—399. Aristotle, who professes
only to summarise the views of experts, discusses them in *Pol.* Viii. 7.

人争论问题。如果他获得了成功,他也绝不骄傲,在处理各种事务时依然保持中庸和自制的态度。这位哲学家继续拒绝接受长笛,认为它只适合歇斯底里的情绪。但是,亚里士多德认为,柏拉图的说法是矛盾的,因为佛里几亚和声与长笛是手拉手不能分开的。狄奥努索斯酒神狂欢节和其他一些充满激情的礼拜活动都是在长笛伴奏下进行的,是按照佛里几亚和声的旋律来谱曲的。例如,敬酒神的赞美歌只能按此旋律谱曲。菲洛克诺斯(Philoxenos)曾经尝试完全按照多利安旋律写一首酒神赞美诗,但最终还是没有摆脱佛里几亚音乐的羁绊。亚里士多德认为,这是一种充满热情的和声,因此,可以作为一种"纯净物质"(κάθαρσις)使用,在掌控的条件下,允许偶然的歇斯底里发泄,这样可以使人的情绪在较长一段时间内得到平静,到需要时,就再来一次。①

243　　在希腊,音乐被认为是医治身体、灵魂和心理的有效良药。甚至连亚里士多德的学生、严肃的哲学家西奥佛拉斯托斯也断言,佛里几亚长笛的"和声"是治疗腰部风湿病的适当方法。② 平德尔说,阿波罗"发明了竖琴,治疗了世间男女的重病,给人类送来缪斯女神,使人的心灵得到平静"③。医药神是竖琴神的儿子。毕达哥拉斯派哲学家克莱尼亚斯心情不好时,总是要弹奏竖琴,他说这样做是"在抚慰自己的心灵"④。他和他的学校把竖琴看做能够使灵魂宁静的有效方法。这也正是真正的多利安音乐家所期望的。卢库戈斯在斯巴达营造了一种心理氛围,使他的改革能够得以进行。他从克里特派来了一位名叫泰勒斯(Thales)的抒情诗人,其歌声曲调韵律平缓有序,具有促进纪律性和协调性的作用。正是通过这种方法,斯巴达人的性格发生了不为人们察觉的变化,平静了下来。⑤ 根据阿卡迪亚人(Arcadians)⑥波卢比奥斯

① Plato apparently accepts this principle with reguard to the Korubantic dances (*Laws*, 790 D).

② Athen. 624 b.

③ Pind. *P.* 5. 60—63. Cp. The story of Saul and David.

④ Athen. 624 a.

⑤ Plut. *Luk.* 4.

⑥ 阿卡迪亚人(Arcadians),古希腊阿卡迪亚(Arcadia)的居民。——译者注

196

(Polubios)所说，阿卡迪亚人从远古的时候开始，就把音乐看做儿童从摇篮时代到 30 岁之间的"奶兄弟"（foster-brother），以此来消弭艰难生活和恶劣气候可能对儿童产生的影响，防止儿童野性的增长。而居住在同一地区的库奈萨人（Kunaitha），因为他们忽略这种预防，结果变得性情凶猛，并因此臭名昭著。①

　　音乐开始被看做是培养品性的最佳方法。不过，只有符合年轻人敏感个性特点的合适"和声"，才会在精神上产生预期的效果。多利安人非常需要音乐来实现他们的教育目的。因为音乐的优点十分明显："它可以通过音符声调促使男子勇敢地面对战争和其他暴力活动，勇敢地面对负伤和死亡或任何不幸，不屈不挠地与命运抗争。"②有关音乐的问题已经说了不少了。需要补充的是，柏拉图喜欢佛里几亚和声，亚里士多德则喜欢吕底亚的和声。

244

　　人们相信，美妙音乐产生的影响虽然悄无声息但却不可抵挡，它能铸造人的美好品格。除了音乐之外，美好的艺术也同样有如此神奇的功效。但是，从另一方面说，坏的艺术以及坏的音乐是邪恶以及德行观念低下的原因。③ 因此，希腊人很自然地认为，由于儿童对外界的影响十分敏感，音乐的确可以对儿童产生两种截然不同的影响；而且，音乐在儿童早期留下的印象可以影响男子的一生，并造成他们之间的差异。为了使艺术达到教育的目的，希腊人期望每一座雕塑和每一幅绘画，以及每一首诗歌和每一首歌曲都应当具有道德教育的价值。按照亚里士多德的解释，④它们都应当包含浅显易懂的道德观。因此，希腊的艺术只能走非个性化道路。伟大的雕塑代表的是某种单一的特殊品质，个性化的微小特征都被忽略了。这种精心挑选出的单一品质又被理想化并得到最大可能的发挥，其道德意蕴却简单易懂。巴台农神庙墙壁的图案中有许多完美的姿态各异的骑士，他们并不代表某一个具体的人。

① *Pol*. iv. 20. 2.

② Plato, *Rep.* 399 A.

③ Londoners must devoutly hope that the Hellenic theory is false.

④ Aristot. *Rhet*. ii. 21. 16.

这种理想化的人格的影像可以在山墙上的"提修斯"身上以及索福克勒斯的大多数剧本中发现。

希腊艺术的理想由于多利安和爱奥尼亚文化的融合而出现了实现的可能。在公元前 6 世纪末,多利安主义潮流涌入雅典,于是在那里便出现了第一位天才的运动雕塑家。到公元前 7 世纪中叶,即在伯里克利时代,出现了第二次浪潮。多利安特征在诗歌、雕塑和绘画方面主宰了阿提卡的艺术家。埃斯奇勒斯本人具有典型的爱奥尼亚人易激动的性格特征,这种性格因为波斯战争引发的危机而有所遏制。他的想象力至少有一半具有东方的特点,因而经常被人比作希伯来的预言家。但是,索福克勒斯的原则显然带有纯多利安特点的,斐迪亚斯(Pheidias)①的原则也是同样的。多利安人的伦理思想和爱奥尼亚人的想象力融合在一起创造出希腊艺术和文学的一个辉煌时代。在这样具有教育意义的艺术氛围中,那些遮挡了卑微村落窘境的宏大公共建筑和神庙,以及每一座神庙中那些令人叹为观止的塑像,还有公民大会堂与体育馆等,组成了一个完美的艺术宝库。对艺术具有特别敏感和领悟力的希腊人在这样的环境中所受到的熏陶和影响便可想而知。现代人能够隐隐约约感受到哥特天主大教堂(the Gothic Cathedral)的情感导向作用。比现代人更敏感的雅典人所受到的巴台农神庙和卫城正门(Propulaia)的影响会更加强烈。据说,埃巴敏诺达(Epaminondas)②曾声称,如果不把这些建筑全部搬到底比斯去,他的同胞就不会成为伟大的公民。实际情况可能就是如此。来访的外国人无不为雅典的恢宏壮观的建筑所折服,惊叹她是天然的世界首都——这也正是伯里克利所期望的。伟大的艺术作品会产生伟大的影响。当然,小作品的影响也不一定会小。现代理论家经常强调,幼儿教育机构中张贴的绘画和墙纸格调应当高雅。柏拉图和亚里士多德都认为,正在成长的孩子身边的所有一切事物,无论它多么微不足道,都必须遵守艺术的最佳原则。

---

① 斐迪亚斯(Pheidias),公元前 5 世纪雅典雕刻家。——译者注
② 埃巴敏诺达(Epaminondas,公元前 418—公元前 362),古希腊底比斯将军和政治家。——译者注

因为艺术对儿童道德的影响是如此强大有力。柏拉图说:"我们必须睁大眼睛密切关注手工艺人的行动,防止他们在模仿动物的艺术作品中或在他们的建筑物中或在他们的其他手工制品中,注入邪恶的和混乱的道德观或格调不高的思想,也要防止他们的作品不够文雅优美,与和谐理念发生冲突。如果他们不能遵从我们的指导,难道我们还不应当将他们驱逐出境吗? 否则,男孩们在这样坏的牧场上,日日咀嚼毒草,毒液一点一点积少成多,邪恶便会最终占领整个灵魂。难道我们还不应当去寻找那些具有天赋的能工巧匠来寻觅美与文雅吗? 因为只有这样,我们的儿童才会生活在健康的环境之中,他们听到的每一首音乐和看到的每一件作品都是善的和美的,就像在美好的环境中吸入健康清新的空气一样。"[①]每一件家具以及所有建筑物的每一个细节同样都能起到教育公民的作用。如果艺术或音乐有如此强大的教育能量,它们就应受到小心翼翼的对待。民众欣赏水平的下降将导致依附民众的艺术家艺术水平的下降,并因为它的影响而最终导致相当大范围的艺术欣赏水平和道德水平的下降。

*247*

那个时代,诗歌对人们伦理思想的影响也同样强烈。伟大诗人的作品是教育的主要媒介,大量的作品被初等学校的学生记诵。[②] 男孩们将许多戏剧情节熟记在心里,甚至可以表演,如同自己就是剧中人物一样,抒情诗歌为他们提供了样板。这样,男孩子们就在真正地尽力扮演着诗人的角色。在梭伦时代的希腊,表演还是一个新鲜事物,但已经被理解和接受。狄斯比斯(Thespis)[③]第一次演出时,梭伦问他是否会因当众撒下弥天大谎使自己面目全非而羞愧。狄斯比斯回答说:那只是一个玩笑。这时,梭伦用手杖击地叹道:"我们将发现,你的这种玩笑会

---

① Plato,*Rep.* 401 B.

② 诗歌教育也许是以牺牲逻辑思维能力为代价来培养想象力的。柏拉图就是一个典型。与他的意愿相反的是,他的想象力超过了他的理性思维能力。也许就是源于个人的这种经验,柏拉图才抨击诗歌的教育作用。

③ 狄斯比斯(Thespis),公元前 6 世纪希腊悲剧作家,被尊为希腊悲剧的始祖。——译者注

很快入侵商界,在商业交易中蔓延。"后来,佩西斯特拉托斯(Peisistratos)①假装被敌人打伤逮捕了自己的卫兵,并将自己的暴政归咎于这个卫兵。梭伦说这个阴谋是一出表演。② 梭伦的反对声音在柏拉图那里得到了反响,这在历史上并非无据可查。因为在希腊人的生活中,最大的罪孽莫过于不诚实。但是,人们无法说清楚希腊人究竟多么诚实。也正是这样一个罪恶,毁了他们的雄辩术。后来也正是因为这个原因,在罗马人的心目中,"饥饿的小希腊人"变成了摇尾乞怜的说谎者。戏剧表演的作用不仅仅体现在背诵方面,舞蹈也具有戏剧的特点。也正是舞蹈的这种性质,才使希腊人创造了戏剧。在某些战争舞蹈中,真实战斗中的进攻和防御所有的表情和身体姿势得到了再现。狄奥尼西亚克(Dionysiac)③舞蹈最初是信徒们祭祀和庆祝胜利时的身体动作。

在关于伊翁的叙事诗中,我们可以发现有关希腊人进入戏剧情节的生动描写。当伊翁背诵《荷马史诗》时,他的眼睛饱含泪水,头发也竖立了起来;听众也同样如痴如醉。在模仿舞蹈中,音乐、表情、韵律和诗歌混合在一起,震撼着人们的心灵,使人们得到了更为深刻的印象。听众和表演者常常都会沉浸在剧情中,久久不能回到现实中来。这种表演是经常进行的。由于希腊人具有艺术家气质和敏锐感受力,因此,这种经常性的模仿活动肯定会对他们产生重要的影响。难道我们不能这样假设吗?柏拉图、亚里士多德、阿里斯托芬等,都相信这种影响的存在。

除了诗歌的影响之外,戏剧影响力是一定不能被忽略的。苏格拉底认为,阿里斯托芬的《云》对他的生涯的影响要远远超过阿努托斯(Anutos)和梅勒托斯(Meletos)所说的话。对于柏拉图来说,剧院扮演了"伟大智者"的角色,通过戏剧的教育,年轻人的观念和性格形成了。

必须记住的是,希腊的诗歌使这个民族的宗教神圣化了。这是宗

---

① 佩西斯特拉托斯(Peisistratos),古代雅典僭主。——译者注

② Plut. *Solon*, 29. 30.

③ 狄奥尼西亚克(Dionysiac),古希腊狂欢节,纪念酒神狄奥尼西亚。——译者注

教在希腊产生重大影响的一个事实。埃斯奇勒斯和索福克勒斯作品中的人物都具有神性或者半神性。在剧场里,许多观众崇敬亚加米农和提修斯,但所有的人对雅典娜和阿波罗顶礼膜拜。对于希腊人而言,雅典戏剧是神圣的,正如在奥拜拉莫高(Oberammergau)①的演出对于基督徒一样。假如莎士比亚(Shakespeare)将《圣经》改编成剧本,那么现代儿童就会像当年希腊男孩背诵荷马和埃斯奇勒斯作品一样,充满感情地背诵他的作品。假定莎士比亚将以扫(Esau)和雅各(Jacob)的故事改编成戏剧②,并安排一个想象力丰富的儿童去学习和背诵,假定这个男孩已经养成了能够背诵表达作品细微情感的一流演员台词的习惯,③我们就可以非常理性地判定,这个男孩一定会受到剧中角色品格的影响,就像幼儿常常会模仿保姆和其他一些与其并无血缘关系人的特点一样。难道反复地表演雅各的角色不会对儿童的习惯的形成产生潜移默化的影响吗?在古代的希腊,这种影响是相当强烈的,因为古希腊人是十分敏感和易受影响的,而且剧中的角色都被认为是半人半神的人物,受到人们的崇敬。

这样,在古代希腊,音乐、艺术和诗歌对希腊民族品格和道德的形成具有十分强烈的影响作用。这种影响也许被希腊思想家们夸大了。音乐家达蒙(Damon)声称,艺术标准每一个变化都会导致国家的风气和宪政的变化,柏拉图同意他的观点。④ 他在《法律篇》中用了相当篇幅以及在《理想国》都谈到了这种变化的危险性。斯巴达接受了这种观点,禁止艺术领域中的任何变化。这种观念一定是被广泛接受了的,而且一定是实际经验教训的总结。

正当思想家们刚开始认识到这种原则的时候,恰恰在艺术原则方面发生了一个重大变革。索福克勒斯为欧里庇德斯所继承。斐迪亚斯

---

① 奥拜拉莫高(Oberammergau),德国南部一村镇,以每十年举办一次耶稣受难剧(passion play)而闻名。——译者注

② 以扫(Esau),圣经中希伯来族长以撒(Isaac)的长子;雅各(Jacob),圣经中以撒的次子。——译者注

③ 儿童有一种表演的自然倾向性,需要引导或教导。

④ Plato, *Rep.* 424 C.

被伯拉克西特列斯所取代。音乐也经历了同样变化。理想主义让位于现实主义。索福克勒斯和斐迪亚斯描述的是男子应当如何,而欧里庇德斯和伯拉克西特列斯描述的则是现实中的男子。诗人和雕塑家们仍然假装要表现神性,但实际上,他们在表现现实的生活。① 他们的作品不仅不再带有理想主义的色彩,而且呈现出多元化的个性特点。伯拉克西特列斯的赫耳墨斯虽然是个理想化的人物,但他却是在阿卡德米和吕克昂可以迎面碰到的普通人。欧里庇德斯的赫拉克勒斯一会儿是杀人狂,一会儿是鲁莽的雇佣军人。② 这些人物在失去神性的同时变成了人。在往后一代,人们不再使用神的姓名了。米南德(Menander)③在描绘时代生活时就不再使用传说中的人名了。音乐也不再如此被严格地分成许多类型了。各种各样的音乐革新层出不穷,这些是现代人很难理解的。但是革新的结果却十分清楚。人们不再可能察觉到音乐曲调的伦理学含义了。音乐就像戏剧中的人物和雕塑作品一样变得越来越复杂。但主题还是人们熟悉的。不过,这一时期的音乐还具有着明显的"模仿"特点,模仿着自然界的各种声音。这是一个大胆试验的时代,音乐家们都参加了这一运动。

251　　　　对于希腊的保守派和教育理论家来说,这些变化的力量具有毁灭性。按照他们的观点,欧里庇德斯实际上是在拙劣地模仿圣经中的人物,在他们的神性中掺杂了愚蠢和软弱,让他们说的是普通人的家常语言。于是,用心学习这些诗歌的男孩便不会有任何理想。对于他们而言,一切都没有什么特别意义。他们会对家常语言烂熟于心,过的是家常生活,但他们还以为自己是个半神人物。而且,随着新观念对古老的宗教思想的冲击,希腊神话中伤风败俗的行为被凸现了出来。欧里庇德斯似乎选择了一些有问题的主题。写酒神赞美诗的诗人更坏,他们选择了一些很不适合儿童去表演或欣赏的诗歌。音乐不再具有伦理的

---

① 正如在文艺复兴后期的"圣母玛利亚"(Madonna)的画像的原型实际上是艺术家妻子。

② According to Dr. Verrall.

③ 米南德(Menande,公元前343—公元前291?),古希腊喜剧作家。——译者注

价值了,而只是一种颤音或声音的模拟。就教育结果来看,这种音乐的变化是一场革命。

诗人阿里斯托芬第一个发出反对这种变化的声音。在雅典遭灭顶之灾的前几个月,他写了《青蛙》,再次重复《云》的批评,不过,这次他攻击的不是苏格拉底而是欧里庇德斯。这位诗人立刻遭到反攻,被看做是智者派新文化和新艺术标准的预言家。在阿里斯托芬看来,欧里庇德斯所代表的新流派具有以下明显的错误:①第一,缺乏尊严,像是伴唱中的滑稽人物;第二,是一种相互矛盾的音乐垃圾大杂烩:其中有"淫荡的情歌"、梅勒托斯(Meletos)的饮酒歌、卡里安(Karian)的长笛音乐、挽歌和舞蹈;第三,它的颤音好像是在"είειειειειλίσσετὲ";第四,画面中的景色不和谐,有"海豚、蜘蛛、翠鸟、预言家的卧室(prophet-chamber)和跑道";此外,哀恸中夹杂着假怜悯,庸俗夹杂着庄重;第五,错误的韵律和破格(license)以及音步的不断"调整"。阿里斯托芬模仿他们的风格写了下面一段:

> "啊,海神,这就是你要看到的现实。哦,是的,你的邻居在关注着一些怪异的行为:戈卢克(Gluke)拐走了我的公鸡。女神啊,你是大山的女儿! 玛丽·安(Marry Ann),伸手帮帮我吧!"

阿里斯托芬的声音带有某种伤感,因为他的这部戏剧是伯里克利时代雅典的最后的呐喊,但也反映了人们在大厦即将倾倒之时企图找到导致毁灭的替罪羊的动向。他们选择的替罪羊就是新艺术和新音乐的准则。实际上,爱奥尼亚人的个性已经挣脱了羁绊,多利安人也将秩序、对称、规范和团结等教义抛到了一边。古代的一切都受到了轻视,所有的权威都受到了嘲弄。所有的标准,无论伦理学的还是艺术的,统统被推翻。不停顿的改革,日日求新成为雅典人的强烈欲望。信仰和道德准则的基础坍塌了,整个世界似乎正在瓦解,但也没有出现任何可以取而代之的东西。目睹这无休止的动荡,旁观者头晕目眩。如果他们将渴望的目光转向希腊的一个重要的中心,即转向斯巴达这个依然保持政治、艺术和伦理道德稳定的城邦,那么会有什么奇迹出现呢? 于

252

---

① Aristoph. *Frogs*, 1301, 1340.

是,斯巴达成为哲学家们的理想国家。柏拉图试图强加给持续躁动不安的爱奥尼亚社会的正是斯巴达的准则。① 柏拉图发现,他那个时代艺术的缺陷是揣摩听众的喜好,一味地取悦听众,而不是教育听众,并帮助他们提高欣赏水平。② 就像家长用甜食来抚慰倔强儿童一样,而儿童健康需要的是蓖麻油。诗人和艺术家成了付给他们报酬的群氓的奴隶。他们必须从这种控制下获得解放,成为政府的公务员。必须制定严格规定,违反规定者将被驱逐出城邦。必须挑选一批专家来制定这些规定,群氓是没有能力参加这些事务的。批评家必须引导群氓的鉴赏力,而不是服从它。③ 好的音乐和艺术必须具有宣传好的"精神"的特征。因为在多数情况下,人们欣赏的角色与他自身的特征相吻合。往往是好人才会欣赏好的音乐。④ 所以,好人就是音乐的标准。为了说明他的观点,柏拉图回顾了雅典戏剧史并指出,正是戏剧对民众意见的这种依附性毁灭了戏剧自身。⑤

"在波斯战争期间,雅典的民主还是有限的。执政官(magistracies)是根据财产多寡来安排的。那个时候,服从精神和纪律性到处可见,并因对波斯的恐惧而增强。平民十分愿意遵守那些决定了艺术和音乐标准的法律。根据这些规定,不同的歌曲、伴唱、圣歌、祈祷、挽歌、赞歌和酒神的赞美歌各自特点鲜明。当时也不允许任何人将它们混合在一起。标准也不固定,正如现在一样,全由民众的呼喊、踱脚和令人费解的掌声来决定;但是,每一个人都会静静地聆听,直到演出结束。有教养的人、男孩子和他们的教仆以及普通民众,所有的人都会服从指挥棒的指挥。这样,大部分公民就养成了服从的态度,而不会冒险去制造刺耳的批评声。随着时间的推移,一些诗人率先打破了这些规则。出于对快乐的疯狂追求,他们将圣歌融入挽歌、将酒神赞美歌融入赞歌,他们用七弦琴来模仿长笛的声音,他们将一切都搅乱了。由于无知,他们

---

① Ionicism＝Herakleiteanism, πάντα ῥεῖ. Doricism＝Parmenideanism, το πᾶνμένι.
② Plato, *Geog.* 501—502;*Polit.* 288 C.
③ Plato,*Laws*,657—659C.
④ *Ibid.* 656.
⑤ *Ibid.* 698 —701C.

竟然混淆视听,欺骗民众,说不存在音乐表达的精确性问题,音乐的唯一标准就是听众感受到的快乐,无论听众是哪一类的人。随着这种诗歌风格以及争论的进展,他们在人们的头脑里灌注了轻视艺术规则的思想,使人们相信他们是有能力批判艺术的。于是,听众们不再静静地聆听了,而是喧嚣起来。因为,他们认为自己是懂得音乐好坏的。于是,控制艺术的不再是高尚的欣赏品位,而是群氓低级的感官快乐。这还不是最坏的结果。这种传染病还从艺术领域传播到了其他领域,每个人都认为自己无所不知,因此也不再遵守法律了。每个人都认为自己的智慧要超过法律。于是,他们也就不再惧怕它了。……接下来,他们就会拒绝服从执政官,还会蔑视父母和长辈的权威,渴望摆脱宪法的羁绊。最后,他们会将誓言、契约和神灵统统抛在一边,不屑一顾。"

柏拉图本人是不喜欢这种缺乏制度和体系的音乐的。[1] 时髦的舞蹈将男子汉词汇演绎成了女性柔弱的曲调和动作,男子汉、野兽和乐器的声音被混合成一个大杂烩,使人困惑不解。对此,柏拉图抱怨不已。[2] 没有歌词的音乐同样令人憎恶,没有延长号的音乐强调的只是速度和没有任何意义的喧嚣,长笛和竖琴吹奏的是没有歌词的音乐。这样的音乐品位是最低级的。音乐的含义必须是简单明了的。

音乐也必须是好的。对于音乐,有的诗人说了许多好话,有的诗人说了许多坏话,他们是不负责任的人。[3] 城邦必须任命国家检察官来把关,杜绝那些不合适的诗歌、曲调和舞蹈的流行。对于那些已有的音乐要严格筛选和剔除。如果这种做法会毁灭诗歌的话,那也不必在意,因为道德基调要远远比诗歌的技能重要得多。实际上,应该由德行高尚的人来写诗歌,这些人应当是那些不以自己诗歌才能索取报酬的人。即使他们在 50 岁之前写不出好作品也没关系。[4] 在《理想国》的第二卷和第三卷中,柏拉图提出由柏拉图学派的检察官重新编辑《荷马史诗》

255

---

[1] The essence of dancing is that it is *orderly* movement; of singing that it is *orderly* sound. (Laws，654).

[2] Plato，*Laws*，669—70.

[3] *Ibid*. 800—802.

[4] *Ibid*. 829 C.

的构想,他的方法有点极端。

但是,对于诗歌的"模仿性",柏拉图保留了自己的谴责。诗人们教学生摆姿势(posing)。荷马在描述特洛伊(Troy)包围战时,曾经模仿过一位战死的战术家的姿势(这是他的崇拜者经常说的)。不过历史对此并无记载,这说明他没有这样做过。同样,一位画了耕作的油画家会摆出一副农业权威的面孔,但是,如果你去问他几个问题,他便会暴露出他在农业方面的无知。诗歌和油画都是欺诈和骗局,因为作者们假装知识渊博,鼓励一种习惯性的心理倾向,把一些含糊不清的未经检验的意见当做确凿无疑的真理。[①] 他们孕育了一种感觉论的信仰,而这种信仰则是柏拉图学派的教育想要摧毁的目标。

然而,诗人们并非想要塑造自己。他们是在塑造他们的听众、读者和演员。男孩们在背诵索福克勒斯剧中人物埃阿斯(Aias)[②]的死亡演讲时,他们在模仿埃阿斯的动作,把自己当做埃阿斯,用埃阿斯的语调说话,努力表现埃阿斯的性格。在酒神赞美歌《塞梅莱》(Semelé)中舞蹈的男孩努力地通过音乐、动作和歌词模仿塞梅莱的情感和情绪,[③]这种儿童早期的模仿会侵袭儿童的性格并改变它,男孩可能会变成他模仿的角色。因此,柏拉图制定了有关的法律,限制年轻人的背诵和舞蹈。[④] "如果他们扮演角色的话,这些角色只能是年轻的、勇敢的、温和的虔诚的有身份的人。他们决不能模仿不合适的角色,以免他们在表演了含义模糊和品位低级的戏剧之后受到传染,变成现实中的思想模糊和品行低级的人。因为在儿童早期,模仿的过多会一点一点沁入儿童的心灵,变成儿童的习惯和本性,影响儿童的声音、动作和理念。……因此,不应当允许男孩扮演女人(无论她是年轻女子或老年妇人),来侮辱她的丈夫或亵渎神灵或号啕大哭。当然,也不能扮演下列角色:

---

① 因此,按照柏拉图的观点,油画家和诗人是智者的同盟军。

② 埃阿斯(Aias),特洛伊战争中的英雄。——译者注

③ 但听众不一定受影响。普鲁塔克(Plutarch)曾经这样描述斯巴达人(Lac. *Inst.* 239 A):"他们并不认真去听悲剧和或喜剧,以免听到人们真真假假地否定法律。"

④ Plato, *Rep*, 395 ff.

生病的女子、陷入爱河的女子或肉体痛苦的女子、执勤的奴隶、满口脏话和酗酒的坏男人、懦夫、侮辱他人或相互嘲弄的小人和疯子。"①我们将看到，按照柏拉图的原则，希腊的许多戏剧将被排除在外，特别是欧里庇德斯和阿里斯托芬的戏剧。按照柏拉图的意见，戏剧只能让外国人去演，而且应当作为一种警示，提醒有身份的人不要这样做。新的音乐应当采用同样的原则。"男孩们决不能模仿铁匠，或者各行各业的工匠，或划船的水手，或发号施令的水手长，或任何其他这一类的人。也不能模仿战马的嘶鸣，或公牛的咆哮，或河流与大海的声浪，或雷鸣、狂风和冰雹，或战车的车轮、滑车、喇叭，或长笛和管乐器等声音；也不能模仿狗吠、羊叫和鸟鸣。"所以，适合教育之用的并由德行高尚的人来表演的诗歌类型的范围就非常狭小了。能够为这些简单而又纯洁的诗歌伴奏的只有多利安和佛里几亚"和声"，所有其他的音乐都可能被拒绝。同时，也只需要简单的乐器，多弦琴和长笛被禁止使用，只允许七弦琴和牧羊人的管乐器保留下来。

柏拉图发现，很难在音乐节奏运用上把握这些原则，因为他不是这方面的专家。但他认为，可以规定一个与他的原则相一致的韵律。音乐专家达蒙认为，一些韵律有道德堕落的倾向性。

总之，柏拉图的目标是恢复多利安的标准，反对业余化和浅尝则止，以免把儿童变成博而不精的人。其中首要的是，音乐、文学和艺术的欣赏标准应当由品德高雅的少数人来确定，而不是由粗俗的民众决定。与柏拉图观点形成对比的是伯里克利的观点，他曾夸口："我们所有的人都具有评判能力，虽然我们不是人人都有创造力。"亚里士多德也认为，一群人的判断要胜过一个人的判断，因为前者的意见是众多判断的结晶。

但是，当我们来研究亚里士多德时，我们发现，除了少数具有天赋的个人之外，希腊民族的创造本能已经消亡了。对于他和他的同代人而言，音乐和油画不再被看成教育的必要的组成部分，因为艺术家想要

① 柏拉图认为，没有人愿意模仿比他低级的人。因此，好人只能模仿"善良"。他把"善"归于神性。

表达自己的渴求已经不可遏制。按照他的理论,油画给儿童提供了审美的眼睛,可以防止他们在艺术交易中受骗上当,使他们不再有画油画的内在冲动。男孩们最好是学习歌唱和表演,因为儿童偏好制造声响。他们真正需要的是批评专门音乐的能力。不幸的是,这种能力如果不经过个人的研究是无法获得的。但是,最好让他们尽可能早地放下音乐,否则他们可能变成半吊子的音乐家。由于这种言论是不能对热爱音乐和艺术的民族说的,因此,亚里士多德的美学评论实际上是一种历史研究,一种对逝去时代的讨论。他本人对这些观点并无本能的共鸣感,他喜欢的是总结专家们的意见。因此,他的评论是科学的,但仅此而已。如果要欣赏希腊艺术和音乐的精神,就需要研究柏拉图,他曾为捍卫这种精神而勇猛地战斗过,倒不是因为这种精神符合他的哲学理念,而只是因为他赞同这种精神。

10 号 A 盘:骑兵学校

10 号 B 盘:骑兵学校

# 第十章 色诺芬的《库诺斯的教育》

在英格兰许多教区,核心人物是一位退休的少将或上校。他负责 259附近教堂主要骨干的委任工作、星期日在教堂读《圣经》、在星期日学校教学、颁发他所在地区星期日学校儿童远足的奖品和带头认捐等。闲暇时,写上一本或两本军事回忆录。如果他爱好文学,也会写一些短篇小说。色诺芬就是这样的人。当他从活跃的政治舞台退休时,他回到了埃里斯(Elis)的斯基勒斯(Skillous)小村庄。在那里,他拥有一所房子和一个花园。乡村池塘里鱼很多,还有许多其他动物,因此,色诺芬和他的儿子忙于钓鱼和狩猎,十分快乐。由于客人络绎不绝,人们修了一条经过他家门口的从拉克代蒙到奥林匹亚的大路。他在自己的地区修建了一座纪念月亮神的小教堂,其费用是用从波斯帝国首都缴获的战利品来支付的。他用土地产品的十分之一来祭奠这位女神。有一年,他举行了一个盛大的祭奠月亮神的活动,邀请了周边的所有相邻。这位退休的将军就这样生活了 20 年,将他的时间献给了宗教、狩猎和 260编撰书籍。由于他有两个儿子,因此,他也很自然地给了教育一些关注。他的讨论拉克代蒙宪法的论文实际上是斯巴达教育制度的介绍,当然这是为他在斯巴达长大的儿子写的。在他的《经济学》(Excomics)中,①有一段令人感到新奇的文字。他认为,最有效的教学模式是进行诉讼辩论,先采取问答形式,然后通过个人观察,再形成共识。伊斯库玛库斯(Ischomachos)问苏格拉底是否知道种树的方法。苏格拉底先是回答不知道,但又被问了许多问题。例如,去卢卡贝托斯

---

① Xen. *Econ.* 19.

(Lukabettos)旅行时,是否注意到果园地沟的深度以及其他一些细节。这时,苏格拉底懂得了一些常识,植物在松软的土地里比在坚硬的土地里生长得快。苏格拉底发现,自己已经是个熟练的园丁了;并且认识到,提问是最好的教学方式。

但是,色诺芬最重要的教育著作是《库诺斯的教育》(the Education of Kuros)。在这篇论文中,他变成了精通古典的埃奇沃斯小姐(Edgeworth)和亨蒂(Henty)的联合体。[①] 这本书也的确是一本历史小说,很大程度上是一本虚幻小说,是讲给年轻人听的道德故事。它描述了一个理想的教育制度。实际上它也是一篇论述将军职责的论文。论文的序言部分讲的是理想的制度,为人们描述了一个可以和他的同代人柏拉图相媲美的构想。色诺芬使他的读者把库诺斯儿童时代的教育想象成是在波斯进行的,他自己并未作任何权威性评价。波斯那时常常被用作"乌托邦"的代名词。

261

按照色诺芬的观点,一般的国家允许公民形成自己的个性,但是波斯制度的目标却明确要求培养美德。在波斯的每一个城市,都有一个"自由大会场"(Free Agora)。[②] 这是一个开放的广场,像是普通的市场,只是没有店铺或摊位。这里禁止买卖,唯恐喧闹嘈杂声音会扰乱有教养的人的平和与宁静。广场周围是王宫和政府建筑物,像是一个展示建筑艺术的场所,也像英格兰大学的有着四方庭院的学院。广场分成四个部分,分别是儿童、埃弗比青年、成年人和老人的活动场所。各个年龄阶段的男子在这个"学院"都有自己的位置。所有的波斯自由民都可以将自己的儿子送到这里的学校来。但是,只有富人才能供得起孩子读书。穷人的孩子必须从小就开始学习谋生。在这一点上,乌托邦的波斯类似现代的英格兰。学校显然只招收男孩子,虽然色诺芬赞成斯巴达制度,但在这里他没有提到女子教育。

---

① 埃奇沃斯小姐(Maria Edgeworth, 1767—1849),英国小说家和教育家;亨蒂(G. A. Henty, 1832—1902),英国小说家。——译者注

② Aristotle(*Pol.* vii. 12) says that "Free Agoras" were customary in Thessaly. He adopts the system for his ideal state—a clear compliment to Xenophon.

根据波斯国部落的数量,所有 16 岁以下的男孩被编为 12 个连队。学生是否按照年龄或智力编班不得而知,因为论文没有提到。每天黎明时分,所有男孩必须到公民大会场里属于他们的场地活动。他们的教育是由从年长的男子中选拔的 12 位教师负责。在学校里,他们学习的主要内容是"什么是正义",而其他地方的男孩学习的是文字。这个制度奇怪得就像科目的名称一样。学校里设立了一个微型法庭,教师扮演法官,男孩们在法官面前相互指控对方;这时候,指控的双方不能调和了事,任何被证明犯有诬告同学罪的人是要受到严厉处罚的。史密斯·梅杰(Smith Major)偷了布朗(Brown)的弓箭,或者琼斯(Jones)给鲁滨逊(Robinson)起了污辱性的绰号等,过失者将被拖到法庭受到正式审判,如果确证有罪,就要受到鞭挞。① 阿谀奉承是一项最令人痛恨的罪行。有时候,那些似乎有前途的学生可以获得扮演法官的机会。这个名叫库诺斯(Kuros))的男孩告诉他的母亲,他是如何获得这份荣誉的,但却作出了一个错误的判决,导致了自己的失败。他费力地解释道:"案件大概是这样的,妈妈。一个穿着一件小号外套的大男孩遇见了一个穿着大号外套的小男孩。大男孩强迫小男孩换衣服。他们请我裁决。我就说,最好是让每个人穿合身的衣服。这时,我的老师用鞭子抽了我一顿,然后告诉我,问题的关键在于这件大号衣服属于谁,而不是谁穿着合适。这件衣服属于购买或制作它的男孩,而不属于那个违反法律用强力夺取它的男孩。"

除了"正义"之外,男孩们还要学习植物的特性。这样,他们就懂得哪些是有害的植物以及哪些是有益的植物。② 在"自然研究"方面,这似乎奇特的思想带有明显的功利目的。色诺芬能够提出这种原创性建议是值得称赞的。

男孩们良好习惯的形成得益于自由大会场里与他们邻近的成年人的榜样作用。成年人的文雅气质、服从精神和自制能力为他们树立了良好榜样。在学校里,他们也学习用餐时不要太贪吃。用餐时有专人

262

---

① 鞭挞显然是家常便饭。"泪水是教师的教学方法。"(ii. 2. 14).
② viii. 8. 14.

监督,吃的食物十分简单,主要是面包、水和一种类似现代芥末的种子,这些也是他们从家里带来供集体享用的。很可能,这就是男孩在学校唯一的饮食。也许还有不准饮酒的严格禁令! 可以想象,如果一个老师命令得太多,他们会多么恨他! 他们也参加游戏和锻炼,比如射箭和投掷标枪,这实际上是军事训练。

其他三个年龄段的人也同样分别被组成 12 个连队,每个年龄段有 12 位教师领导,在自由大会场里各自的区域活动。在这个乌托邦国家,埃弗比由 16 岁至 26 岁青年男子组成,他们甚至要睡在那里,承担现役部队和警察的职责,守卫王宫和国家建筑物的安全。色诺芬认为,这个年龄段的男子甚至比男孩子更需要给予关注,他们应当始终处于权威的监督之下。他们被组成 12 个连队。每个连队来自一个波斯部落。他们的时间主要用于警察工作,如捉拿强盗,有时也用于狩猎。色诺芬十分强调各种各样狩猎的重要性,因为这是最好的军事训练。① 这种训练包括忍受酷热、寒冷和其他艰难的意志训练,还包括行军和赛跑身体训练,以及射箭和投掷标枪的军事项目训练。② 同样,还要训练勇气去应对豹子的突袭,训练足够的耐心和谋略去捕捉鸟和野兔。③ 所以,国王每个月都要带着 6 个连的埃弗比外出狩猎几次。埃弗比青年全副武装,戴着弓箭、匕首、轻型盾牌和两根长矛(一根用于投掷,另一根用于刺杀)。当没有狩猎任务和警察工作时,埃弗比青年便会温习他们儿童时代学过的东西,练习射箭,相互比赛竞争。有时也举行颁发奖品的公

开竞赛。连队的指挥官也可以得到奖品,以表彰他们的智慧、勇气和忠诚。在连队任教过的教师也能受到嘉奖。

26 岁到 50 岁的男子占据了自由大会场的第三块场地。其他年长者占着第四块场地。前者是常备重甲步兵,后者扮演的角色是守卫家乡的后备军、法官、国家官员的选举人和儿童的老师。其他职位都由第三个年龄段的人担任。生而自由的每一个波斯人都可以通过教育阶梯

---

① 因此,他还有专门讨论狩猎的论文。

② i. 2. 10.

③ i. 6. 39—40.

的四个阶段爬到顶端。但是,如果一个人没有在下一个等级的服务经历,那他就不可能爬到上一个等级。色诺芬是第一个认识到自由大会场色萨利风俗优点的理论家。在他看来,自由大会场似乎是一个国家建立的文化中心。这种模式后来被亚历山大里亚广泛采用。各种年龄的受过教育的男子聚集在这里,沐浴着智慧的阳光,徜徉在美妙景色之中,通过对话交流思想。这种自由交谈后来被纽曼(Newman)看做大学的本质。① 在乌托邦波斯的自由大会场,所有受过教育的男子在这里度过了他们的时光,他们通过交谈和榜样相互影响,交流思想并批判一些观念,参加军事训练的竞争等。所有这一切都是在没有受到庸俗金钱观污染的氛围中进行的。另一方面,那里的文化并不意味着无所事事。和柏拉图一样,色诺芬认为,教育承担着极大的责任,受过教育的阶级担负着国家的唯一常备军任务,并通过担任统治者和法官让他的同胞分享他们的智慧所带来的利益。

　　色诺芬的大学只提供法律和军事教学。在他的"波斯"里,智力文化是不受认可的。男孩们学习本国法律的原则。色诺芬特别指出,男孩学习的"正义"不是柏拉图学派解释的正义,而是完全与本国法律界定一致的。② 他们学习的其他内容主要是有关士兵生活的。这也是严格控制饮食、学习植物和进行军事训练的目的。德行是在自由大会场与人接触中通过模仿年长者的榜样养成的,而不是靠个人的有关道德的沉思冥想获得的。这种制度的优点是特别地注重实践,这正是色诺芬他们所期望的。这些男孩是终身的士兵,到年老时可以担任统治者和法官。因此,他们所受的教育应当与这种使命有关。士兵应当精通武器,应当能够承受任何艰难困苦,所以,男孩子要学习如何射箭和投标枪,要过一种极为简单的生活。作为统治者和法官,最重要的是精通国家的法律。从一开始,男孩就要通过实践的方法学习法律,他们扮演同伴的法官,学习如何处理案件。在让男孩熟悉本国法律程序方面,没

---

　　① 纽曼(John Henry Newman,1801—1890),英国教育家,著有《大学的理念》(*The Idea of A University*).——译者注

　　② i. 3. 17.

有哪种方法比微型法庭的效果更好。① 这是一个与英格兰公学教育理想不同的方案。在英格兰公学里，人们期望的是男孩们独立作战，自我决定行动；除非碰到重大问题，他们一般不请求教师的帮助。但是，希腊男孩从来没有离开监督：教仆或者一些年长者总是伴随左右。② 也许，那个时代的雅典人对色诺芬制度的主要批评并不针对他的鼓励搬弄是非的制度，也不针对他在培养儿童自立能力方面的失败，而是针对他的波斯国国民特别喜好诉讼的本能。其次，文学和音乐的匮乏也似乎是致命的弱点。

"波斯"学校显然是开放的，任何一位父亲都可以送自己的男孩上学，学校不收任何费用。而且，家长们还被告知，如果他们不送男孩上学而将男孩送去学艺的话，他们将得不到男孩所挣的工资，这是他们要付出的代价。这样，色诺芬建立了非强迫性的免费教育制度。学生可以随时离开学校。其条件是他们和他们的家庭有足够的能力确保他们终生可以过着悠闲的生活，并且能够顺利经过各个阶段到达国家的最高领导职位；而且，在他们向上发展的道路上不会因能力不足而遭受阻碍。从理论上说，教育面向所有的人。但实际上，除了特别富有和有特殊才能的人外，教育的阶梯是封闭的。国家提供的教育不是一种旨在促进智慧和道德发展的普通文化教育，也不是一种包括传授算术和书写知识的功利教育，虽然这些知识对于一个行业和职业来说是有用的，甚至是必要的基础知识。从严格意义上说，国家提供的教育是一种从事战争和政府管理的技术教育。因此，很少有家长送自己的孩子去色诺芬的学校，花费很多时间仅仅学习国家的法律基础知识和德行，除非家长为男孩设计了一个公共生活的路径。

这样，色诺芬就像他所热爱的斯巴达人那样把战争作为教育的主要目的，而且像罗马人那样把法律作为主要的教学工具。但是，他发现了斯

---

① Cp. the experiment which, I believe, tried in an American school, where the boys learned the national constitution by themselves electing in due form a President, Congress, etc.

② 根据色诺芬的观点，"教师始终伴随左右，是教授端庄行为和纪律性的最好方法。"

巴达人"聚餐俱乐部"的弱点,因此他制定了一个规则,男孩必须在家里吃饭和睡觉。只有埃弗比青年才像克里特人一样吃住在自由大会场。他认为,建立一个不受金钱诱惑的教育氛围(εύκοσμία τῶν πεπαιδευμένων)是教育机构获得成功的基础。

在十分有趣地描述了色诺芬教育理想之后,《库诺斯的教育》变成了一部目的性很明显的历史小说,理想化的库诺斯成了儿童的榜样。在第一部里,库诺斯被描写成一个模范男孩,他尊敬长辈、勤勉好学、勇敢和迅猛、受人喜欢,但他过于矜持。小说中有不少改写的轶事,带有一点说教的意味。书的结尾有一节专门讨论将军职责,包括战术和最佳的训练手段和补给方法。色诺芬将自己的切身经验融入在其中,因此,许多惊险情节描写生动,特别适合年轻读者的口味。

下面是该书的几段节选,从中我们可以看到这本著作令人惊奇的特点。

库诺斯很小的时候,有一次和母亲曼达莱(Mandané)去他的祖父家,也就是米迪亚(Media)国王阿斯特瓦格斯(Astuages)那里作客。老人担心孩子思恋家乡,特意在他们到来的第一个晚上宴请他们,以示安慰。吃饭时,孩子面前放了丰富的食物和调料。这时,库诺斯说道:"祖父,你一定会发现,吃这么多的菜肴和品尝这么多的食物对你的身体是一个很大的伤害。"他的祖父回答说:"噢,难道你不认为这里的菜肴比你家里做得精美吗?"库诺斯答道:"是的,精美得多,祖父。在家里,我们满足胃口的方法很简单,就是面包和肉。在这里,虽然吃饭的目的是一样的,但你们花了这么多时间制作它们。""但是,我的孩子,花点时间可以产生许多快乐呀,如果你试一试,你就会知道了。"不过,库诺斯还是拒绝吃那些令他不快的精美食物。于是,他的祖父只好给了他一大块肉。库诺斯问道:"这一大块肉都是给我的吗?我能按自己的意愿处理吗?""当然可以,我的孩子。"这时,库诺斯把肉拿了过来,分给身旁的仆人。他对其中一个人说:"这份给你,谢谢你教我骑马。"对另一个人说:"这份给你,谢谢你教我投标枪。"对第三个人,他说:"这份给你,谢谢你细心照顾我的祖父。"毫无疑问,年轻的读者可以从这个榜样身上了解到,不能贪吃过多的美味菜肴,不能贪吃过多的甜食,也许还学会

268

215

了感谢所有的人,甚至学会感谢仆人。这次晚宴之后,库诺斯母亲回家去了,库诺斯留在了米迪亚。"他不久就赢得了同学的热爱,同学的家长也十分喜欢他去作客,因为库诺斯爱他们的儿子。"对于外出参加宴会的小男孩来说,这是需要学习的良好德行。

这位模范男孩不会夭折,他会长大成人。小时候他曾经是个爱叨唠的孩子(年轻的读者需要警惕这一点),但这事出有因,因为他渴求知识,也随时准备回答问题。此外,他与人交谈的方式令人愉悦,人们愿意听他说话。但长大之后,他反倒变得比较羞怯了。"每当遇到长者,他总是脸红,说话也低声低调。和同伴玩耍时,他总是选择自己可能失败的游戏,而不是那些自己可能会胜利的游戏。而且每当失败时,他总是会引人发笑。"一个多么好的模范青年!当然,他很快成为各种体育比赛的冠军。如果在现代,他至少会获得 5 条"蓝带子"①。

接下来,库诺斯很快就成为强健的猎手。15 岁时,他便在对亚述(Assyrian)的战争中担任了领军人物。实际上,是他的战略和勇猛决定了战斗的胜利。从这本书中,我们还能期望给男孩们更多的东西吗?现代作家可能会称他为"灰熊"和"狮子",奖给他一个勋章。在波斯国,色诺芬给了库诺斯同样的奖励。

之后,小说中关于库诺斯青少年的生活谈得就不多了。接下来说的是,26 岁男子汉库诺斯作为波斯远征军司令如何援助米迪亚攻打亚述的。② 从此,色诺芬的目标不再关注道德问题,而是教导一个崭露头角的将军和王子有关战略与管理的问题。该书剩余部分实际是一本"战术手册",其中还隐含了如何和下级相处的技巧。所以,开头就请库诺斯的父亲作了个长篇讲座,专门讨论将军的职责。③ 谈及的战术中含有许多道德的建议,偶然也有一些讽喻。例如,一个叫戈布拉斯(Gobruas)的人来波斯部队参加宴会,"当他看到食物十分简单,他认为,这些波斯人真是普通得很。但是,他发现,波斯人的行为举止文雅

---

① "蓝带子"(Blue),英国大学校队队员的资格。——译者注
② i. 5. 5.
③ i. 6. 1—46.

得体。文雅的波斯人从不允许眼睛盯着菜肴，狼吞虎咽。他们在餐桌上的表现并非故作斯文。因为他们认为，如果看到丰富的食物和美酒就激动不已，那和贪吃的猪没有什么区别。"戈布拉斯还注意到，波斯人从来不提引人不快的问题；他们的玩笑毫无恶意，机智又不失分寸；他们一言一行都恰到好处，也从来不发脾气。如此等等。我们也许可以这样说，这就是色诺芬想要塑造的"男子汉的风度"。

在第三部分，我们可以发现一个令人感兴趣的例子，它可以表明，许多历史是虚构的。① 亚美尼亚（Armenia）国王的儿子身边有一位智者。这位智者既是他的同伴，也是他的导师。智者的智慧让他感到自豪。但是，他的父亲却谴责智者，认为智者把他的儿子带坏了。② 当准备将智者处死时，这位智者表现出圣洁和英雄的气概。他向国王的儿子说道："不要因为你父亲处死我而愤怒，他这样做不是因为动机邪恶，而仅仅因为无知。在我看来，人们因无知犯下的罪恶只是一种过失罪。"后来，这位父亲承认，他处死这位智者是因为他偷走了他儿子的情感，"因为我害怕儿子可能爱他胜过爱我"。库诺斯承认，这种嫉妒是一种可以原谅的辩解。

在苏格拉底身上发生过的事情，显然也会在其他人身上发生。色诺芬是苏格拉底旧时伙伴，他能够向雅典人表示一点歉意是件很有趣的事情。

但是，《库诺斯的教育》的目的毕竟在于培养将才。举几个例子就足以说明这一点。有一次，库诺斯命令重甲步兵在强行军中打头阵。③他耐心地对他的决定作了解释："我之所以这样命令，是因为他们是装备最重的部队，如果他们作为先头部队，对于其他装备轻型的部队来说跟上队伍就容易多了。但是如果让最轻便的部队在夜行军中作开路先锋，其他部队如果掉队就不奇怪了。因为先头部队的速度总是快于后

---

① iii. 1. 38.

② διαφθείρειν. The word used in Sokrates' accusation.

③ v. 3. 37.

续部队。"库诺斯能够一个一个叫出军官的姓名,使他部下感到惊奇。①
库诺斯能够这样,是因为"在他看来,工匠们应该知道工具的名称,而一
位将军如果愚蠢到在紧急情况时竟然不知道可以作为工具使用的部下
的姓名,那是十分荒谬的事情"。库诺斯认为,那些知道将军能喊出自
己姓名的士兵会更加渴望在将军面前表现英勇,谁都不愿意当胆小鬼。
在需要人做事的时候,如果采用教师在教室里的方法来发布命令也同
样是愚蠢的,教师往往说:"哪个同学替我倒杯水来",或者"哪个同学取
些柴火来",由于这个命令不知是发给谁的,因此每个人都会环顾左右,
以为在叫别人去执行。

　　这本书的军事部分写得尤为精彩。色诺芬是希腊产生的为数不多
的优秀战略专家之一。他有关部队的战术、卫生和纪律的论述,不仅完
美而且具有实用价值。他好像在药剂外面抹了一层吊人胃口的果酱,
成功地化解了写带有教育目的小说的困难。如果当时书籍能够普及的
话,那么,他的书一定是男孩图书馆里非常流行和具有实用价值的书。
而且,可能作为学校的奖品发给学生。但是,柏拉图认为,这本书用心
不良,批评也不深刻,论述缺乏历史依据,还有不少谬误。② 柏拉图说
道:"至于库诺斯,按照我的推测,他虽然是一个好将军和爱国者,但是,
他没有受过一点点良好教育,也从来没有用心学习管理家庭的艺术。③
因为他一生都没有参加过什么运动,所以,他允许妇女抚育他的孩子。
妇女们宠爱孩子,不让任何人说他们的坏话,使他们个个柔弱娇气;而
且,从不教育孩子养成波斯习惯,也不教授他们父辈的职业,而是让他
们过米迪亚奢华的生活。因此,波斯才在卡姆布色斯(Kambuses)④时
代崩溃了。"

272

----

① v. 3. 46. Notice the Socratic comparison.

② Plato, *Laws*, 694 C. D.

③ A hit at Xenophon's *Economics*.

④ 卡姆布色斯(Kambuses),古代波斯统治者。——译者注

# 第 三 编

## 结　论

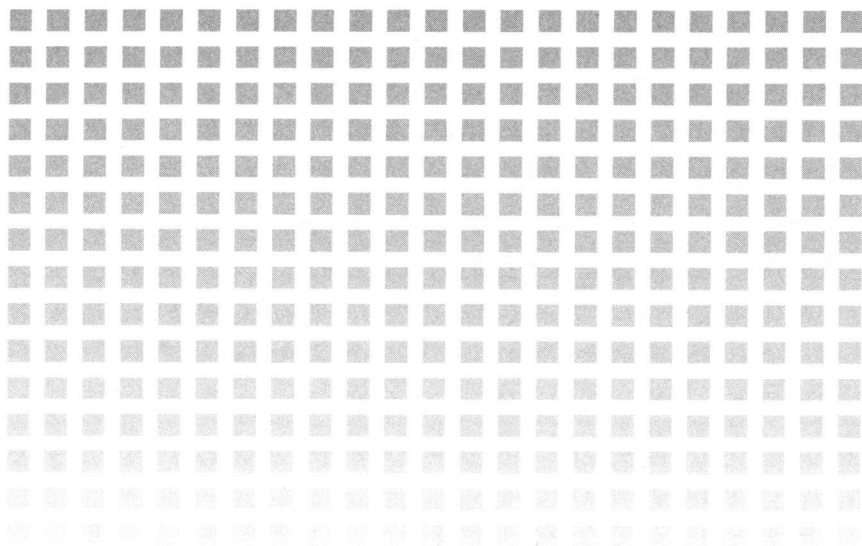

# 第十一章　希腊学校的分析

275　　　在我看来,前面的章节已经充分地说明了,像斯巴达和雅典这样的希腊教育,无论从理论上还是从实践上看,它的教育目的都是为了培养可能的最佳公民,而不是培养可能的最会赚钱者。它寻觅的是社会的善,而不是个体的善。由于对良好公民概念的认识存在差异,因此,两个城邦的教育方法和内容也不同,但它们的教育理想是相同的。

　　斯巴达人,鉴于他们对学校儿童生活的理解,认为男子汉应当成为勇敢的人,应当藐视一切艰难和痛苦,应当成为勇敢的士兵,应当始终保持良好身体状况。希腊民族的美学本能促使他们将军事训练演绎成音乐舞蹈,用唱歌来歌颂勇猛。他们轻视冗长的演讲和长时间的冥想,他们崇尚的是行动而不是言谈或思想,他们说话喜欢简明扼要。斯巴达人的这种公民概念决定了他们的教育目的。日常的艰苦生活,无休止的身体训练,不断承受勇气和坚忍意志的考验,这就是斯巴达男孩的

276　命运。他们不学习阅读、书写和计算,只学习用简单的词汇说话,用最短的词语表达思想。在斯巴达,还有必要学习文字和学习谈话吗?没有。他们的所有想象力都从属于城邦的理想。他们的舞蹈、歌曲和精神全部都带有军事的目的。

　　雅典人完美公民的概念要宽泛得多,也更难实现。勇气和身体的和谐并不能使他们满意。他们希望在不影响身体健康的同时,使头脑和想象力也得到训练。他们要求理想的公民应当有完美的身体、能够从事广泛的智力活动,不仅具有文化修养,而且具有无可挑剔的艺术鉴赏力。"我们热爱和追寻智慧,但也防止身体懒散;我们热爱和寻觅美,但反对格调低下的爱好和奢侈。"这是伯里克利对雅典理想所作的总

结。这样,雅典的教育有三重目的。它的活动分为身体活动、智力活动和感觉活动。雅典青年的身体因为精心设计的角力训练而匀称发展。18 岁时,由城邦出资强迫他们进行为期两年的体育训练。实际上,在随后的生活里,青年也可以在体育馆锻炼而不用付任何费用。在雅典,除紧急的军事服务必须参加外,几乎没有其他什么强迫性的活动。

在智育方面,每个男孩必须学习读、写、算。此外如果涉及到的话,还要了解民族的文学。初等教育其他内容还有表演和唱歌,其目的在于培养儿童听和欣赏音乐的能力。这些内容属于选修性质,但却很受重视。中等教育是由智者、修辞学家和哲学家提供的,不过只有极少数富有和闲暇阶层子弟可以享受。

277

欣赏力和想象力是通过音乐和艺术学校培养的。但是,剧院、卫城、神庙、公共纪念碑以及节日和宗教活动的舞蹈也同样具有并发挥着培养儿童欣赏力和想象力的作用。在希腊人的心目中,美育具有特别重要的地位。他们认为,艺术和音乐对品格的形成具有特别深远的影响。

品格的训练是希腊教育的首要目标,也是希腊家长对教师提出的特别要求。他们认为,美德是可以教授的,教师应当为学生任何不端的行为负责。阿几比亚德斯和克里提亚斯使雅典遭到毁灭,他俩是苏格拉底的学生,因此,是他们处死了苏格拉底。对于雅典人来说,这种说法是完全符合逻辑的。如果一位智者指控他的学生违约没有付费,这在希腊人看来,那是十分可笑的事情,因为他的工作就是教授正义。如果经过他教育的学生表现出非正义行为,那么无疑说明他的教学毫无价值。

既然希腊学校的重要目标是培养和塑造青年人的品格,那么,人们可以自然地得出一个假定:希腊人对教师以及与男孩接触的每一个人的挑选是严格的,尤其对他们品格和行为的要求十分挑剔。在斯巴达,这一原则得到了严格遵守。教育由一位督导管理,他是从具有最高地位和声望的公民中挑选出来的。教学工作也是在他的监督下由公民承担,而不是由外国人或奴隶承担。但是,斯巴达的教学内容主要是每一个成长中的年轻人应当了解的行为举止和城邦的习俗以及身体和军事

278

训练。公民有大量的闲暇时间来从事教学。雅典的教育则复杂得多。男孩要学习许多科目,其中一些科目他们的家长可能既没有能力也没有时间去教。由于雅典实行的是日间学校制度以及希腊行为规范的特殊性,因此,雅典男孩在上学或上竞技场的途中需要有专人伴随,负责接送。这样,就既要付给教师报酬又要付给随从报酬。不过,教育费用也不会太高,否则穷人承担不起。通常,教仆由价格最便宜的和最没有价值的奴隶承担。作为一个阶层,教师也受到特别的轻视,没有地位。毫无疑问,细心的家长会非常审慎地为儿子选择最优秀的教仆、教师和竞技教练。他们选择的教师往往是最好的学校里的教师,选择的教练往往有着很高的地位和声望。但毫无疑问,作为一个阶层,教师和教练是受到轻视的。犹如逛商店一样,带着优越感上学的儿童们往往带着宠物,如小豹子、小猫和小狗,以供课间时玩耍。游手好闲者会像上市场一样来到学校,他们在学校里谈天说地,四下观看,对学生学习形成严重的干扰。雅典的教师和教练实际上是依附雅典公众而生存的,尽管他们对学生有着体罚的权利,而且常常行使体罚,但他们似乎明显受到学生和他们的朋友的制约。教仆也是同样,虽然他们似乎可以维持学生的秩序,但他们不是控制学生行为的合适人选。他们往往带着令人讨厌的口音,甚至带有令人讨厌的习惯。必须承认的是,按照雅典人的观点,雅典人为了使教育变得便宜,冒了损害儿童品格的风险。

不过,应该说,雅典人在实现训练品格目的方面是不遗余力的。他们精心地为男孩子安排了游戏、体操训练和艰苦的生活,目的在于培养男孩的勇气、意志力和坚忍性。按照希腊人的观点,身体状况和训练不仅对智力发展而且对品格发展都有深刻的影响。这一点在现代倒是被人们忽略了。也正是因为这一原因,身体训练在希腊各个城邦教育实践中至少占到一半的内容,并且受到希腊哲学家的推荐。一所国家开办的学校只注重学生智力训练而忽略体育,对于希腊人来说,那是不可想象的。这倒并不完全因为体质虚弱会影响思想的自由驰骋,或者是会导致乖戾的和优柔寡断的性格。对于希腊人来说,"人"(Man)是一个整体。只要一个部分出了问题,人就不可能是完美的。所以,希腊人这种观念是根深蒂固的。他们至少有一半以上的人认为,身体的美是道德美的符号。也正是这种潜在的思想使角力学校系统的身体训练以及展示男子汉健美的竞赛在整个希腊十分流行。而且,它激发了一种高尚的追求青春美的情感。这种情感在古希腊的花瓶图案、雕塑和文学中表现的是那样的强烈。除了身体训练和品格形成之间存在的这些含糊的甚至是值得怀疑的联系之外,希腊人还认为,身体训练和发展对人的判断能力和意志力有特别的不容置疑的影响。体育训练目的中只有一小部分是为了保持身体的健康状态,其主要目的在于养成学生品格,培养学生的决心、意志力、忍耐力、勇敢精神以及朝气蓬勃的活力。但是,按照亚里士多德归纳出的"处人处事应遵循中庸之道"的希腊原则,所有这些品质都可能会出现过度或不足的情况,因此,体育训练必须适度,并小心地通过艺术和音乐训练来平衡。音乐和艺术可以起到体育训练相反的效果,不过也不能过度。否则,音乐和艺术会削弱品格的发展,使人优柔寡断、柔弱、胆怯和懒散。科学地、均衡地安排好这两类训练将会塑造出完美的品格。

在文字学校和弦琴学校里教授的两个基本科目,无论从内容还是形式来看,都具有伦理学的意义。学校里教授的文学用一种能够吸引青年人的方式介绍了值得青年人效仿的英雄的生活史和生活箴言,这样做的目的在于使青年人既欣赏和热爱文学教学,又欣赏和热爱他们的榜样。男孩们自己弹奏的和听到的音乐、所唱的歌曲、所表演的或观看的舞蹈、所模仿或观察的艺术等,都会影响他们追求善的品格,或者说对他们追求善的品格起建构作用,即促使他们的品格与国家的理想一致。由于希腊的道德具有美学特征,他们走的是一条寻觅美的想象力和美感的路径。他们的教育目的在于使学生看到和感觉到美德中的美以及符合伦理原则的优秀艺术,以便满足他们的美学渴望——这是希腊人的本能渴望——过一种美好的、积极向上的生活。

希腊人情感同一性的伦理学基础不是责任感,而是幸福感,即一种本能的满足感。这种幸福观又会因一种常常被遗忘的重要观念而受到削弱。希腊人十分团结,他们所追求的幸福主要是社会公众的幸福,而不是个人的幸福。在这个国家的最美好的时期,每个希腊人都准备随时为城邦牺牲一切,这一点特别突出。如果简而言之,即希腊伦理学的真正基础不是个人的快乐,而是个人应承担的城邦职责。当苏格拉底时代的个人主义推翻了这一基础时,希腊人从追寻城邦的幸福坠落到追寻自身的幸福,希腊人的爱国主义和个人道德都经历了痛苦的嬗变。

正是这种个人的城邦责任感,即以促进全体公民幸福为己任的责任感,使家长们甘愿牺牲一切,让他们的儿子接受教育以便为城邦理想献身。对于斯巴达家长来说,文字学校和音乐学校以及竞技教练的账单,男孩在阿提卡商店或农场长期服务造成的损失,因儿子从军而导致家庭生活破坏等,所有这些,一定是种痛苦的考验,其中包含着许多牺牲。但是,人们从不抱怨。在希腊人观念中,应当义不容辞承担教育城邦未来公民的责任,应当义无反顾为城邦事业牺牲生命。希腊人在这两点上表现得无怨无悔。假如雅典废除了强迫识字的法律,那也仅仅是因为在雅典无须强迫公民去履行这一职责,而且国家也无须支付学校账单。每一个公民都准备牺牲个人利益以履行自己的职责,让孩子受到适当的教育以报效城邦。富有者会牺牲自己奢华生活和娱乐;贫困者,即使再贫困,他也会缩衣节食。城邦唯一要做的事情是,尽可能使学校费用便宜下来。这样,公民的子弟就容易获得上学的机会。

希腊人团结的生活使他们把幸福观转化成为爱国主义精神。在这种转化过程中,希腊教育制度起到了不为人所察觉的促进作用。斯巴达为了实现这一教育目的,创建了寄宿学校。儿童从小在学校中生活,学会了将个性融化于团体的品格和利益中。雅典和多数其他希腊城邦与斯巴达不同,建立的是日间学校。这一事实似乎可能会对我已介绍的原则产生影响。但是,希腊的风俗习惯用一种特别的方式证明了这种日间学校制度的合理性。在希腊,家庭的影响是不存在的。男子从不在家居住。年轻的雅典人和以弗所人(Ephesian)①从 6 岁起每天都离开家庭(可能偶尔回家吃中饭)。他们与伙伴们一起在学校、竞技场和街头活动。即便他回到家里,也不存在家庭生活。因为他的父亲也很少呆在家里,他的母亲则住在女子寓所,他很少看见他的母亲。他真正的家是竞技场。和他整天相伴的是小伙伴和教仆。他学会了离开家

---

① 以弗所(Ephesia),古希腊城邦。——译者注

庭后群体生活。毫无疑问,这种制度使男孩失去了许多,但换来的是城邦的团结。

公民的责任感,特别是服兵役这一最高公民责任感,也要通过其他的更加直接的方式灌输给男孩子。斯巴达和克里特学校的军事训练时间持续得相当长。其他城邦则不一样,男孩从 18 岁开始到 20 岁为止只参加为期两年的军事训练。在这两年时间里,他要为城邦服务,要服从军事长官的命令,要学习战术,还要学习使用兵器。此外要熟悉兵营和要塞的生活。年轻的被征募者要宣誓效忠城邦和宪法。从一开始,男孩就油然而生一种神圣的公民责任感。他的第一位军事长官的任务是带他外出巡视,例如,巡视神庙。这样,男孩就可以了解一些有关宗教生活的情况和城邦的历史。男孩的武器授予仪式非常隆重,通常在狄奥努索斯剧院进行。当着全城邦公民的面,孩子们庄重地接过发给他们的武器。对他们而言,武器是神圣的。在战斗中丢失武器,或者因为胆小而使武器蒙羞,不仅会使男孩大丢颜面,而且还会被看做对武器的亵渎。男孩在成长过程中还必须熟悉城邦的宪法。18 岁的埃弗比青年必须熟悉城邦的法律。其中一些法律也许是在音乐学校通过配乐吟唱学习的。所有教育手段的目的在于让男孩明白,他们是全体公民中的一员,他个人的利益和快乐必须从属于全体公民的利益和幸福。在这样的教育环境中长大的希腊人,会有一种强烈的为城邦献身的责任感。

但是,教育也必须考虑儿童的幸福以及全体公民的幸福,尽管被放在次要一点的地位。谈到斯巴达教育的这一点,似乎会令人吃惊。然而,我相信,这绝对是真实的。必须记住的是,所有关于斯巴达教育方法的严厉和令人生畏的说法都出自于雅典作家,而他们可能从未去过拉克代蒙。色诺芬因为将自己的儿子送到斯巴达接受教育,因此,他对斯巴达教育的描述比较温和,且多为颂扬的话。过惯相对舒适生活的阿提卡人到斯巴达考察儿童游戏和训练时获得的感受,一定和法国参观者在英格兰公学获得的感受一样,他们不能理解为什么公学男孩会心甘情愿忍受如此艰难的生活。同样,我们必须记住,斯巴达男孩也曾如此。他们是经过挑选的,个个意志坚强、身体结实健康。在好几个世

284

纪里,身体赢弱有病的男孩出生时就被丢弃在野外,因为他们不能适应斯巴达学校制度的生活。经过一代又一代的训练,他们个个身体强壮,勇猛无比。勇气和坚忍成为民族的遗产;苦行主义成为民族的特点。整个教育制度,包括不停息的打斗、粗野的游戏、艰苦的生活、低年级服务生制度以及丛林生存训练等,都是男孩子们期待去经历的,因为他们喜爱这些活动。在前面有关斯巴达学校的描述中,我已经指出,斯巴达学校的许多习俗与古老的英格兰公学习俗十分相近,特别在男孩子们自己组织的活动方面。如果英格兰男孩心甘情愿地接受这样的艰苦训练,哪怕艰苦程度远不如斯巴达时代,年轻的斯巴达人也许会非常高兴地接纳他们。斯巴达人有积极意义的训练方式经过时间的考验幸存了下来。在阿耳忒弥斯女神祭坛上,对埃弗比青年进行凶狠的有时甚至是致命的鞭挞都是受鞭挞者心甘情愿接受的。在普鲁塔克时代,愿意接受鞭挞者还十分踊跃。实际上,斯巴达学校制度表现的是一种民族的特点,对于斯巴达男孩而言,这是完全可以接受的。

雅典学校制度是按照雅典儿童的意愿设计的,困难相对小一些。我们只需要想一想初等学校情况就可以了。借助韵律和表演的帮助,男孩学会了字母和拼写。掌握了字母和基本的读写能力之后,他们开始学习阅读,记诵和抄写《荷马史诗》中探险的和罗曼蒂克的故事。没有语法要去学习。语法发明之后,也是高年级的选修科目。他们从不浪费时间去阅读由一些枯燥的二流故事编写而成的所谓"基础读物"。男孩从一开始接触的就是本民族最优秀和最具吸引力的文学作品,而且,这种学习要持续许多年。孩提时代学习的这些故事会终生保留在人们的记忆中并为人们终生喜爱。同样毫不令人怀疑的是,音乐和艺术对雅典男孩也有强烈的吸引力。因为雅典全城邦公民都十分钟爱音乐,一年中要过许多音乐节日。而且,雅典学校教育的大部分在今天被称之为"游戏"(play)。因为雅典人认为,在儿童的养育过程中,游戏具有重要的意义,属于教育概念的范畴。

这种增加教育吸引力的做法对希腊文化产生了深远的影响。希腊男孩们对学校科目的态度不是厌恶或毫无兴趣,而是满怀热情并力图通过不间断的练习提高自己的水平。在他们的一生中,渴望的是听到

《荷马史诗》的诵读声。在宴会上，年轻人唱着歌曲，弹着七弦琴，这些是他们刚刚在学校里学会的。年长的男子还会回到音乐老师那里请教以求提高音乐技能，或者专门跑去听智者关于地理和天文学的讲座。竞技场的训练会一直持续到年老力衰不能胜任为止。成年公民也渴望接受教育，终生都在使自己接受教育。这样，每一个希腊城邦就形成了一个文化传播中心和发源地。在这里，文学、艺术、音乐和研究因受到欣赏和批评而繁荣起来。看到年长者如此醉心于教育，儿童们也发现了教育的魅力，他们对教育的喜爱超过了设计者的想象。因为他们发现了成年人通过教育摆脱了苦恼，使自己获得了自由。毫无疑问，在那些智力得到系统训练的城邦，人们智力方面的好奇心帮助教师增强了教育的魅力。年轻的雅典人和巧斯岛人（Chian）①特别渴望学习。实际上，他的渴望甚至有点过度，简直是急不可耐。他希望给他提供的是现成的信息，他没有耐心去思考，也没有耐心去做自己的研究。因此，在希腊教育上，非凡的成就和不完美的现象并存。这种现象是由智者造成的，他们是现代"死记硬背"教学方法的始作俑者。他们教给学生的是各学科披着华丽辞藻外衣的现成的肤浅知识。人们积累知识的欲望十分强烈，甚至无须教师努力，中等教育也具有足够的吸引学生的魅力。但是，这种强调知识积累的做法在初等学校里是不允许的，因为心智、身体、艺术鉴赏力以及品德的完满和均衡发展应当先于知识的积累。当时普遍的做法是将知识的学习放在稍后阶段作为选修课程学习。在不重视智力发展的地区，知识学习几乎没有地位。即便在雅典，知识课程也只是为那些愿意学习的儿童开设的，对于不想学习的和没有能力学习的儿童来说，这些课程不是必修课程。因为人们认为，教育的目的是为了发展每个人的潜能，没有必要浪费精力去刺激和移植并不存在的官能。每个人都有身体，应当使自己的身体尽可能有效地为城邦服务。在崇尚美学的民族中，每个人都有可能发展的鉴赏力；每个人都有足够的学习文字的智力，其中最重要的是，每个人都有可以形成的品格。但是，并不是每个人都能够成为世界级运动员，或者成为一流

①　巧斯岛（Chios），希腊一岛屿。——译者注

的艺术家和音乐家,也不是每个人都有足够的智力天赋从知识的学习中获得益处和享受。

事实上,希腊人的情感在任何一个发展方向上都存在逆向的潮流。希腊人对学校过分强调专业学习的恐惧心理是有道理的。教育的目标是培养均衡全面发展的人,即身体、心智、品格和鉴赏能力完美的人,而不是造就智力低下又缺乏艺术鉴赏力的专业运动员,或体格发育不良的伟大思想家,或缺乏智慧的伟大音乐家。斯巴达教育制度的反对者就是站在这个立场上谴责它的,因为斯巴达的专业化教育只打算培养优秀的士兵。但是,赞成斯巴达教育的人似乎反对这种说法,他们说,斯巴达教育在培养了儿童的品格的同时,也培养了儿童的良好的艺术和音乐欣赏能力,它甚至还培养了儿童一点绘画和游戏的能力。拉科尼亚人的话语虽然简洁,但所需心智活动的复杂性要超过雅典人冗长话语的心智活动。

希腊教育的目标不是产生某一学科的专门知识。在希腊人看来,技术教育不是教育的价值所在,因而将它排除在校门之外。学科内容的学习在相当程度上是作为手段看待的,而不是教育的目的。就像散步的目的并不在于到达什么地方,而是为了锻炼身体的肌肉,使身体健康。所以,在希腊,教育意味着心智、想象力和品格的"肌肉"的发展和锻炼,而不是为了获得所谓的"有用的"信息。学校里阅读的文学作品应当是想象力丰富的诗歌,如荷马和西蒙尼德斯的作品,而不是那些有关农业、经济学等出自功利主义动机的诗文。因为诗歌不仅对男孩们有吸引力,而且可以改善他们的品格。尽管一些专门的手册很优秀,但只能强化男孩的财富意识。从男孩个人的眼前发展看,学校里学习的一些实用知识的确可能发挥相当大的作用;但从长远发展看,雅典的完满教育会产生更好的效果。城邦的前途取决于公民的品格。真正的国家教育,比如斯巴达和雅典,寻求的是培养未来公民的品格。一旦品格形成,公民就会充满自信地去谋求他们需要的技术教育。当国家处在危险的时候,雅典要求公民掌握的不是贸易或专业的技能,也不是修鞋或织布的技能,而是勇气、活力、自我牺牲、服从和忠诚。建造三层桨战船和修筑城防工事的确需要金钱,因此,雅典的贸易和制造业应当繁荣。但是,雅典正确地认识到,如果它的男孩们通过教育而成为勤奋、节俭和甘愿苦行、鄙视奢华和自我放纵的人,那它在教育上的花费就物有所值了,这要比仅仅建立一种精细的技术教育制度有价值得多。

　　但是,如果说斯巴达和雅典教育了城邦的全体公民的话,那么,它们是否能完全忽略学校里的技术和实用学科,则是另外一个问题。必须记住的是,斯巴达和雅典上学的公民只是拉科尼亚和阿提卡居民的一小部分。他们基本属于上层社会的人,相当于现代国家的贵族和绅士阶层。希腊城邦中等阶级和下层社会的大部分人要么是外国移民,他们没有公民权,一般情况下是没有上学机会的;要么是农奴和奴隶。像中世纪的佛罗伦萨一样,雅典民主制度只是对具有完全公民身份——统治阶层的人而言的,也就是说,只是人口中很小的一部分拥有公民权。其他人统统没有公民权利。斯巴达是个"混合政体",但这也并不意味着它的中等阶级和底层阶级(即皮里阿西人和希洛人)可以分享什么。

　　因此,希腊的教育是少数上层阶级的教育,而不是城邦所有人的教育。对于这个城邦里最富有的居民来说,学校教育并不是必要的。因为雅典有一大群富裕的侨居者(Metoikoi)和贫穷的公民。同时,对于有许多闲暇时间的男孩也不是必要的,因为卖香肠的小贩与尼克亚斯或阿几比亚德斯一样也能上学。学校教育只是对生来具有贵族血统的人来说才是必要的,因为这是希腊"公民身份"的标志。去听获奥卢西奥斯或者埃尔皮亚斯讲课的男孩都是受过教育阶级的子弟,即使他们目前境遇窘迫。他们祖居阿提卡,他们相信,从远古以来,他们可能就是地方神的后裔。他们带有世袭的等级观念,其中包括对体育和军事活动的成见以及对贸易的轻视。

　　对于贵族而言,他们的职责不在于积累财富。他们地位的高低与经济上的成就没有联系。简言之,他们的工作是管理和作战。他们是城邦的选民,负责选举执政官员。他们同时也是公民大会的成员,自己有能力胜任官员职位。在法庭上,他们是"dikastai"——即同时担任陪审员和法官。他们制定法律,并管理法律。国家的荣誉和道德掌握在他们手中,因为他们控制着城邦的国内外政策。他们也形成了一个文化圈,掌控着民族鉴赏标准。正是他们的艺术观决定了花瓶绘画、建筑、雕塑、铜制品以及无数其他手工艺品的艺术风格。也正是他们的艺术观决定了雄辩术、戏剧文学、赞美诗和合唱乐曲的风格。如果需要统治者和管理者去雅典或斯巴达帝国的边远地区时,如果需要军官率领征募的部队去作战时,任何一个公民,无论富人还是穷人,都可能受到委派。在希腊最辉煌的时代,公民也是舰队和部队的核心力量。希腊教育的目的就是培养这样的公民——一个能够管理城邦,能够为城邦而战,并能制定城邦艺术鉴赏标准的人。

　　这样,希腊的学校就相当于英格兰的"公学",而不是国立学校。我并不是断言,英格兰公学男孩在其日后的生活上与希腊公民一样,不属于多数人口的那一部分人。英格兰的民主基础之广泛要超过雅典的或者佛罗伦萨的民主。从理论上说,无论如何,"上层阶级"独占权力的时代已经结束了。然而,受过公学教育的男孩相当一部分人后来成了将军、军官、牧师、侍卫、治安官和其他法律管理者,印度帝国以及其他英属殖民地附属国所需的管理者和军官,还有国内的议员和政治家等。这种现象的确存在。如果说,英格兰公学在国家管理和护卫方面的影响略逊于希腊学校的话,那么,在影响国家的艺术、文化和文学鉴赏力和标准方面,英格兰公学丝毫不比希腊学校逊色。因此,公学的任务是培养儿童的品格,使他们能够成为合格的有能力的管理者、统治者和法官,使他们的鉴赏力、批判力以及他们的需求能够引领民族文化的发展方向。我认为,要实现这个目的,英格兰的公学可以从具有相似动机的希腊学校中获得许多启示。

291

# 人名与主题索引

Corporal punishment，18，29，66，68，98—100，262 and n. ，285

Crete，education at，34—38

Damon, a music-teacher，113，249

Dancing at Sparta，22，30—32

    dithuramboi，144—145

    religious aspects of，143—144，248

    dramatic aspects of，144—145

    systems of，145

    the War-dance，146—147

    the Naked-dance，31，147

    universal throughout Hellas，143

    educational importance of，143

Delphoi，educational endowments at，62

Demosthenes，195，202

Derkulos，71

Diaulos，133

Dictation，87

Diodotos，192

Dion，202

Dionusia,epheboi at，214

Dionusios, Plato's master，158，160

  Plato's pupil, 202，203

Dionusodoros the Sophist，173

Dionusos，144，283

Diskos in the palaistra，134

Dorian harmony，240—241

Douris, Vase of，52，86，92

Drama, influence of, in education，248—249

Drawing, teaching of, in primary schools，114

*235*

Dresden Gallery, 5

Dusting-room in the gymnasium, 137

Edgeworth, Maria, 74, 260

Egypt, in Plato's Laws, 102—103

Eleusis, education at, 71

Elgin marbles, 3, 5

Elpias, school of, 83

Empedokles, 230

Enualios, 211

Epaminondas, 245

Ephebarchos, 220

Ephebic inscriptions, 221—223

Epheboi, 37, 263

   examination and oath, 210—211

   decline in number, 219—220

Ephippos, on the Akademeia, 200

Epicharmos, 95, 207

Epikrates, on Plato's lectures, 199

Eponumos, Archon, 71$n$.

Eretria, school in, 77

Eros, 135

Eruthrai, school in, 77

Euagoras, 191

Eudikos, son of Apemantos, 98

Euenos of Paros, 168, 176

Euhemeros, 229$n$.

Euripides, his alphabetical puzzle, 90

   denunciation of athleticism, 122

   his rationalism, 230

Hermann，K. F.，an emendation of，125

"Hermes" of Praxiteles，5，250

Herondas，third Mime of，98—100

Hesiod，207

　authority of，228

　teaching of，in primary schools，95

Hestiaios，198

Hippias of Elis，97，168，169，172

Hippokleides，129

Hippokrates，208，215

Hippothontid tribe，215

Holidays，on festivals，80—81

Homer，207

Homer，teaching of，in primary schools，93—95

　authority of，228

Horace，2

Hunting，142—143，259

Hupereides，202

Hypo-Dorian harmony，241


Iliaca，Tabula，84

Ink，85，87

Inscriptions，ephebic，221—223

Inukos，168

Ion，the rhapsode，97

Ionian harmony，240—241

Iphikrates，202

Isaios，195

Isokrates，161

　pupil of Gorgias，169

# 译后记

翻译《希腊的学校》这本经典著作是我多年的愿望。1991 年 10 月至 1992 年 10 月，我在英国伦敦大学教育学院做访问学者时曾读到这本著作，当时就萌生过翻译的念头。这次，承蒙山东教育出版社领导的大力支持和教育理论编辑室主任蒋伟编审的组织策划，本书被列入由浙江大学教育学院博士生导师单中惠教授和徐小洲教授主编的"西方教育史经典名著译丛"，并由我来担任翻译，因此，这本经典著作获得了在中国翻译出版的机会，自己的心愿也终得实现。

本书根据哥伦比亚大学出版社 1968 年英文版翻译而成。文中有一些希腊文单词没有翻译，保持了原文中的做法，这也是原作者有意所为。不过，其意思可以从上下文猜测得到。此外，古希腊货币中除了"drachma"（德拉克马）有比较固定的中文译法外，其余如"obols"（欧波尔）、"mnai"（玛奈）和"talent"（塔伦特）是译者音译的。再次，原作中不影响理解的注释未作翻译，保留了原文，以供读者查阅。

经过一年多时间的努力，译稿终于完成，内心感到一种轻松和愉悦。翻译有"信、达、雅"三个标准。季羡林先生在《谈翻译》一书中对这三个标准有过精辟的解释："信"是忠于原作，"达"是忠于读者，"雅"是对文学语言的忠诚。自己在遵循这三个标准方面尽了最大的努力，虽不能至，但心向往之。

单中惠教授仔细审读了译稿，并对文字作了润色加工。合肥师范学院数学系郭世平副教授以及我的学生徐瑛瑛和王薇也在翻译过程中提供了帮助，在此一并表示衷心的感谢。

由于水平有限，译文中错误难免，敬请专家和读者不吝指正。

朱镜人
合肥师范学院教育系
2009 年 5 月